江苏省重点文化遗产资源调查报告之一

连云港封土石室墓调查与研究

上

调查篇

连云港市重点文物保护研究所　编著

上海古籍出版社

江苏省文物事业发展"十二五"规划重点调查项目

编　委　会

总　　目

前　言

　　江苏的东北端,巍峨的云台山屹立黄海之滨。在云台山的山脊线上及山腹部,在重峦叠嶂与茂林修竹之间,掩映着许多神秘的人工石室。他们依山而建,两壁用自然或加工过的块石垒砌,顶部以巨型条石封堵,石室之外堆封泥土,形成巨大的馒头状土墩。千百年来,居住在这里的山民为他们起了许多极具特色的名字:"古闷子"、"古洞子"、"唐王洞"、"藏军洞"。

　　这些与土墩和石室极具关联性的构筑物,在考古界一开始就根据其地理环境和建筑形态,将其与位于太湖流域的"石室土墩"联系在一起,因为他们都分布在山脊一线或山腹地带,数量从几个到几十个不等,就地采用山上不规整的块石并经过人工打琢后垒砌而成,墓室侧壁自下而上逐渐内收,形成下宽上窄的梯形结构。2000年出版的《江苏考古五十年》认为:"石室土墩主要分布于环太湖周围和杭州湾沿岸的丘陵山地,以苏南、浙北地区最为密集,北抵长江南岸的江阴、张家港,甚至沿海岸线向北延伸至连云港一带。""这些地方都与吴越争霸活动有关。"

　　考古工作则开始于20世纪90年代初,南京博物院与连云港市博物馆曾联合对连云港市云台山地区的梧桐沟、前关村、花果行、韩李村、西山村、金苏村、东巷村以及伊芦山等地开展了为期两个月的调查、发掘工作。根据40余件出土器物的形制与风格判断,其时代为初唐至晚唐时期,与吴越争霸的故事相距太远。

　　时代的差异让人们产生遐想。在连云港海州地区,坊间一直流传着唐代大将薛仁贵为收复辽东征讨盖苏文,三次出兵攻打高句丽的故事。在今天北云台云山街道境内,有一座海拔580米的山峰,名曰苏文顶。张百川在其所著的《云台导游诗钞》中这样记载:"苏文顶在沃壤山峰之西,其山高出云表,上有营垒马道、烟墩,遗址犹存,相传高丽盖苏文据此以守。"因而,不少地方学者相信,历史上"薛仁贵征东"的故事发生在连云港地区,而那些散布在山冈上的封土石室便是当年薛仁贵征讨盖苏文时在云台山地区用来屯兵驻军的"营房"。当然,也有人推测这是唐朝人利用了春秋时遗留下来的石室土墩。

　　2011年3月至2015年4月,连云港市重点文物保护研究所承担"江苏省文物事业发展'十二五'规划重点调查项目",开始对全市境内的封土石室进行了全面考古调查,共调查发现474座,摸清了其分布情况、保存现状、出土文物、相对年代和使用性质,并进行了相关的考证,基本认定分布在连云港市的封土石室为唐代墓葬,即"封土石室墓"。并以此为论据,与周边地区开展了一系列的比较研究和学术研讨。

　　讨论的主要议题之一是土墩石室墓主人的族群与来源问题。不少学者认为，连云港与日本、朝鲜半岛隔海相望，自古以来在文化上就有密切的联系，隋唐时期尤为频繁。根据《旧唐书》《三国遗事》及在中国发现的百济王族墓志等文献资料记载，公元660年7月，在百济首都扶苏山城被大唐、新罗联军攻陷后，百济王族被押送至以两京（洛阳、西安）为中心的京畿和都畿道以及太原地区。另据《资治通鉴》记载，最初入唐的百济遗民被安置于河南道徐州以及兖州一带。因而有专家认为，徐州与兖州相距连云港均不足300公里，连云港地区的封土石室墓与百济遗民活动也许有一定的联系，或者就是百济遗民及遗民后代所遗留。近年来，随着国际交流的不断深入，在朝鲜半岛、日本列岛等东北亚地区也大量发现此类石室墓葬，经考证研究认为源起朝鲜半岛百济时期的封土石室墓，并沿用至百济被灭后的新罗时期。因而有专家考证认为，新罗灭百济后，仍然与唐朝建立了密切联系，特别是与江苏及山东沿海地区，交往密切，移民众多，留下的大量墓葬应与此有关。当时的云台山地区尚处于海中，是四面环海的岛屿，由于海岛的自然气候不适于耕作，生活在岛上的居民从事的多为与航海有关的活动。

　　2015年12月，由南京博物院、连云港市文化广电新闻出版局主办，连云港市重点文物保护研究所、南京博物院《东南文化》杂志社承办的"中日韩·连云港封土石室墓学术研讨会"在连云港市举行。与会专家通过对历史文化、地理环境、埋葬习俗等方面的比较研究，认为连云港地区的封土石室与公元7世纪前中期分布于韩国忠清南道舒川、保宁、洪城等地的百济石室墓颇为相似。

　　《连云港封土石室墓》的出版，汇集了中日韩三国专家学者的最新研究成果，为封土石室墓的学术研究开辟了新的方向。

　　感谢他们的辛勤劳动，希望取得更大成绩。

　　是为序。

龚良　江苏省文化厅副厅长
南京博物院院长
2017年3月

调查篇目录

第一章 概 述

一 地理环境

连云港市位于中国沿海中部,江苏省东北部,处于北纬33°59′—35°07′、东经118°24′—119°48′之间。东濒黄海,与朝鲜、韩国、日本隔海相望;北与山东日照市接壤;西与山东省临沂市和江苏徐州市毗邻;南连江苏省宿迁市、淮安市和盐城市。连云港市市境东西长129公里,南北宽132公里,总面积7 499.9平方公里,下辖海州、连云、赣榆三个区,东海、灌云、灌南3个县。连云港市境内地势由西北向东南倾斜,地形以平原为主,兼有海洋、湖泊、丘陵、滩涂、湿地、海岛等。地貌基本分布为西部岗岭区、中部平原区、东部沿海区和云台山区四大部分。连云港丘陵、山地众多,北部和西部是由鲁中南山地延伸过来的低山丘陵,即由大吴山、小吴山、夹谷山、马鞍山、羽山和马陵山等组成。东部紧靠海滨为云台山脉,自西向东北依次排列为锦屏山、南云台山、中云台山、北云台山及鹰游山(东西连岛)。云台山脉属于沂蒙山的余脉,有大小山峰214座。其中云台山主峰玉女峰海拔624.4米,为江苏省最高峰。中部偏南和西南有伊芦山和大伊山。

连云港市的封土石室墓分布在市境海州区、连云区、灌云县的山区地带,南部是灌云县的伊芦山,西部是海州区的锦屏山,中部是海州区、连云区境内的南云台山,东北部是连云区的中云台山和北云台山。锦屏山位于海州区西南,调查发现封土石室墓93处,主要是分布在锦屏山东部、东南部、东北部平缓舒展的山坡上。南云台山位于海州区东北、连云区西南,调查发现封土石室墓325处,主要分布在南云台山四周边缘较为平缓的山坡之上,其中西部、西南部、西北部封土石室墓分布最为密集。中云台山位于连云区中部,调查发现封土石室墓22处,1处位于蝙蝠山山顶,其他位于溪云山、推磨顶北部和南部平缓的山坡上。北云台山位于连云区东北部,调查发现封土石室墓10处,主要分布在北固山南部平缓的山坡上。伊芦山位于灌云县北部,调查发现封土石室墓24处,主要分布在伊芦山西南和东南部平缓的山坡之上。

连云港封土石室墓一般选择建筑在山脊浑圆、山坡平缓、周围视野开阔的山上。封土石室墓在山坡、山顶、山麓皆有分布,以山坡上分布为主,多位于山的南坡、东坡和西坡,北坡少见。封土石室墓开口方向以东南、西南、正南为主,其他各个方向也有少量分布。

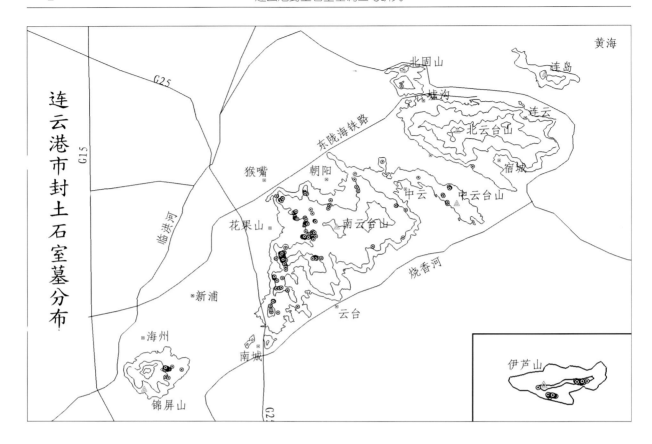

二　历史沿革

　　早在四五万年前,就有原始先民在连云港这块土地上繁衍生息。据史籍记载,市境为少昊氏之遗墟。夏、商时属徐州之域。春秋时为鲁之东境,为郯子国。战国时又易为楚地。秦统一中国后,在今海州设朐县,属东海郡。汉袭秦制。三国时隶东海国,属魏。南北朝时,南朝宋侨置青、冀二州于郁洲(今云台山地区)。东魏武定七年(549)设海州,这是历史上第一次出现"海州"的名称。隋大业初改海州为东海郡。唐代以后,除元代一度称海宁州外,其余各朝基本上延称海州。明代海州隶淮安府。清雍正二年(1724)升为直隶州。民国元年(1912)1月改称海州为东海县,4月,析县东境置灌云县。民国24年(1935)将当时东海、灌云二县东部沿海地区析出建连云市。民国期间,江苏省第八行政督察专员公署驻海州,辖东海、赣榆、沭阳、灌云四县和连云市。

　　民国37年(1948)11月7日,连云港市全境解放,将新浦、海州、连云港及附近地区划建新海连特区,下设新海市、连云市、云台办事处。11月28日成立新海连特区专员公署,隶属山东省鲁中南行署。1949年11月更名为新海连市,改属山东省临沂专属。1950年5月与东海县合并为新海县,年底恢复新海连市和东海县建制,隶属关系不变。1953年1月1日,新海连市划归江苏省,属徐州专区。1954年11月,升为省辖市。1957年12月又划归徐州专区管辖。1961年9月更名为连云港市。1962年为江苏省辖市。1983年国家地市体改时,江苏省将原徐州地区的赣榆、东海、灌云3县划归连云港市;1996年江苏省又将灌南县划归连云港市,辖四县四区。2001年行政区划调整撤销云台区,辖东海县、赣榆县、灌云县、灌南县、新浦区、海州区、连云区、国家级经济技术开发区。2014年5月,经国务院批准,撤销赣榆县,设立连云港市赣榆区;撤销新浦区、海州区,设立新的连云港市海州区。截至2014年6月,连云港下辖3个市辖区、3个县级行政区:海州区、连云区、赣榆区、灌南县、东海县、灌云县。

第二章　调查内容

对于连云港封土石室的研究最早见于吴铁秋所著的《苍梧片影》。该书收录了庞寿峰的一篇文章《云台山古洞探考》,此篇文章将封土石室称之为古洞。[1] 1989—1990年,南京博物院、连云港市博物馆及连云港各个县区博物馆、文化站的同志曾对封土石室进行过为期两个月的调查,并发掘22座。共出土完整或可修复的文物40余件,包括陶瓷制品及少量金属器皿。[2] 为了全面了解连云港市封土石室墓的分布情况及保存现状,搞清封土石室墓的确切年代、性质,2011年3月至2015年4月,连云港市重点文物保护研究所对全市境内的封土石室墓进行了考古调查,共调查发现474座,并对几座遭受破坏的封土石室墓进行了清理。

该项目是江苏省文物事业发展"十二五"规划重点调查项目。可以说,在省文物局的关心指导下,在市文广新局的正确领导下,在海州区、连云区、灌云县文物管理部门的大力支持下,封土石室墓调查工作得以顺利进行。在调查过程中,连云港市文物保护志愿者始终积极参与、极力配合,使得调查工作得以按时圆满地完成,在此表示衷心的感谢。

一　锦屏山封土石室墓

0001·JPSM001

地理位置:位于锦屏山南麓杨碓坊。

墓门方向:南偏西5°。

尺寸及描述:封土长轴8.6米、短轴8米、高1.9米,平面呈椭圆形;石室底部长3.6米,前宽0.95米、后宽1.5米,平面呈梯形;石室内高1.7米。东、西两壁保存完整,全石直壁砌墙,由下往上逐渐内收,盖石保存完整。呈半地下式。

保存现状:较好。

---

[1] 吴铁秋:《苍梧片影》,上海中华书局,中华民国十四年七月初版。
[2] 纪达凯、陈中:《连云港地区土墩石室遗存时代性质新考》,《东南文化》1993年第1期。

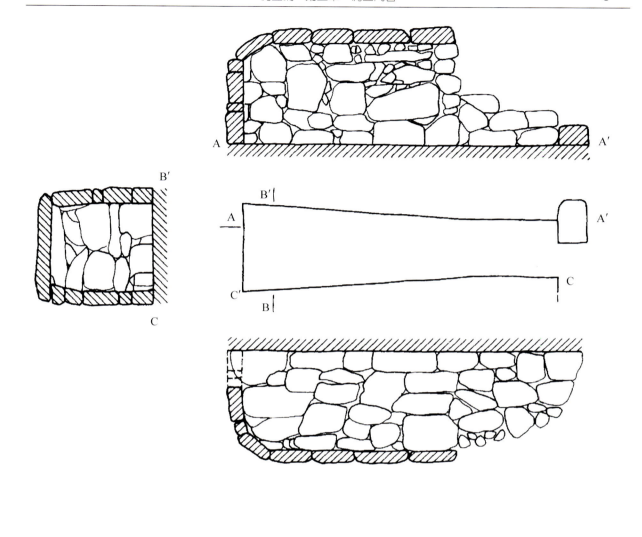

0　50　100厘米

0001 · JPSM001封土石室墓测绘图

0002 · JPSM002

地理位置：位于锦屏山南麓杨碓坊。

墓门方向：南偏西5°。

尺寸及描述：封土直径5.5米，平面呈圆形；石室底部长5米，前宽0.7米、中宽1.3米，平面呈梯形；顶部残长1.7米，宽1.3米；石室现存高度1.6米；门现存高度0.55米、门宽0.7米。东、西两壁部分受到破坏，全石直壁砌墙，盖石残存2块。呈地上式。

保存现状：一般。

0003 · JPSM003

地理位置：位于锦屏山南麓靠近梳妆台处。

墓门方向：南偏西5°。

尺寸及描述：封土直径5.5米，平面呈圆形；石室底部长3.2米、宽2.3米，平面呈梯形。呈地上式。

保存现状：较差。

0004 · JPSM004

地理位置：位于锦屏山南麓，梳妆台西南40米处，M003西侧30米。

墓门方向：南偏西5°。

尺寸及描述：石室底部长3.7米、宽2.2米，平面呈长方形；石室现存高度0.9米。呈地上式。

保存现状：较差。

0005·JPSM005

地理位置：位于锦屏山南麓，锦屏磷矿平顶山矿区东首。

墓门方向：南偏西5°。

尺寸及描述：封土现存高度1.9米，平面呈圆形；石室底部长4米、宽1.38米，平面呈长方形；石室现存高度1.38米；墓门现存高度0.45米、宽1.2米；盖石不存，仅余墓壁，全石直壁砌墙。呈地上式。

保存现状：较好。

0006·JPSM006

地理位置：位于锦屏山南麓桃花涧景区桃花潭北侧盘山公路北约50米处。

墓门方向：南偏西5°。

尺寸及描述：封土平面呈圆形；石室底部长3.6米、前宽1.3米、中宽2.25米、后宽3.3米，平面呈梯形；顶部长3.5米、宽1.5米，平面呈长方形；石室现存高度2.16米；门宽1.1米、厚0.68米；石室内共有9个龛室，均位于石壁底部，每壁各3个，龛宽0.35米、高0.44米、深0.26米；全石直壁砌墙，由下往上逐渐内收，立面为梯形，石室后壁中部位置有"龚记"二字，楷体，字径0.35×0.40米。呈地上式。

保存现状：一般。

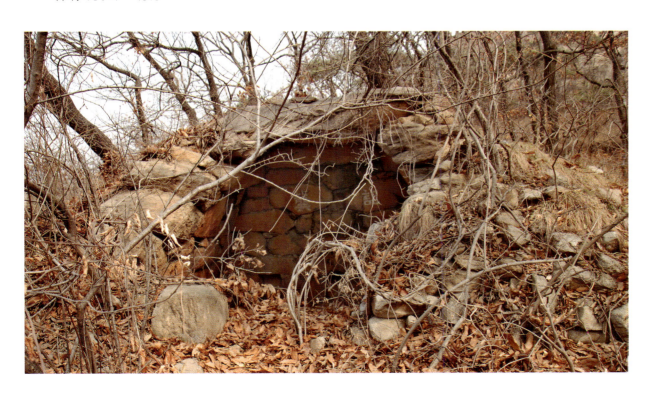

0007·JPSM007

地理位置：位于锦屏山南麓，桃花涧景区金蟾洞前。

墓门方向：不详。

尺寸及描述：无封土；石室残长2.5米、宽2.2米，仅存石头数块。

保存现状：较差。

0008·JPSM008

地理位置：位于锦屏山南麓，桃花涧景区金蟾洞前。

墓门方向：正西。

尺寸及描述：封土直径5米，平面呈圆形；石室底部长2.88米、宽1.8米，平面呈长方形；全石直壁砌墙。呈地下式。

保存现状：较好。

0009·JPSM009

地理位置：位于锦屏山南麓，桃花涧景区金蟾洞前。

墓门方向：南偏西5°。

尺寸及描述：封土直径7米、高1.5米，平面呈圆形；石室底部残长3米，其他数据无测。

保存现状：较差。

0010·JPSM010

地理位置：位于锦屏山南麓，桃花涧景区金蟾洞前。

墓门方向：正南。

尺寸及描述：封土直径5.8米、高2.3米，平面呈圆形；石室底部长4.1米、宽1.7米，平面呈长方形；顶部长2.57米、宽1.35米，平面呈长方形；石室现存高度1.46米；全石砌墙，微券。呈半地下式。

保存现状：较好。

0011 · JPSM011

地理位置：位于锦屏山南麓,桃花涧景区金蟾洞前,M010西南约15米处。

墓门方向：不详。

尺寸及描述：无封土；残存长度2.1米、宽1.3米；石壁厚0.2—0.3米。

保存现状：较差。

0012 · JPSM012

地理位置：位于锦屏山南麓,桃花涧景区内。

墓门方向：正南。

尺寸及描述：无封土；石室底部长4.7米、宽3.4米,平面呈长方形；现存高度0.7—0.9米。

保存现状：较差。

0013 · JPSM013

地理位置：位于锦屏山南麓,平顶山路西,北侧有现代坟墓。

墓门方向：南偏西5°。

尺寸及描述：无封土；石室底部残长3.3米、宽1.1米,平面呈长方形。

保存现状：较差。

0014 · JPSM014

地理位置：位于锦屏山南麓,桃花涧景区内,北侧有现代坟墓。

墓门方向：正南。

尺寸及描述：无封土；石室底部残长3.2米、宽0.95米,其余数据无测。

保存现状：较差。

0015 · JPSM015

地理位置：位于锦屏山南麓,桃花涧景区内。

墓门方向：南偏东10°。

尺寸及描述：无封土；石室残长5米,仅余石头数块,其他数据无测。

保存现状：较差。

0016 · JPSM016

地理位置：位于锦屏山南麓,桃花涧景区内。

墓门方向：不详。

尺寸及描述：无封土；石室毁坏严重,仅余石头数块,数据无测。

保存现状：较差。

0017·JPSM017

地理位置：位于锦屏山南麓梳妆台。

墓门方向：南偏东10°。

尺寸及描述：封土长轴6.2米、短轴4.8米，平面呈椭圆形；石室底部长4.5米、宽1.4米，平面呈长方形；现存高度1.7米，全石直壁砌墙。呈地上式。

保存现状：一般。

0018·JPSM018

地理位置：位于锦屏山南麓梳妆台。

墓门方向：不详。

尺寸及描述：无封土；石室底部残长4米、宽1米，平面呈长方形。

保存现状：较差。

0019·JPSM019

地理位置：位于锦屏山北麓，石棚山风景区，尖椎山盘山路北侧10米处。

墓门方向：南偏西15°。

尺寸及描述：无封土；石室底部残长4.3米；门现存高度0.6米、宽0.9米；东、西两壁六部已经倒塌。

保存现状：较差。

0020·JPSM020

地理位置：位于锦屏山北麓，石棚山风景区，尖椎山盘山路北侧25米处。

墓门方向：南偏东14°。

尺寸及描述：封土长轴8.1米、短轴6.6米，平面呈椭圆形；石室底部残长3.5米、宽1.4米，平面呈长方形。

保存现状：较差。

0021·JPSM021

地理位置：位于锦屏山北麓，石棚山风景区，尖椎山盘山路北约50米处。

墓门方向：南偏西34°。

尺寸及描述：无封土，仅存石头数块；石室底部残长4.1米、宽1.2—1.4米，平面呈梯形。

保存现状：较差。

0022·JPSM022

地理位置：位于锦屏山北麓，石棚山风景区，尖椎山盘山路北约100米处。

墓门方向：南偏西45°。

尺寸及描述：无封土；石室底部残长 3.6 米、宽 1.1 米，平面呈长方形。

保存现状：较差。

0023 · JPSM023

地理位置：位于锦屏山北麓，石棚山风景区，尖椎山盘山路北约 50 米处。

墓门方向：不详。

尺寸及描述：无封土；仅存石头数块，数据无法测出。

保存现状：较差。

0024 · JPSM024

地理位置：位于锦屏山北麓，石棚山风景区，尖椎山盘山路北约 45 米处。

墓门方向：南偏西 15°。

尺寸及描述：无封土；石室底部宽 1.4 米，顶部宽 1.1 米；后壁高 0.9 米，立面呈梯形；东壁现存高度 0.6 米，西壁现存高度 0.4 米，从残存的东、西两壁推测石室为券壁。呈半地下式。

保存现状：较差。

0025 · JPSM025

地理位置：位于锦屏山北麓，石棚山风景区，尖椎山盘山路北 30 米处。

墓门方向：正南。

尺寸及描述：封土长轴 9.1 米、短轴 7.5 米，现存高度 0.1—0.5 米，平面呈椭圆形；石室底部残长 4 米、宽 0.9 米，平面呈长方形。

保存现状：较差。

0026 · JPSM026

地理位置：位于锦屏山北麓，石棚山风景区，尖椎山盘山路北 15 米处。

墓门方向：南偏西 10°。

尺寸及描述：封土长轴 7.7 米、短轴 7.5 米，现存高度 0.2—0.5 米，平面略呈椭圆形；石室底部长 2.9 米，顶部长 3.1 米，前宽 1.3 米、中宽 1.8 米、后宽 2.3 米，平面呈梯形；石室现存高度 1.4 米。从残存的东西两壁推测石室为券壁，石室中前部不存，后部尚存盖石 1 块。呈地上式。

保存现状：一般。

0027 · JPSM027

地理位置：位于锦屏山北麓，石棚山风景区，尖椎山盘山路北 30 米处。

墓门方向：南偏东 4°。

尺寸及描述：无封土；石室底部残长 3.6 米、宽 1.3 米，平面呈长方形；东、西两壁基本不存，

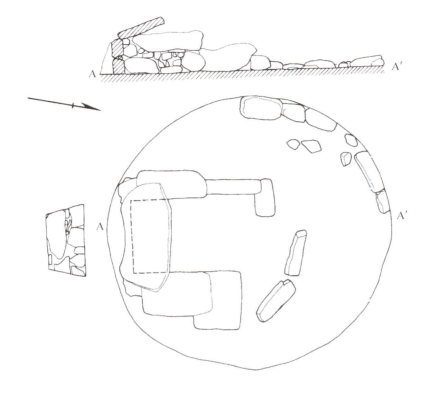

0　50　100厘米

0026·JPSM0026封土石室墓测绘图

仅存石头数块。

　　保存现状：较差。

　　0028·JPSM028

　　地理位置：位于锦屏山北麓,石棚山风景区,尖椎山盘山路北30米处。

　　墓门方向：南偏东20°。

　　尺寸及描述：无封土；石室底部残长3.6米、宽0.5—0.9米,平面呈梯形；东、西两壁基本不存,仅存石头数块。

　　保存现状：较差。

　　0029·JPSM029

　　地理位置：位于锦屏山北麓,塔山盘山路南侧3米处。

　　墓门方向：南偏东2°。

　　尺寸及描述：封土长轴9.8米、短轴9.2米,平面呈椭圆形；石室底部长3.2米、宽1.3米,顶部宽1.2米,平面呈长方形；石壁现存高度1米,盖石、甬道无测。

　　保存现状：较差。

　　0030·JPSM030

　　地理位置：位于锦屏山北麓,塔山盘山路南侧3米处。

　　墓门方向：南偏西24°。

　　尺寸及描述：封土长轴8.7米、短轴8米,现存高度0.1—0.5米,平面呈椭圆形；石室底部长4米、中宽0.9米、后宽1.3米,平面呈梯形；顶部宽1米,平面呈长方形；现存高度0.9米；石室盖石大部分完好,前部残存盖石宽1.6米、长0.85米、厚0.2米,后部残存盖石宽1.6米、长1米、厚0.3米。呈地上式。

　　保存现状：较好。

0031·JPSM031

地理位置：位于锦屏山北麓，塔山盘山路北侧约10米，M030东北方向约12米处。

墓门方向：南偏东5°。

尺寸及描述：封土长轴7.1米、短轴6.7米，平面呈椭圆形；石室底部长3.5米、宽2米，平面呈长方形；顶部宽1.5米，平面呈长方形；盖石不存。呈地上式。

保存现状：一般。

0032·JPSM032

地理位置：位于锦屏山北麓，塔山盘山路南侧1米，M031南侧约30米处。

墓门方向：南偏东22°。

尺寸及描述：封土直径7米，平面呈圆形；石室底部长3.5米、宽2米，平面呈长方形。呈地上式。

保存现状：较差。

0033·JPSM033

地理位置：位于锦屏山北麓，塔山盘山路北，防火道石台阶旁边0.5米，M030北侧50米处。

墓门方向：南偏东40°。

尺寸及描述：封土长轴5.5米、短轴5米，平面呈椭圆形；东、西两壁大部分受到破坏，仅见石头数块。

保存现状：较差。

0034·JPSM034

地理位置：位于锦屏山北麓，塔山防火道石台阶南1米处。

墓门方向：南偏东20°。

尺寸及描述：石室底部长3.5米、宽1.4米，平面呈长方形；东、西两壁大部分受到破坏，仅余石头数块。

保存现状：较差。

0035·JPSM035

地理位置：位于锦屏山北麓，塔山防火道石台阶南0.5米处。

墓门方向：南偏东20°。

尺寸及描述：封土长轴7.7米、短轴7米，平面呈椭圆形；石室中、后部保存较好；底部长4米、前宽1.4米、中宽1.6米、后宽1.45米，平面略呈弧腹瓶状；后部现存高度1.5米；盖石长0.9米、宽0.3米、厚0.5米；封土石大小不等，残长0.1—1米不等，墙体保存一般，盖石后部尚存。

呈地上式。

保存现状：一般。

0036·JPSM036

地理位置：位于锦屏山北麓，塔山防火道石台阶南8米，M035西南6米处。

墓门方向：南偏西12°。

尺寸及描述：无封土；石室底部长3.5米、宽1米，平面呈长方形；东壁尚存，西壁大部分受到破坏，仅余大石1块。呈地上式。

保存现状：较差。

0037·JPSM037

地理位置：位于锦屏山北麓，塔山防火道石台阶南5米处，M036南侧约15米处。

墓门方向：南偏东3°。

尺寸及描述：封土长轴6米、短轴5米、高0.2-1.6米，平面呈椭圆形；东、西两壁大部分受到破坏，仅见石头数块。

保存现状：较差。

0038·JPSM038

地理位置：位于锦屏山北麓，塔山防火道石台阶北1米处。

墓门方向：南偏西10°。

尺寸及描述：封土直径8米，平面呈圆形；石室东、西两壁大部分受到破坏，仅见石头数块。

保存现状：较差。

0039·JPSM039

地理位置：位于锦屏山北麓，塔山防火道石台阶北6米，M038东侧10米处。

墓门方向：南偏东5°。

尺寸及描述：封土长轴7.3米、短轴8米，封土后部约四分之一被现代墓葬破坏，平面呈椭圆形；石室底部长3.8米、前宽1.3米、中宽1.1米、后宽1.5米；顶部后宽0.9米；石室后部高1.2米；盖石长0.8米、宽1.1米、厚0.2米；东、西两壁中前部已遭破坏，券壁。呈地上式。

保存现状：一般。

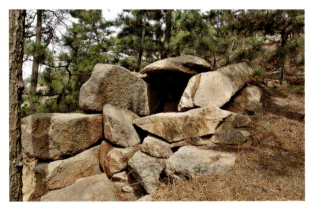

0040·JPSM040

地理位置：位于锦屏山北麓，塔山防火道石台阶北6米处。

墓门方向：南偏西30°。

尺寸及描述：封土直径6.8米，平面呈半圆形；石室底部残长3.8米、宽0.8米；东、西两壁大部分不存，仅余石头数块。

保存现状：较差。

0041·JPSM041

地理位置：位于锦屏山北麓，塔山防火道石台阶北25米处。

墓门方向：南偏西10°。

尺寸及描述：封土直径7米，平面呈半圆形；石室底部宽1.3米；石室现存高度1米；东、西两壁基本不存，仅余石头数块。

保存现状：较差。

0042·JPSM042

地理位置：位于锦屏山北麓，塔山防火道石台阶南2米处。

墓门方向：南偏东2°。

尺寸及描述：封土直径8米，平面呈圆形；石室底部残长2.9米、宽1.4米；东、西两壁基本不存，仅余石头数块。呈地上式。

保存现状：较差。

0043·JPSM043

地理位置：位于锦屏山北麓，塔山防火道石台阶南8米处。

墓门方向：南偏东23°。

尺寸及描述：封土受到破坏；石室底部残长3.3米、宽1.3米，平面呈长方形；盖石不存；石室内壁保存基本完整，直壁。呈地上式。

保存现状：一般。

0044·JPSM044

地理位置：位于锦屏山北麓，塔山防火道石台阶北2米处。

墓门方向：南偏西8°。

尺寸及描述：封土受到破坏；石室底部长5.4米、宽1.6米，平面呈长方形；石室后部现存高度0.8米；东、西两壁保存基本完整，直壁；盖石大部分受到破坏。呈地上式。

保存现状：一般。

0045·JPSM045

地理位置：位于锦屏山北麓，塔山防火道石台阶北10米处。

墓门方向：南偏东20°。

尺寸及描述：封土长轴8米、短轴7.7米，平面呈椭圆形；石室底部长3.2米、中宽1.7米，平面呈长方形；石室中高1.7米、后部现存高度1.4米；石室底部前四分之一处可见小块石，东、西两壁保存基本完整，券壁；盖石存后部1块，长0.6米、宽2.2米、厚0.4米。

保存现状：一般。

0046 · JPSM046

地理位置：位于锦屏山北麓，塔山防火道石台阶北10米处。

墓门方向：南偏东10°。

尺寸及描述：封土直径7.2米，平面呈圆形；石室底部长7米、宽1米，平面呈长方形；东、西两壁保存较好；盖石呈不规则排列，受到一定程度破坏。呈地上式。

保存现状：一般。

0047 · JPSM047

地理位置：位于锦屏山北麓，塔山防火道石台阶北约30米处。

墓门方向：南偏西18°。

尺寸及描述：封土长轴7.7米、短轴7.4米，平面呈椭圆形，现存高度0.9米，封土后四分之一被基岩所阻挡；石室底部长4米、宽1.7米，平面呈长方形；顶部前宽1.7米、后宽1.4米，平面呈梯形；后壁现存高度1.8米。东壁、后壁大部分受到破坏，西壁保存较好，券壁；盖石不存。呈地

上式。

保存现状：一般。

0048·JPSM048

地理位置：位于锦屏山北麓，塔山防火道石台阶北约30米处。

墓门方向：南偏东7°。

尺寸及描述：封土长轴5.6米、短轴5.4米，平面略呈椭圆形；石室底部长3.5米、宽1.4米，平面呈长方形。呈地上式。

保存现状：较差。

0049·JPSM049

地理位置：位于锦屏山北麓，塔山防火道石台阶北30米处，M048西侧1米处。

墓门方向：南偏西10°。

尺寸及描述：封土长6.1米，宽度无测；石室底部残长4.4米、中宽1.5米、后宽1.2米，平面呈梯形。

保存现状：较差。

0050·JPSM050

地理位置：位于锦屏山北麓，塔山防火道石台阶北20米处。

墓门方向：南偏东3°。

尺寸及描述：封土东西长6.9米，南北被破坏，数据无测；石室底部长4.4米、宽1.3米，平面呈长方形；顶部宽1.3米，平面呈长方形；石室现存高度0.7—1米；盖石不存，石室前部被石块封堵，仅见部分东、西两壁，后壁大部分受到破坏。呈地上式。

保存现状：一般。

0051·JPSM051

地理位置：位于锦屏山北麓，塔山防火道石台阶东0.5米处。

墓门方向：南偏西21°。

尺寸及描述：封土直径6.5米，平面呈圆形；石室底部长3.4米、宽1.4米，平面呈长方形。

保存现状：较差。

0052·JPSM052

地理位置：位于锦屏山北麓，塔山防火道石台阶西。

墓门方向：南偏东17°。

尺寸及描述：石室底部长4.2米、前宽1米、中宽1.5米；顶部宽1.6米；石室前高0.8米、后高1.2米；盖石残余2块，后盖石长1.6米、宽0.7米、厚0.2米；前盖石长2.4米、宽0.7米、厚0.5米。呈

半地下式。

　　保存现状：一般。

　　0053·JPSM053

　　地理位置：位于锦屏山北麓，塔山防火道石台阶北30米处。

　　墓门方向：南偏东19°。

　　尺寸及描述：封土长轴6.8米、短轴6.1米，平面略呈椭圆形；石室底部长3.7米、中宽1.2米，平面呈长方形。呈地上式。

　　保存现状：较差。

　　0054·JPSM054

　　地理位置：位于锦屏山北麓，塔山防火道石台阶北约30米处。

　　墓门方向：南偏西5°。

　　尺寸及描述：石室顶部长2.5米、宽1.1米，平面呈长方形；石室前高0.4米、后高0.3米；东、西两壁坍塌严重；盖石无存。

　　保存现状：较差。

　　0055·JPSM055

　　地理位置：位于锦屏山北麓，塔山盘山路北侧55米，M54西北方向2米处。

　　墓门方向：南偏东37°。

　　尺寸及描述：封土东西宽7.3米，南北被破坏，数据无测；石室底部长2.2米、宽1.3米，平面呈长方形；石壁现存高度1.3米；盖石不存；石室前部有小块石，西壁破坏严重；东壁尚存，券壁。呈地上式。

　　保存现状：较差。

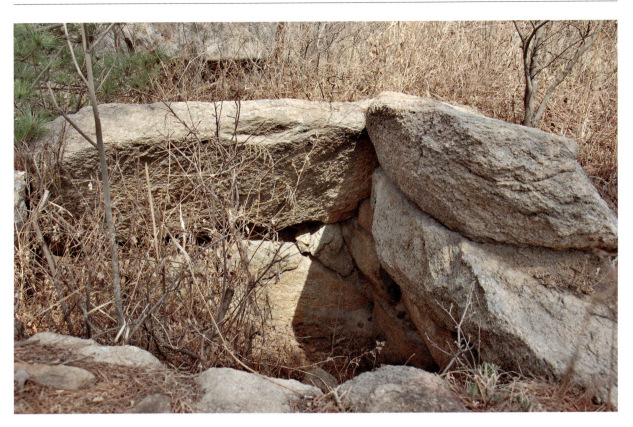

0056·JPSM056

地理位置：位于锦屏山北麓，塔山盘山路南4米处。

墓门方向：南偏东37°。

尺寸及描述：封土长轴16米、短轴10米，平面呈椭圆形；石室顶部长5.7米、宽1.5米，平面呈长方形；石壁现存高度1.3米；甬道和盖石大部分受到破坏。呈半地下式。

保存现状：一般。

0057·JPSM057

地理位置：位于锦屏山北麓，塔山盘山路北侧12米处。

墓门方向：北偏西44°。

尺寸及描述：封土不存；石室顶部长3.3米、宽1.5米，平面呈长方形；石壁现存高度0.9米；盖石不存；东、西两壁受损较重。呈地上式。

保存现状：一般。

0058·JPSM058

地理位置：位于锦屏山北麓，塔山北坡盘山路北侧10米，M057西侧6米处。

墓门方向：北偏西28°。

尺寸及描述：封土仅余东北一角，数据难以测出；石室顶部长2.5米；东壁尚存，现存高度0.5米，其余大部分受到破坏。

保存现状：较差。

0059·JPSM059

地理位置：位于锦屏山北麓，塔山北坡盘山路南5米，M028东侧20米处。

墓门方向：北偏西28°。

尺寸及描述：封土长轴7.8米、短轴6.5米，平面呈椭圆形；石室顶部长4.4米、残宽1.5米，平面呈长方形；石壁现存高度0.7米，甬道大部分受到破坏，盖石无存。呈地上式。

保存现状：一般。

0060·JPSM060

地理位置：位于锦屏山北麓，塔山南坡盘山路南35米，防火道石台阶北10米处。

墓门方向：南偏西8°。

尺寸及描述：封土长轴8.7米、短轴8.2米，平面略呈椭圆形；石室底部长4.1米、宽1.3米；石壁现存高度1.1米，东、西两壁保存一般，盖石无存。呈半地下式。

保存现状：一般。

0061 · JPSM061

地理位置：位于锦屏山北麓,塔山南坡,防火道石台阶南6米处。

墓门方向：南偏西4°。

尺寸及描述：封土直径6.6米,平面呈圆形;石室底部长3.2米、宽1.3米,平面呈长方形;石壁现存高度1.2米;东壁整石长2.5米、宽0.8米、厚0.2米;后壁长1.3米、宽0.8米、厚0.2米;东、西两壁保存一般;盖石受到破坏。呈半地下式。

保存现状：一般。

0062 · JPSM062

地理位置：位于锦屏山北麓,塔山南坡盘山路北25米,防火道石台阶南12米处。

墓门方向：南偏西2°。

尺寸及描述：封土长轴8米、短轴7.5米,平面略呈椭圆形;石室底部长3.7米、宽1.5米,平面呈长方形。

保存现状：较差。

0063 · JPSM063

地理位置：位于锦屏山北麓,塔山南坡盘山路北5米,M062南侧10米处。

墓门方向：南偏西11°。

尺寸及描述：封土直径6.5米,平面呈圆形;石室底部长3.9米、宽1.4米,平面呈长方形;东、西两壁保存一般,石壁现存高度1.2米;封石高0.1—0.9米。洞门仅存东侧部分。呈地上式。

保存现状：一般。

0064 · JPSM064

地理位置：位于锦屏山北麓,塔山南坡盘山路北25米,M062西侧6米处。

墓门方向：南偏西25°。

尺寸及描述：封土直径5.6米,平面呈圆形;石室底部长3米、宽1.2米,平面呈长方形;石壁现存高度0.6米;东、西两壁保存一般;石室破坏严重。呈半地上式。

保存现状：较差。

0065 · JPSM065

地理位置：位于锦屏山九龙口盘山路北18米处。

墓门方向：南偏东11°。

尺寸及描述：封土长轴6.5米、短轴6米,平面略呈椭圆形;石室底部宽0.9米;破坏严重,仅余石头数块。呈地上式。

保存现状：较差。

0066 · JPSM066

地理位置：位于锦屏山西北雨林庵西侧10米处。

墓门方向：南偏西11°。

尺寸及描述：封土长轴6.7米、短轴4.2米，平面呈椭圆形；石室底部长1.7米、宽1.5米，平面呈刀型，刀柄右置；顶部宽1.1米；石室现存高度1.7米；甬道长2米、宽0.8米；东、西两壁保存一般，中前部残损，券壁，立面呈梯形，后壁由2块大石堆砌；盖石仅余1块。呈地上式。

保存现状：较好。

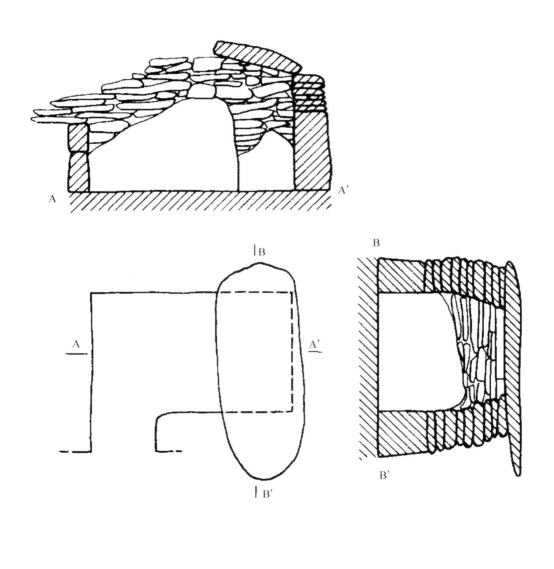

0066 · JPSM0026封土石室墓测绘图

0067 · JPSM067

地理位置：位于锦屏山西北雨林庵西侧10米，M066东侧7米处。

墓门方向：南偏西10°。

尺寸及描述：石室底部残长3米、宽1.1米，平面呈长方形；石壁现存高度0.5米；西壁依稀可见，东壁大部分不存，后部仅余盖石1块。

保存现状：较差。

0068 · JPSM068

地理位置：位于锦屏山九龙口步游道东侧，东距尾矿坝水库西岸约100米处。

墓门方向：南偏东23°。

尺寸及描述：封土长轴6.3米、短轴5.8米、高2.1米，平面呈椭圆形；石室底部长3.7米、宽1.2米，平面呈长方形；顶部长3.7米、宽0.8米，平面呈长方形；石室现存高度1.4米；东、西两壁全石堆砌，微券，立面呈梯形；后壁由2块大石堆砌，略有残损；盖石残存5块。呈地上式。

保存现状：较好。

0069 · JPSM069

地理位置：位于锦屏山九龙口，东距尾矿坝水库西岸约130米。

墓门方向：南偏东23°。

尺寸及描述：封土直径5.7米，边缘有封土石；中前部现存高约0.4米，中后部同山势基本一致，平面呈圆形；石室底部长3.8米、宽1.8米，平面呈长方形；顶部宽1.4米，平面呈长方形；东、西两壁全石堆砌，微券，立面呈梯形；东壁保存完整，高0.7米，西壁残损，后壁受到破坏，大部分不存；盖石大部分受到破坏。石室底部被大条石填塞。呈地上式。

保存现状：一般。

0070·JPSM070

地理位置：位于锦屏山老龙涧盘山路防火道北侧约18米处。

墓门方向：南偏东55°。

尺寸及描述：封土直径11米、高2.3米，平面呈圆形；封土外边缘有封土石，大小不等，块石竖砌，立面呈半圆形；石室底部长4.7米、前宽1.8米、中宽1.9米、后宽1.8米；顶部前宽1.4米、中宽1.3米、后宽1.6米；石室前高1.5米、中高1.8米、后高1.5米；甬道宽0.9米、高0.9米、长2.7米；墓门高1米、宽1米，门石厚0.4米；封门石平置于石室前，宽0.8米、高1.1米、厚0.14米。西壁发现文字，刻面宽0.77米、高0.53米、字径0.09×0.08米。文字如下："此洞东乃庠生王槐泉公墓。公名纶，字理之，配殷氏。仝窆于大明万历廿二年季冬廿四日。"石室轮廓清晰，保存完整。东、西两壁全石堆砌，微券，立面呈梯形；盖石保存完整，现存5块，后壁两块整石横砌。呈地上式。

保存现状：较好。

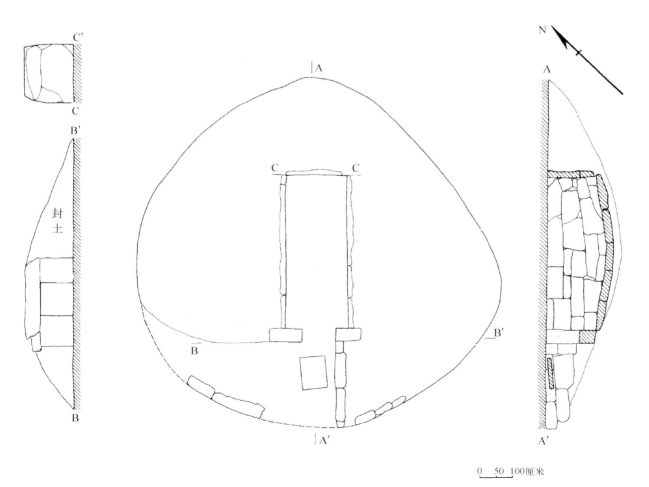

0070·JPSM0070封土石室墓测绘图

0071·JPSM071

地理位置：位于锦屏山老龙涧盘山路防火道北侧约18米，M070西侧约6米处。

墓门方向：南偏东15°。

尺寸及描述：封土直径6.7米，平面呈圆形；外边缘有封土石，高0.5米；石室底部长3.7米、宽1.3米；顶部前宽1.4米、中宽1.2米、后宽1.2米，平面呈凸字形；后高1.2米，淤塞严重；门高0.8米、宽0.9米，门石厚0.3米；甬道长1.5米、宽0.8米，高0.5米。东、西两壁全石堆砌，微券，西壁略

有残损，后壁四块整石分三层堆砌，上下均为一块整石，中间由两小块平面呈等腰三角形的块石填塞；盖石现存后部最后1块。石室底部的整石上竖刻"大吉"二字，字径0.07×0.08米，楷体。呈地上式。

保存现状：较好。

0072·JPSM072

地理位置：位于锦屏山老龙涧盘山路防火道北侧约18米，M070东侧20米处。

墓门方向：南偏西10°。

尺寸及描述：无封土；石室底部长3米、宽1.6米；石室前部现存高度0.3米、后部现存高度0.8米；东、西两壁基本不存，后壁受到破坏，仅余大石数块。呈地上式。

保存现状：较差。

0073·JPSM073

地理位置：位于锦屏山老龙涧盘山路防火道南侧约8米处。

墓门方向：南偏东20°。

尺寸及描述：封土直径7.2米，外边缘有封土石，平面呈圆形；石室底部长3.6米，平面呈凸字形；石室现存高度0.6米，淤塞严重；甬道长1.6米、宽0.8米、门石厚0.3米；东、西两壁大部分受到破坏,后壁不存。呈地上式。

　　保存现状:较差。

　　0074 · JPSM074

　　地理位置:位于锦屏山老龙涧盘山路东侧涧沟内。

　　墓门方向:南偏西23°。

　　尺寸及描述:封土直径6.3米、高0.8米,平面呈圆形,外边缘有封土石,保存基本完整;石室底部长3.2米、宽1米;甬道长1.6米、宽0.7米。东、西两壁大部分受到破坏,盖石大部分不存。

　　保存现状:较差。

　　0075 · JPSM075

　　地理位置:位于锦屏山九龙口西北,盘山路防火道西侧。

　　墓门方向:南偏东20°。

　　尺寸及描述:封土直径6.8米、高0.5米,平面呈圆形,外边缘有封土石,高0.5米,保存基本完整;石室底部长3.58米、宽1.4米;顶部长3.58、宽1.4米;石室前高1.6米、后高1.56米;甬道长1.5米、宽0.88米;墓门高0.92米、宽0.92米;东、西两壁全石直壁砌墙,后壁一块整石,盖石现存5块。呈地上式。在石室内底部两处地方发现"开元通宝"铜钱共3枚,质地不明的圆珠3颗。铜钱发现地点的相对位置如下:第一处距东壁0.9米,距后壁1.5米;第二处距东壁1.35米,距后壁1.16米。

　　保存现状:较好。

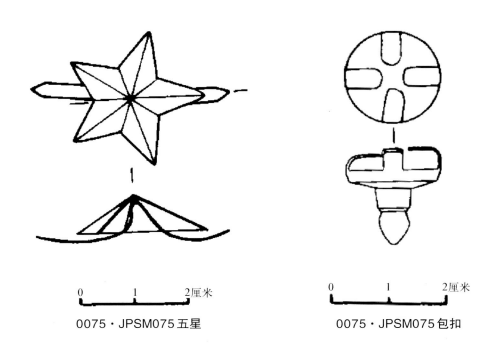

0075 · JPSM075 五星　　　　　　　　0075 · JPSM075 包扣

0076 · JPSM076

地理位置：位于锦屏山九龙口西北，盘山路防火道西侧。

墓门方向：南偏东20°。

尺寸及描述：封土直径5.1米，高1.2—1.8米不等，平面呈圆形；石室底部长3.5米、宽1.3米；石室顶部平面宽1.4米；石室现存高度1.7米；东壁与后壁相对完整，西壁受到破坏，全石直壁砌墙，微券。呈地上式。

保存现状：较好。

0077 · JPSM077

地理位置：位于锦屏山九龙口西北，盘山路防火道西侧。

墓门方向：南偏东45°。

尺寸及描述：封土直径7.1米、高0.5—1.3米，平面呈圆形；石室底部长4米、宽1.7米；顶部平面宽1.27米；石室现存高度1.59米；甬道长0.8米、宽0.9米；东、西两壁全石直壁砌墙，后壁两块整石；盖石保存完整，现存5块。呈地上式。

保存现状：较好。

0078 · JPSM078

地理位置：位于锦屏山九龙口西北,盘山路防火道西侧。

墓门方向：不详。

尺寸及描述：石室损坏严重,数据无测。

保存现状：较差。

0079 · JPSM079

地理位置：位于锦屏山九龙口西北,盘山路防火道西侧。

墓门方向：南偏西40°。

尺寸及描述：石室损坏严重,数据无测。

保存现状：较差。

0080 · JPSM080

地理位置：位于锦屏山九龙口西北,盘山路防火道西侧。

墓门方向：南偏东23°。

尺寸及描述：封土依山势而堆砌,边缘有封土石,直径6.3米、高1.7米,平面呈圆形;石室底部

长5米、前宽1.58米、中宽1.6米、后宽1.5米；顶部前宽1.2米、中宽1.2米、后宽0.92米；石室现存高度1.5米；甬道宽0.76米、长1.5米；墓门高0.5米、宽0.76米；东、西两壁由全石砌墙，券壁；后壁由5块石块堆砌，底部1块尺寸较大，上面的4块尺寸基本一致；盖石部分受到破坏，现存5块。

保存现状：较好。

0081·JPSM081

地理位置：位于锦屏山九龙口西北，盘山路防火道西侧。

墓门方向：南偏东18°。

尺寸及描述：封土依山势而堆，有封土石，直径7.5米，平面呈圆形；石室底部长3.7米、宽1.6米；石室现存高度0.9米；甬道宽0.9米、长2.1米；盖石大部分倒塌，只剩1块完好。

保存现状：一般。

0082·JPSM082

地理位置：位于锦屏山九龙口西北，盘山路防火道西侧。

墓门方向：南偏东15°。

尺寸及描述：封土长轴11米、短轴9米，平面呈椭圆形，依山势而堆砌，有封土石；石室顶部宽1.9米；石壁高0.8米；甬道长2米、宽0.9米；东、西两壁受到破坏，盖石无存。

保存现状：一般。

0083·JPSM083

地理位置：位于锦屏山九龙口西北，盘山路防火道西侧。

墓门方向：南偏东30°。

尺寸及描述：现存盖石数块，数据无测。

保存现状：较差。

0084·JPSM084

地理位置：位于锦屏山九龙口西北，盘山路防火道西侧。

墓门方向：北偏东25°。

尺寸及描述：石室毁坏严重，现存盖石数块，数据无测。

保存现状：较差。

0085·JPSM085

地理位置：位于锦屏山九龙口西北，盘山路防火道西侧。

墓门方向：北偏东10°。

尺寸及描述：石室利用一块面向西南倾斜的天然招崖做东壁及顶部，后壁由两块整石竖砌，西壁及南部入口由小块石堆砌成墓室，平面呈长方形，长2米、宽0.7米、残高0.4米。呈地上式。

保存现状：一般。

0086·JPSM086

地理位置：位于锦屏山九龙口西北，盘山路防火道西侧。

墓门方向：北偏东40°。

尺寸及描述：仅残存数块石块，数据无测。

保存现状：较差。

0087·JPSM087

地理位置：位于锦屏山九龙口西北，盘山路防火道西侧。

墓门方向：北偏东40°。

尺寸及描述：石室底部长4.2米、宽1.5米；顶部宽1米；石室中前部受到破坏，石壁现存高度0.75米；后部保存较好，高1.4米；盖石现存1块。呈半地下式。

保存现状：一般。

0088·JPSM088

地理位置：位于锦屏山九龙口西北，盘山路防火道西侧。

墓门方向：北偏东40°。

尺寸及描述：石室底部长3.5米、宽1.4米，平面呈长方形；石室现存高度1.35米；甬道宽0.4米、长2米、高0.6米。东、西两壁块石横砌，微券。盖石现存3块。呈半地下式。

保存现状：较好。

0089·JPSM089

地理位置：位于锦屏山九龙口西北,盘山路防火道西侧。

墓门方向：北偏东40°。

尺寸及描述：石室底部残长3.5米、宽1.2米,现存石头数块。

保存现状：较差。

0090·JPSM090

地理位置：位于锦屏山九龙口西北,盘山路防火道西侧。

墓门方向：不详。

尺寸及描述：石室毁坏严重,数据无测。

保存现状：较差。

0091·JPSM091

地理位置：位于锦屏山九龙口西北,盘山路防火道西侧。

墓门方向：北偏西30°。

尺寸及描述：石室损坏严重,数据无测。

保存现状：较差。

0092·JPSM092

地理位置：位于锦屏山九龙口西北,盘山路防火道西侧。

墓门方向：北偏西30°。

尺寸及描述：石室底部残长3米、宽1.1米。

保存现状：较差。

0093·JPSM093

地理位置：位于锦屏山九龙口西北,盘山路防火道西侧。

墓门方向：北偏西30°。

尺寸及描述：石室损坏严重,数据无测。

保存现状：较差。

二 南云台山封土石室墓

0094 · NYTM001 (Z001)

地理位置：位于南云台山仙姑顶东坡偏北，左侧为现代墓葬。

墓门方向：正南方。

尺寸及描述：封土高 2.47 米，平面呈圆形，保存较完整，边缘有封土石；石室底部长 3.98 米、宽 1.9 米，平面呈长方形；顶部长 3.3 米、宽 0.9 米，平面呈长方形；石室现存高度 2 米。全石直壁砌墙，由下往上逐渐内收，立面为梯形。

保存现状：较差。

0095 · NYTM002 (Z002)

地理位置：位于南云台山仙姑顶东坡，水坝北侧。

墓门方向：正南方。

尺寸及描述：封土高 2 米，平面呈圆形；石室底部残长 2.3 米、宽 2 米，平面呈长方形；顶部长 1.4 米、宽 0.7 米，平面呈长方形；现存高度 1.7 米，立面为梯形。

保存现状：一般。

0096·NYTM003（Z003）

地理位置：位于南云台山仙姑顶东坡，M002北侧3米处。

墓门方向：正南方。

尺寸及描述：石室残存东、西两壁中部，其余部分不存，数据无测。

保存现状：较差。

0097·NYTM004（Z004）

地理位置：位于南云台山谭沟顶南坡。

墓门方向：北偏东30°。

尺寸及描述：无封土；石室底部长3.7米、宽1.35米，平面呈长方形；顶部长3.7米、宽0.78米，平面呈长方形；石室现存高度1.7米；墓门高0.7米，门宽0.8米；石室后壁整石长1.22米、宽0.84米、高1.07米；后盖石长1.15米、宽0.75米、厚0.13米；第2块长0.89米、宽0.8米、厚0.22米，距地面1.37米；第3块长0.8米、宽1.23

米、厚0.21米,至地面1.45米;前块石宽1.2米、厚0.18米、高0.82米;东、西两壁全条石直壁砌墙,由下往上逐渐内收,券壁;后壁用一块整石竖砌。后部到前部盖石呈阶梯状排列,有层次感。呈全地下式。

　　保存现状:较好。

石呈阶梯状排列,中部盖石缺失。全地下式。

　　保存现状:较好。

0098·NYTM005(Z005)

　　地理位置:位于南云台山谭沟顶南坡,M004南侧30约米处。

　　墓门方向:北偏东30°。

　　尺寸及描述:无封土;石室底部长3.6米、宽1.37米,平面呈长方形;顶部宽0.97米,平面呈长方形;石室现存高度1.75米;门宽0.64米;东、西两壁全条石直壁砌墙,由下往上逐渐内收,券壁;后壁用一块整石竖砌;后部到前部盖

0099·NYTM006（Z006）

地理位置：位于南云台山谭沟顶南坡，M004西侧约60米处。

墓门方向：北偏东30°。

尺寸及描述：封土直径7.3米，平面呈圆形；石室底部长4.39米、宽2.59米，平面呈长方形；石壁高2.18米，仅余东壁和后部分。

保存现状：较差。

0100·NYTM007（Z007）

地理位置：位于南云台山谭沟顶南坡，M006东侧5米处。

墓门方向：北偏东30°。

尺寸及描述：封土直径7米，平面呈圆形；石室底部残长4.44米，石室内已被小块石填平，其余数据无测。

保存现状：较差。

0101·NYTM008（Z008）

地理位置：位于南云台山谭沟顶南坡，M004东南方约100米处。

墓门方向：北偏东30°。

尺寸及描述：石室损坏严重，底部宽1.23米，其他数据无测。

保存现状：较差。

0102·NYTM009（Z009）

地理位置：位于南云台山仙姑顶北。

墓门方向：南偏东80°。

尺寸及描述：石室底部长3.6米、宽1.94米，平面呈长方形；顶部长2.78米、宽0.78米，平面呈长方形；现存高度1.76米；东、西两壁全石直壁砌墙，微券；后壁用大石竖砌，其余用小石块填塞；盖石现存4块；石室前部有石块堆积，石块堆高1米、长0.7米、宽0.49米。

保存现状：较好。

0103·NYTM010（Z010）

地理位置：位于南云台山仙姑顶东北坡谭沟涧南。

墓门方向：南偏东70°。

尺寸及描述：封土直径8米，平面呈圆形；石室底部长4.15米、宽1.96米，平面呈长方形；顶部宽1米；现存高度1.9米，西壁尚存；盖石仅余1块；内部被倒塌的块石填塞。

保存现状：一般。

0104·NYTM011（Z011）

地理位置：位于南云台山仙姑顶东北坡潭沟涧南。

墓门方向：不详。

尺寸及描述：石室毁坏严重，仅余石头数块，数据无测。

保存现状：较差。

0105·NYTM012（Z012）（简报中定M12）

地理位置：位于南云台山小马涧顶部现代墓葬区内。

墓门方向：南偏东45°。

尺寸及描述：封土依山势而堆砌，尺寸不清；石室底部长3.6米、宽1.45米，平面呈刀型，刀柄右置；石室中高1.5米、后高0.76米；甬道长0.38米；东壁稍残，全石直壁砌墙，微券，后壁用一块整石砌筑；盖石仅存1块。

保存现状：一般。

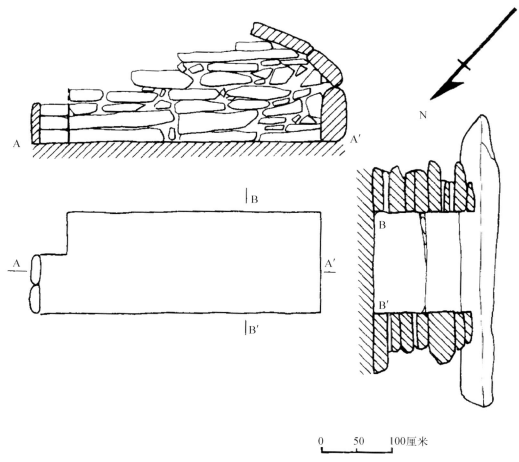

0 50 100厘米

0105·NYTM012（Z012）（简报中定M12）封土石室墓测绘图

0106 · NYTM013（Z013）

地理位置：位于南云台山小马涧顶部现代墓葬区，M012东侧约10米处。

墓门方向：南偏东50°。

尺寸及描述：封土直径6.2米，平面呈圆形；石室底部长4.32米、宽1.4米，平面呈长方形；顶部宽0.94米，平面呈长方形；现存高度1.66米；后壁高0.63米；后部盖石宽1.05米、长0.72米，残存2块；西壁尚存，东壁残。

保存现状：一般。

0107 · NYTM014（Z014）

地理位置：位于南云台山小马涧顶部现代墓葬区，M012西南约16米处。

墓门方向：南偏东30°。

尺寸及描述：石室底部长3.42米、宽1.42米，平面呈长方形；顶部宽0.94米，平面呈长方形；石室现存高度1.49米；西壁中部已残；盖石残存1块。

保存现状：较好。

0108 · NYTM015（Z015）

地理位置：位于南云台山丹霞采石场上方小路边，M012东北。

墓门方向：南偏西10°。

尺寸及描述：封土直径6.3米，平面呈圆形；石室底部长3.8米、宽1.7米，平面呈长方形；顶部宽1.15米，平面呈长方形；石室现存高度1.35米；西壁大部分受到破坏；后壁由一大块整石构成，其余用小石块填塞；盖石仅余1块。呈半地下式。

保存现状：较好。

0109·NYTM016（Z016）

地理位置：位于南云台山丹霞采石场上方路边，M015上方10米处。

墓门方向：南偏西20°。

尺寸及描述：封土直径7米，平面呈圆形；石室底部长3.8米、宽1.85米；顶部宽0.97米，平面呈长方形；石室现存高度1.82米；甬道长1.67米。东、西两壁保存完整，券壁，后壁由大石块堆砌，其余由小石块堆砌；盖石残存2块。呈半地下式。

保存现状：较好。

0110·NYTM017（Z017）

地理位置：位于南云台山丹霞采石场上方小路边，M15上方约20米处。

墓门方向：正南方。

尺寸及描述：封土直径9米，平面呈圆形；石室底部长4.37米、宽1.86米，平面呈长方形；顶部长3.58米、宽0.82米，平面呈长方形；东、西两壁完整，券壁；后壁由大石块堆砌，其余小石块堆砌；盖石残存4块。呈半地下式。

保存现状：较好。

0111·NYTM018（Z018）

地理位置：位于南云台山丹霞采石场上方小路边。

墓门方向：不详。

尺寸及描述：石室已被现代墓葬填平，东、西两壁轮廓依稀可见，数据无测。

保存现状：较差。

0112 · NYTM019（Z019）

地理位置：位于南云台山丹霞采石场上方小路边。

墓门方向：不详。

尺寸及描述：石室淤塞严重,数据无测。

保存现状：较差。

0113 · NYTM020（Z020）

地理位置：位于南云台山大豁口（大虎口）南坡。

墓门方向：不详。

尺寸及描述：石室损坏严重,数据无测。

保存现状：较差。

0114 · NYTM021（Z021）

地理位置：位于南云台山大豁口（大虎口）南坡,M020东南30米处。

墓门方向：北偏东30°。

尺寸及描述：石室内部被坍塌石块堆积,数据无测。

保存现状：较差。

0115 · NYTM022（Z022）

地理位置：位于南云台山铁山头北沟田家大院。

墓门方向：不详。

尺寸及描述：石室基本完整,仅封口处轻度损坏;内部淤塞严重,数据无法测量。呈地下式。

保存现状：较好。

0116 · NYTM023（Z023）

地理位置：位于南云台山当路后山西坡,涧沟西侧约20米处。

墓门方向：南偏东30°。

尺寸及描述：石室基本完整,封口处轻度损坏;内部淤塞严重,数据无法测量。呈地下式。

保存现状：较好。

0117 · NYTM024（Z024）

地理位置：位于南云台山狮子岭南坡,盘山路北侧2米处。

墓门方向：南偏东55°。

尺寸及描述：封土直径4.4米,平面呈圆形;石室底部长2.6米;顶部宽0.72米;石室现存高0.4米;东、西两壁保存完整,用条石堆砌,券壁;后壁由于视线受阻,具体形制不明;盖石保存完

整。呈半地下式。

保存现状：较好。

0118·NYTM025（Z025）

地理位置：位于南云台山狮子岭南坡，M024东北方向约35米处。

墓门方向：南偏东10°。

尺寸及描述：无封土；石室底部长3.4米，平面呈长方形；顶部残宽0.85米；石室现存高度0.76米；东、西两壁保存基本完整，西壁中前部受到一定程度破坏，均用整条石堆砌；盖石保存完整，有封门石。呈地上式。

保存现状：一般。

0119·NYTM026（Z026）

地理位置：位于南云台山狮子岭南坡。

墓门方向：南偏东10°。

尺寸及描述：石室顶部宽1米；现存高度0.4米；东、西两壁保存基本完整，内部淤塞严重，数据无测。呈半地下式。

保存现状：较好。

0120·NYTM027（Z027）

地理位置：位于南云台山狮子岭南坡。

墓门方向：南偏西10°。

尺寸及描述：封土直径5米，平面呈圆形；石室残长2.84米，宽1.69米，平面呈长方形，东、西两壁受到一定程度破坏；盖石大部分受到破坏。

保存现状：较差。

0121·NYTM028（Z028）

地理位置：位于南云台山狮子岭南坡。

墓门方向：南偏东55°。

尺寸及描述：无封土；石室底部残长2.95米、宽1.65米，平面呈长方形；盖石大部分受到破坏。

保存现状：较差。

0122·NYTM029（Z029）

地理位置：位于南云台山狮子岭南坡。

墓门方向：南偏东15°。

尺寸及描述：无封土；石室底部长3.45米，平面呈长方形；顶部宽0.79米；东、西两壁受到不同程度破坏。呈半地下式。

保存现状：一般。

0123·NYTM030（Z030）

地理位置：位于南云台山狮子岭南坡。

墓门方向：南偏东50°。

尺寸及描述：无封土；石室封门被破坏；顶部长3米、宽1米，平面呈长方形；石室现存高度0.96米，东、西两壁保存完好。呈半地下式。

保存现状：一般。

0124·NYTM031（Z031）

地理位置：位于南云台山狮子岭南坡唐庄东北角。

墓门方向：南偏东15°。

尺寸及描述：无封土；石室封门被轻微破坏，内部长3.85米；其他数据无法进行测量。呈地下式。

保存现状：较差。

0125 · NYTM032（Z032）

地理位置：位于南云台山狮子岭南坡唐庄东北角。

墓门方向：南偏东20°。

尺寸及描述：封土大部分受到破坏；石室前部被破坏，中、后部保存较好；石室立面呈梯形，底部长3.55米、宽1.47米，平面呈长方形；顶部长1.2米、宽0.91米；石室现存高度1.17米；东、西两壁保存完好，券壁。呈半地下式。

保存现状：一般。

0126 · NYTM033（Z033）

地理位置：位于南云台山狮子岭南坡唐庄东北角。

墓门方向：南偏东35°。

尺寸及描述：无封土；石室底部长3.9米、宽1.14米；平面呈刀形，刀柄右置；顶部宽1.51米；石室前高1.28米、后高1.03米；甬道宽0.76米、长0.92米。东、西两壁保存基本完整，唯前

部有残损,券壁;后壁由1块完整的块石堆砌。呈地上式。

保存现状:一般。

0127·NYTM034(Z034)

地理位置:位于南云台山狮子岭南坡唐庄东上方养殖场院内。

墓门方向:南偏西25°。

尺寸及描述:石室底部平面长4.5米;内部数据无测。呈地下式。

保存现状:较差。

0128·NYTM035(Z035)

地理位置:位于南云台山狮子岭南坡唐庄东上方养殖场院内。

墓门方向:南偏西18°。

尺寸及描述:无封土;石室底部长3.56米、宽1.76米,平面呈长方形;顶部宽1米,平面呈长方形;石室现存高度1.72米;门高0.7米,宽0.7米;甬道长0.43米。内壁保存完整,券壁。石室中顶部开0.2×0.2米正方形小口。呈半地下式。

保存现状:一般。

0129·NYTM036(Z036)

地理位置:位于南云台山狮子岭南坡唐庄东上方养殖场院内。

墓门方向:南偏西35°。

尺寸及描述:无封土;石室前部损坏,中、后部保存较好;底部长3.73米,平面呈凸字形;石室现存高度 1.56 米；甬道长 0.54 米；东、西两壁保存完整，券壁。呈地下式。

保存现状：较差。

0130 · NYTM037（Z037）（简报中定 M37）

地理位置：位于南云台山西红山西南坡里老套。

墓门方向：西偏南 40°。

尺寸及描述：石室底部长 5 米、宽 2.5 米，平面呈凸字形；顶部宽 1.48 米；石室现存高度 2.2 米；门高 1.2 米、宽 1.2 米；内壁保存完好，东壁距地面 0.85 米处开始券壁，西壁距地面 0.7 米处开始券壁。东、西、北三墙面建有龛室，尺寸分别是：0.9×0.8×0.8 米、0.9×0.8×0.9 米、0.75×0.8×1 米。内部地面由片石铺成。呈地上式。

保存现状：一般。

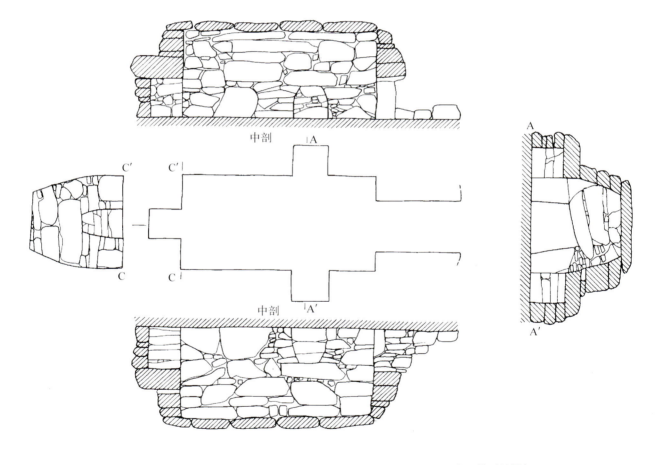

中剖

0 50 100厘米

0130·NYTM037（Z037）（简报中定M37）封土石室墓测绘图

0131·NYTM038（Z038）

地理位置：位于南云台山西红山南坡里老套。

墓门方向：不详。

尺寸及描述：石室损坏严重，数据无测。呈半地上式。

保存现状：较差。

0132·NYTM039（Z039）

地理位置：位于南云台山西红山南坡里老套。

墓门方向：南偏东15°。

尺寸及描述：无封土；石室封门及盖石破坏严重；石室立面呈梯形，底部长5兴、宽2.6米，平面呈长方形；后壁高2.47米；内壁保存基本完整。

保存现状：一般。

0133 · NYTM040（Z040）

地理位置：位于南云台山西红山南坡茅草头。

墓门方向：南偏东 15°。

尺寸及描述：无封土；石室底部长 3.45 米、后宽 2 米，平面呈长方形；顶部后宽 0.89 米；西壁尚存，东壁有轻微损坏，券壁。封门及盖石破坏严重。呈地上式。

保存现状：一般。

0134 · NYTM041（Z041）

地理位置：位于南云台山当路后山西坡，M023 东侧约 50 米处。

墓门方向：南偏西 10°。

尺寸及描述：封土高 1.6 米，直径 7.6 米，平面呈圆形；石室立面呈梯形，底部残长 3.3 米、宽 2.38 米，平面呈长方形；顶部宽 0.9 米，平面呈长方形；现存高度 1.87 米；东、西两壁由不规则石块堆砌；盖石残存 4 块。呈半地下式。

保存现状：一般。

0135 · NYTM042（Z042）

地理位置：位于南云台山水关门上源头汪姓茶园中。

墓门方向：南偏东 10°。

尺寸及描述：封土长轴 4 米、短轴 2.6 米，平面呈椭圆形；除盖石可见外，石室内部全部淤塞；其他数据无测。最大盖石长 2.6 米、宽 1.4 米。呈地下式。

保存现状：一般。

0136·NYTM043（Z043）

地理位置：位于南云台山水关门上源头汪姓茶园中，M042西侧10米处。

墓门方向：南偏东15°。

尺寸及描述：封土直径6.4米、高1.6米，平面呈圆形；石室底部长4.09米；盖石存3块，最大一块长2.6米、宽1.1米；内部淤塞严重。呈半地下式。

保存现状：一般。

0137·NYTM044（Z044）

地理位置：位于南云台山水关门上源头汪姓茶园西上方。

墓门方向：南偏东10°。

尺寸及描述：无封土；平面呈长方形；石室底部长3.85米、宽1.04米，顶部宽0.8米；前、中部损坏严重，后壁为一块整石；盖石仅余1块；石室内部有淤土。呈地下式。

保存现状：一般。

0138·NYTM045（Z045）

地理位置：位于南云台山水关门上源头，汪姓茶园西上方。

墓门方向：南偏东5°。

尺寸及描述：无封土；石室底部长3.4米、宽1.3米，平面呈长方形；西壁仅余1块立石，长2.35米、宽度0.6米，后壁为一整石竖砌。

保存现状：较差。

0139·NYTM046（Z046）

地理位置：位于南云台山水关门上源头，汪姓茶园西上方，M045东侧5米处。

墓门方向：北偏东20°。

尺寸及描述：石室仅存部分后壁和东壁，大部分损坏，数据无测。

保存现状：较差。

0140·NYTM047（Z047）

地理位置：位于南云台山水关门上源头，汪姓茶园西坡。

墓门方向：南偏东30°。

尺寸及描述：石室顶部现存宽度0.5米，仅余一块盖石；内部大部淤塞。呈地下式。

保存现状：一般。

0141·NYTM048（Z048）

地理位置：位于南云台山水关门上源头，汪姓茶园西坡。

墓门方向：南偏东20°。

尺寸及描述：封土半径3.5米，仅存一半，平面呈半圆形；甬道长0.89米。石室仅余部分西壁和东壁，其他数据无测。

保存现状：较差。

0142·NYTM049（Z049）

地理位置：位于南云台山水关门上源头汪姓茶园西坡。

墓门方向：南偏东10°。

尺寸及描述：无封土；石室底部残长2.2米、宽0.82米，平面呈长方形；顶部宽0.82米，平面呈长方形；石室前部损坏严重，现存高度0.4米。呈地下式。

保存现状：一般。

0143·NYTM050（Z050）

地理位置：位于南云台山水关门上源头，汪姓茶园西坡。

墓门方向：南偏东20°。

尺寸及描述：石室底部长3.86米，顶部宽1米；内壁保存较好；盖石残存2块，较大一块长1.97米，宽1.9米；石室内部淤塞严重。呈半地下式。

保存现状：一般。

0144·NYTM051（Z051）

地理位置：位于南云台山水关门上源头，汪姓茶园西坡。

墓门方向：南偏东10°。

尺寸及描述：石室大部分淤塞，仅见盖石3块；数据无测。

保存现状：较差。

0145·NYTM052（Z052）

地理位置：位于南云台山卧牛岭东坡第二峰，水关门茶场西岭头。

墓门方向：南偏东40°。

尺寸及描述：封土直径9.2米，高1.6米，平面呈圆形；石室底部长4.21米、宽1.8米；顶部宽1.1米，平面呈长方形；现存高度1.62米；门高0.74米、宽0.83米；甬道长2.56米；前部稍有淤塞现象；东、西两壁大部由大块环石堆砌，后壁整石，盖石平铺。石室地面有部分小块石，北壁中部一块大石有一列文字，识读如下："大名洲滕德□□□□堂。"呈地下式。

保存现状：一般。

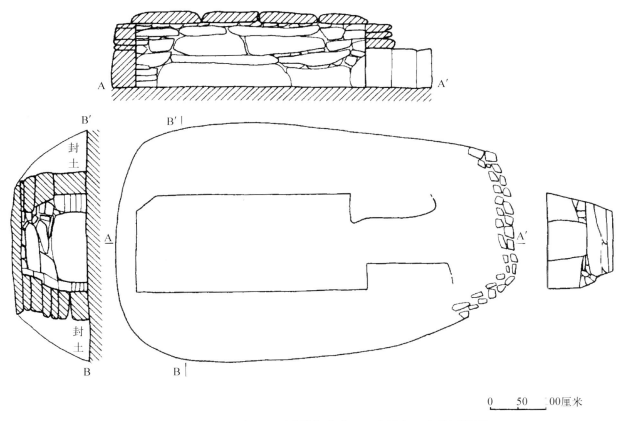

0 　　50　　00厘米

0145·NYTM052（Z052）（简报中定M52）封土石室墓测绘图

0146 · NYTM053（Z053）

地理位置：位于南云台山里老套西坡茶场内。

墓门方向：南偏东 15°。

尺寸及描述：无封土；石室底部长 3.65 米，顶部长 2.62 米；石室现存高度 0.85 米；门高 0.85 米、门宽前 1.1 米、后 0.9 米；石室底部淤塞；盖石残存 4 块；后壁为整石。

保存现状：较好。

0147 · NYTM054（Z054）

地理位置：位于南云台山里老套西坡茶场内。

墓门方向：南偏东 25°。

尺寸及描述：封土直径 11 米，平面呈圆形；顶部宽 1.45 米，盖石全部塌陷；东、西两壁基本完好，内部淤塞严重；其他数据无测。

保存现状：一般。

0148·NYTM055（Z055）

地理位置：位于南云台山里老套西坡茶场内。

墓门方向：南偏西30°。

尺寸及描述：无封土；石室底部长4.2米、宽2.2米，平面呈长方形；顶部宽1.2米，平面呈长方形；石室现存高度0.7米；后半部盖石完整，前半部坍塌，底部淤塞；券壁，后壁小块石堆砌。半地下式。

保存现状：一般。

0149·NYTM056（Z056）

地理位置：位于南云台山里老套西坡，M055西侧31米处。

墓门方向：南偏西30°。

尺寸及描述：无封土；石室底部长5.37米、宽1.87米，平面呈长方形；顶部宽1.15米，平面呈长方形；石室现存高度1.28米，仅余后部；盖石残存2块；有淤塞现象；后壁一块整石，东、西两壁小块石平砌。呈半地下式。

保存现状：一般。

0150·NYTM057（Z057）

地理位置：位于南云台山水关门上源头卧牛岭东坡。

墓门方向：南偏东20°。

尺寸及描述：无封土；石室底部长3.41米、宽1.76米，平面呈长方形；石室中、前部遭破坏，后壁小块石堆砌，东、西两壁小块石平砌；盖石残留1块。呈半地下式。

保存现状：较好。

0151·NYTM058（Z058）

地理位置：位于南云台山水关门上源头卧牛岭东坡。

墓门方向：南偏东20°。

尺寸及描述：无封土；石室底部长3.41米、宽1.76米，平面呈长方形；顶部残长1.5米、宽0.8米，平面呈长方形；石室破坏较为严重，后壁小块石砌成，盖石坍塌。呈半地下式。

保存现状：一般。

0152 · NYTM059（Z059）

地理位置：位于南云台山水关门上源头卧牛岭东坡，M057东侧约40米处。

墓门方向：南偏东10°。

尺寸及描述：无封土；石室底部长2.74米；顶部宽0.7米；石室前部保存较差，内部淤塞严重。呈半地下式。

保存现状：一般。

0153 · NYTM060（Z060）

地理位置：位于南云台山水关门上源头卧牛岭东坡，M059上方。

墓门方向：南偏东30°。

尺寸及描述：石室内部淤塞严重，数据无测。呈全地下式，

保存现状：一般。

0154 · NYTM061（Z061）

地理位置：位于南云台山水关门上源头卧牛岭东坡。

墓门方向：南偏东25°。

尺寸及描述：有封土；石室盖石坍塌；内部淤塞严重，数据无测。

保存现状：一般。

0155 · NYTM062（Z062）

地理位置：位于南云台山水关门上源头卧牛岭东坡。

墓门方向：南偏东40°。

尺寸及描述：封土直径5.8米，平面呈圆形；石室底部残长3.53米；顶部残长2米、宽1.43米；甬道长0.66米、宽0.9米；仅余部分盖石；淤塞严重。呈半地下式。

保存现状：一般。

0156 · NYTM063（Z063）

地理位置：位于南云台山水关门上源头卧牛岭东坡。

墓门方向：南偏东15°。

尺寸及描述：封土直径4.8米，平面呈圆形；石室底部残长3.45米、宽0.83米，平面呈长方形；顶部残长3.45米、宽0.83米，平面呈长方形；石室现存高度0.9米；后壁小块石堆砌，东壁存1块大石，其余小块石堆砌。

保存现状：一般。

0157 · NYTM064（Z064）

地理位置：位于南云台山水关门上源头卧牛岭东坡。

墓门方向：南偏东30°。

尺寸及描述：封土直径6.1米，平面呈圆形；石室底部残长3.78米、宽1.6米，平面呈凸字形；顶部残长3.78米、后宽1.2米，平面呈长方形；石室长1.35米；甬道宽1.12米，部分淤塞；后壁由一块大石堆砌；盖石有1块塌陷，残存4块。呈半地下式。

保存现状：一般。

0158 · NYTM065（Z065）

地理位置：位于南云台山水关门上源头卧牛岭东坡。

墓门方向：南偏东25°。

尺寸及描述：有封土；石室底部残长3.69米、宽1.5米，平面呈长方形；顶部宽1.07米，平面呈长方形；石室中高1.4米、后高1.1米，前部被毁，东、西两壁中后部分小块石堆砌，黄泥嵌缝，券壁；盖石现存3块。呈地上式。

保存现状：一般。

0159·NYTM066（Z066）

地理位置：位于南云台山水关门上源头卧牛岭东坡，与M065相距6米。

墓门方向：南偏东25°。

尺寸及描述：无封土；石室底部长3.19米、中宽1.58米、后宽1.38米，平面呈对称梯形；顶部后宽0.78米，平面呈长方形；石室现存高度1.46米；东、西两壁和后壁石室底部大石堆砌，上部小块石填塞，券壁。盖石完好。呈地上式。

保存现状：较好。

0160·NYTM067（Z067）

地理位置：位于南云台山水关门上源头卧牛岭东坡。

墓门方向：南偏东25°。

尺寸及描述：石室盖石坍塌，淤塞严重，数据无测。

保存现状：一般。

0161·NYTM068（Z068）

地理位置：位于南云台山水关门上源头卧牛岭东坡。

墓门方向：南偏西20°。

尺寸及描述：封土长轴5.7米、短轴4.2米、高4.2米，平面呈椭圆形；石室底部长3.9米，内部淤塞严重。呈半地下式。

保存现状：较好。

0162·NYTM069（Z069）

地理位置：位于南云台山水关门上源头卧牛岭东坡。

墓门方向：南偏西15°。

尺寸及描述：封土直径6米，平面呈圆形；石室前部被毁，后部保存良好；底部长4.55米、宽2.1米，平面呈长方形；顶部宽0.97米；石室现存高度1.85米；内壁中后部保存完整，券壁；后壁整石，其余处小石块填塞；盖石残存4块。呈半地下式。

保存现状：较好。

0163·NYTM070（Z070）（简报中定M70）

地理位置：位于南云台山水关门上源头卧牛岭东坡。

墓门方向：南偏西20°。

尺寸及描述：无封土；石室底部长4.2米、前宽1.9米、中宽2.1米，后宽2.1米；顶部前宽1.7米、中宽0.9米、后宽1.2米，平面呈梯形；石室中高2.1米、后高1.2米；门高0.9米、宽1米，距东、西两壁均为0.5米；甬道长2.1米、宽1.1米；东、西两壁石室底部由整石构筑基础，小块石填塞至顶部，微券。呈半地下式。

保存现状：较好。

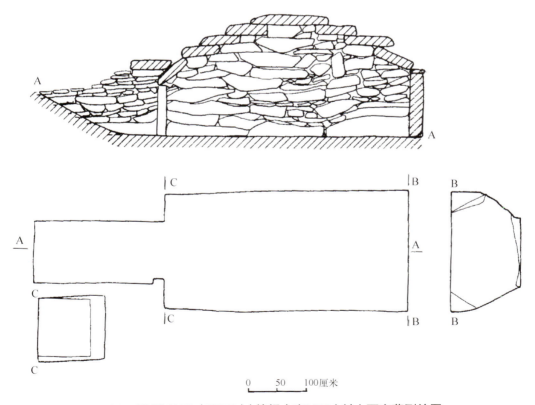

0163·NYTM070（Z070）（简报中定M70）封土石室墓测绘图

0164·NYTM071（Z071）

地理位置：位于南云台山水关门上源头卧牛岭东坡。

墓门方向：不详。

尺寸及描述：石室坍塌严重，数据无测。

保存现状：较差。

0165·NYTM072（Z072）

地理位置：位于南云台山水关门上源头卧牛岭东坡。

墓门方向：南偏西20°。

尺寸及描述：封土直径6米，平面呈圆形；石室底部长4.34米、中宽1.92米、后宽1.75米，平面呈梯形；顶部中宽1米、后宽0.95米；石室现存高度1.65米。前部受到破坏；内壁中后部完整，券壁，后壁大石堆砌；盖石基本完好。

保存现状：较好。

0166·NYTM073（Z073）

地理位置：位于南云台山水关门上源头卧牛岭东坡。

墓门方向：不详。

尺寸及描述：石室盖石坍塌，数据无测。

保存现状：较差。

0167·NYTM074（Z074）

地理位置：位于南云台山水关门上源头卧牛岭东坡。

墓门方向：南偏西30°。

尺寸及描述：石室底部长3.42米；顶部宽0.94米；石室现存高度0.58米，前部受损，内部半淤塞；东、西两壁石块平砌；盖石1块被毁，其余保存完好。呈半地下式。

保存现状：一般。

0168·NYTM075（Z075）

地理位置：位于南云台山水关门上源头卧牛岭东坡。

墓门方向：南偏西40°。

尺寸及描述：无封土；石室底部长4.11米、宽1.9米，平面呈长方形；石室现存高度0.96米；盖石残存2块；东、西两壁小块石堆砌，顶部微券；内部半淤塞。呈半地下式。

保存现状：较差。

0169·NYTM076（Z076）

地理位置：位于南云台山水关门上源头卧牛岭东坡。

墓门方向：南偏西25°。

尺寸及描述：无封土；石室底部长3.97米、宽1.58米，平面呈长方形；石室盖石大部分不存，淤塞严重。

保存现状：较差。

0170·NYTM077（Z077）

地理位置：位于南云台山水关门上源头卧牛岭东坡。

墓门方向：南偏西10°。

尺寸及描述：无封土；石室底部长4.4米、宽2米，平面呈长方形；顶部长2.5米、宽1.29米，平面呈长方形；石室现存高度1.54米。石室前部倒塌，后壁整石堆砌，东、西两壁大石堆砌。

保存现状：一般。

0171·NYTM078（Z078）

地理位置：位于南云台山水关门上源头卧牛岭东坡。

墓门方向：南偏东40°。

尺寸及描述：无封土；石室底部长3.88米、宽1.52米，平面呈长方形；石室大部分坍塌、淤塞较严重。

保存现状：较差。

0172·NYTM079（Z079）

地理位置：位于南云台山水关门上源头卧牛岭东坡。

墓门方向：南偏东45°。

尺寸及描述：无封土；石室底部长4.89米、宽1.47米，平面呈长方形；石室大部分淤塞，东、西两壁大石堆砌；盖石仅存2块。呈地下式。

保存现状：较差。

0173·NYTM080（Z080）

地理位置：位于南云台山水关门上源头卧牛岭东坡，M052北侧15米处。

墓门方向：南偏东35°。

尺寸及描述：无封土；石室底部长4.29米、宽1.74米；甬道宽0.84米，石室盖石全部破坏，大部分淤塞。残存的一块石头上刻有"滕公"二字。

保存现状：较差。

0174·NYTM081（Z081）

地理位置：位于南云台山水关门上源头卧牛岭东坡，M052北侧15米处。

墓门方向：南偏东50°。

尺寸及描述：石室大部分淤塞，仅见2块盖石。全地下式。

保存现状：较差。

0175·NYTM082（Z082）

地理位置：位于南云台山水关门上源头卧牛岭西南坡。

墓门方向：南偏西40°。

尺寸及描述：无封土；石室顶部长2.6米；石室内部淤塞严重；东、西两壁保存完好。呈地下式。

保存现状：较差。

0176·NYTM083（Z083）

地理位置：位于南云台山水关门上源头卧牛岭西南坡。

墓门方向：南偏西65°。

尺寸及描述：有部分封土；石室立面呈梯形，底部长4.5米、宽1.98米；顶部长2.38米、宽0.74米，平面呈长方形；甬道长1.5米；东、西两壁小块石堆砌，微券。

保存现状：一般。

0177·NYTM084（Z084）

地理位置：位于南云台山水关门上源头卧牛岭西南坡。

墓门方向：南偏西50°。

尺寸及描述：无封土；石室底部长3.76米、宽1.78米，平面呈长方形；石室前部遭到破坏，后部保存较好；石室现存高度1.24米；内壁由小块石堆砌，券壁；盖石1块受损。呈半地下式。

保存现状：较差。

0178·NYTM085（Z085）

地理位置：位于南云台山水关门上源头卧牛岭西南坡。

墓门方向：南偏西65°。

尺寸及描述：封土直径6米，平面呈圆形；石室底部长3.43米、宽1.48米；顶部长2米、宽0.7米，平面呈长方形；石室中、前部损坏较重，后部保存较好；石室现存高度1.32米；甬道长1.05米、宽0.74米；内壁均片石堆砌，券壁；盖石部分被毁。呈半地下式。

保存现状：一般。

0179·NYTM086（Z086）

地理位置：位于南云台山水关门上源头卧牛岭西南坡。

墓门方向：南偏西60°。

尺寸及描述：无封土；石室底部长3.57米、宽1.59米，平面呈长方形；顶部残长2.3米、宽0.9米，平面呈长方形；石室中、前部损坏，后部保存较好，现存高度1.46米；东、西两壁小块石平砌，后壁整石立砌。

保存现状：一般。

0180·NYTM087（Z087）

地理位置：位于南云台山水关门上源头卧牛岭西南坡。

墓门方向：南偏西60°。

尺寸及描述：石室内部淤塞严重，数据无测。呈地下式。

保存现状：较差。

0181·NYTM088（Z088）

地理位置：位于南云台山水关门上源头卧牛岭西南坡。

墓门方向：南偏西60°。

尺寸及描述：石室顶部坍塌，淤塞严重，数据无测。

保存现状：较差。

0182·NYTM089（Z089）

地理位置：位于南云台山水关门上源头卧牛岭麻栎林，M052前3米处。

墓门方向：南偏东35°。

尺寸及描述：无封土；石室顶部宽0.91米；盖石仅余1块；淤塞严重，其他数据无测。呈全地下式。

保存现状：较差。

0183·NYTM090（Z090）

地理位置：位于南云台山杀人场茶园东，黑松林内。

墓门方向：南偏西80°。

尺寸及描述：封土直径9米，平面呈圆形；石室前部损坏，其他部分保存较好；底部长3.54米、宽1.84米，平面呈凸字形；顶部长3.67

米、宽0.93米，平面呈长方形；石室现存高度1.77米；甬道长1.05米，宽1.16米；后壁由一块大石竖砌，东、西两壁下部大石平砌，上部小块石堆砌。

　　保存现状：一般。

0184·NYTM091（Z091）

　　地理位置：位于南云台山卧牛岭东坡。

　　墓门方向：南偏东60°。

　　尺寸及描述：封土直径6米，平面呈圆形；石室顶部长3.25米、宽0.8米；甬道长0.89米，宽0.86米；盖石坍塌；石室内淤塞严重。呈地下式。

　　保存现状：较差。

0185·NYTM092（Z092）

　　地理位置：位于南云台山卧牛岭东坡，M091前5米处。

　　墓门方向：南偏西60°。

　　尺寸及描述：无封土；石室前部损坏，中、后部保存较好；石室底部长4.28米、宽1.18米；顶部宽0.66米，平面呈长方形；石室现存高度1.11米；甬道保存较好，宽0.7米；东、西两壁下部由整石砌筑，上部由小块石平砌，后壁由大石竖砌，其余部分小块石填塞。呈半地下式。

　　保存现状：一般。

0186·NYTM093（Z093）

地理位置：位于南云台山卧牛岭东坡，距M092约10米。

墓门方向：南偏西30°。

尺寸及描述：无封土；石室中、前部损坏，后部保存一般；底部长3.84米、宽1.55米，平面呈长方形；顶部长2.75米；石室现存高度1米；东、西两壁和后壁皆用小块石平砌；盖石残余3块。呈半地下式。

保存现状：一般。

0187·NYTM094（Z094）

地理位置：位于南云台山卧牛岭东坡。

墓门方向：南偏西30°。

尺寸及描述：无封土；石室中、前部损坏严重，后部保存一般；底部长3.57米、宽1.55米，平面呈长方形；顶部宽1.07米，平面呈长方形；石壁高1.36米；盖石仅残余1块；后壁由一块整石竖砌，东、西两壁下部由整石横砌，上部由小块石平砌。

保存现状：一般。

0188·NYTM095（Z095）

地理位置：位于南云台山卧牛岭东坡。

墓门方向：南偏西30°。

尺寸及描述：盖石坍塌；室内淤塞，数据无测。呈全地下式。

保存现状：较差。

0189·NYTM096（Z096）

地理位置：位于南云台山卧牛岭东坡。

墓门方向：南偏西45°。

尺寸及描述：无封土；石室中、前部损坏严重，后部保存一般；底部长3.8米、宽1.45米，平面呈长方形；顶部长3.57米、宽1.2米，平面呈长方形；东、西两壁由小块石平砌；盖石残存3块。

保存现状：较差。

0190·NYTM097（Z097）

地理位置：位于南云台山卧牛岭东坡。

墓门方向：南偏西20°。

尺寸及描述：无封土；石室前部被毁，中、后部保存较好；石室底部长3.9米、宽1.4米，平面呈刀型，刀柄右置；顶部长2.4米、宽0.8米；石室现存高度1.53米；后壁由一块整石砌筑，东、西两壁由小块石平砌。

保存现状：一般。

0191·NYTM098（Z098）

地理位置：位于南云台山卧牛岭东坡，M097后约10米处。

墓门方向：南偏西55°。

尺寸及描述：无封土；石室底部长4.43米、宽2米，平面呈长方形；顶部宽1.5米；石室现存高度1米；东、西两壁下部由大块石堆砌，上部由小块石平砌。呈半地下式。

保存现状：一般。

0192 · NYTM099（Z099）

地理位置：位于南云台山卧牛岭东坡，距M098后约5米处。

墓门方向：南偏西25°。

尺寸及描述：封土直径6.2米，平面呈圆形；石室前部受到破坏，后部保存完好；石室立面呈梯形，底部长3.85米、宽1.6米；顶部宽0.84米；石室现存高度1.58米；东、西两壁下部由立石平砌，上部由小块石堆砌，券壁。

保存现状：一般。

0193 · NYTM100（Z100）

地理位置：位于南云台山卧牛岭东坡，距M099西约5米处。

墓门方向：南偏西25°。

尺寸及描述：无封土；石室前部损坏，后部保存较好；底部长3.14米、宽2米，平面呈长方形；石室现存高度1.5米；西壁有耳室；形制较大，同M052形制基本相同；东壁受到破坏。

保存现状：一般。

0194 · NYTM101（Z101）

地理位置：位于南云台山卧牛岭东坡，M100后5米处。

墓门方向：南偏西30°。

尺寸及描述：封土直径5.2米，平面呈圆形；石室前半部保存较差，后半部保存较好；底部长3.57米、宽1.65米，平面呈刀形，刀柄左置；顶部宽0.95米；石室现存高度1.1米；甬道长0.95米。呈半地下式。

保存现状：一般。

0195·NYTM102（Z102）

地理位置：位于南云台山卧牛岭东坡。

墓门方向：南偏西60°。

尺寸及描述：无封土；石室顶部长3.86米、宽0.8米；石室现存高度0.62米。后壁由整石竖砌，东、西两壁由小块石堆砌；室内淤塞严重。呈全地下式。

保存现状：较好。

0196·NYTM103（Z103）

地理位置：位于南云台山卧牛岭南坡。

墓门方向：南偏西50°。

尺寸及描述：封土直径6米，平面呈圆形；顶部长4.3米、宽1.5米；石室淤积严重，数据无测；顶部覆盖大石数块，其中最大盖石1.8×1.5米。呈地下式。

保存现状：一般。

0197·NYTM104（Z104）

地理位置：位于南云台山卧牛岭南坡，M103东北方向60米处。

墓门方向：南偏西25°。

尺寸及描述：封土直径5米，平面呈圆形；石室顶部长4米、宽0.92米；洞室长∠米；西壁由小块石填塞，东壁被破坏；石室盖石大部分被破坏。呈地下式。

保存现状：一般。

0198·NYTM105（Z105）

地理位置：位于南云台山卧牛岭南坡，M104西北5米处。

墓门方向：南偏西30°。

尺寸及描述：无封土；石室长4.0米；石室内部淤塞严重，数据无测；残存4块盖石。呈全地下式。

保存现状：较差。

0199·NYTM106（Z106）

地理位置：位于南云台山卧牛岭南坡，M105西侧8米处。

墓门方向：南偏西50°。

尺寸及描述：无封土；石室封门损坏；顶部宽1.28米；石室现存高度1米、长4.3米；内部淤塞严重、数据无测。东、西两壁由小块石堆砌。呈地下式。

保存现状：较差。

0200·NYTM107（Z107）

地理位置：位于南云台山卧牛岭顶峰。

墓门方向：南偏西50°。

尺寸及描述：无封土；石室顶部长4.2米；盖石残存4块，已经坍塌，最大一块盖石2.2×1.5米；东、西两壁由小块石堆砌。呈地下式。

保存现状：较差。

0201·NYTM108（Z108）

地理位置：位于南云台山卧牛岭顶峰。

墓门方向：南偏西50°。

尺寸及描述：石室破坏严重，仅见数块小块石，数据无测。

保存现状：较差。

0202·NYTM109（Z109）

地理位置：位于南云台山卧牛岭顶峰。

墓门方向：南偏西50°。

尺寸及描述：无封土；石室顶部长4米；盖石残存4块，其中一块盖石上刻有"公介"二字。呈地下式。

保存现状：较差。

0203·NYTM110（Z110）

地理位置：位于南云台山卧牛岭顶峰，距M109约10米。

墓门方向：南偏西50°。

尺寸及描述：无封土；石室墓门遭破坏；顶部长5米、宽0.88米；石室现存高度0.67米；东、西两壁由小块石堆砌；盖石残存5块，中部有盖石坍塌；室内淤塞严重，数据无测。呈地下式。

保存现状：一般。

0204·NYTM111（Z111）

地理位置：位于南云台山卧牛岭顶峰。

墓门方向：南偏西60°。

尺寸及描述：石室顶部宽0.96米，平面呈长方形；洞室长4.5米，东、西两壁由大块石竖砌；内部淤塞较严重，数据无测；盖石残存5块。呈地下式。

保存现状：一般。

0205 · NYTM112（Z112）

地理位置：位于南云台山卧牛岭南坡。

墓门方向：南偏西20°。

尺寸及描述：无封土；石室顶部长4.0米、宽0.88米，平面呈长方形；石室现存高度0.5米；盖石残存4块，已经受到破坏；淤塞较严重，数据无测。呈地下式。

保存现状：较差。

0206 · NYTM113（Z113）

地理位置：位于南云台山卧牛岭南坡，M112北侧5米处。

墓门方向：南偏西15°。

尺寸及描述：顶部宽0.95米；盖石遭到破坏，仅残存3块；石室淤塞较重，数据无测。呈地下式。

保存现状：较差。

0207 · NYTM114（Z114）

地理位置：位于南云台山卧牛岭北坡，麻栎林中间。

墓门方向：北偏东60°。

尺寸及描述：无封土；石室封门损坏；底部长3.29米、宽1.4米，平面呈长方形；顶部宽0.83米，平面呈长方形；石室前高1.14米、中高1.24米、后高0.83米；东、西两壁由小块石堆砌，后壁由整石竖砌，券壁；地面由片石平铺。盖石现存5块，长1.5米、宽0.92—1.33米不等。呈地下式。器物1出土位置：距石室后墙1.4米，距西墙0.5米，距石室口部2.1米，距东墙0.9米。器物2出土位置：距石室后墙1.1米，距西墙0.2米，距石室口部2.4米，距东墙1.1米。东壁土层下发现陶片3块，可拼接。器物3出土位置：同

器物1出土位置,距西壁0.15米,距东壁1.15米。

　　保存现状:较好。

　　0208·NYTM115(Z115)

　　地理位置:位于南云台山卧牛岭北坡,M114北侧10米处。

　　墓门方向:北偏东40°。

　　尺寸及描述:无封土;石室底部长4.4米、宽1.6米,平面呈长方形;顶部宽1米,平面呈长方形;石室现存高度1.4米;东、西两壁由小块石堆砌,后壁由整石竖砌,券壁;地面由片石平铺;盖石现存5块。呈地下式。2014年元月12日清理,出土棺钉若干颗。

　　保存现状:较好。

　　0209·NYTM116(Z116)

　　地理位置:位于南云台山卧牛岭北坡。

　　墓门方向:北偏东55°。

　　尺寸及描述:石室底部残长2.8米、宽1.34米,平面呈长方形;顶部残长2.8米、宽1米,平面呈长方形;石室现存高度0.66米;东、西两壁由小块石平砌,后壁由整石竖砌,券壁;盖石残存2块,其余受到破坏。呈半地下式。

　　保存现状:较好。

　　0210·NYTM117(Z117)

　　地理位置:位于南云台山牛岭北坡。

　　墓门方向:北偏东50°。

　　尺寸及描述:石室破坏严重,仅见数块小块石;数据无测。

　　保存现状:较差。

　　0211·NYTM118(Z118)

　　地理位置:位于南云台山牛岭北坡茶园边。

　　墓门方向:南偏西50°。

　　尺寸及描述:无封土;石室底部长3.39米、宽1.5米,平面呈长方形;顶部残长2.62米、宽0.85米,平面呈长方形;石室现存高度1米;东、西两壁由小块石平砌,后壁由整石竖砌,券壁;盖石部分受到破坏。呈半地下式。

　　保存现状:一般。

0212·NYTM119（Z119）

地理位置：位于南云台山牛岭北坡。

墓门方向：北偏东50°。

尺寸及描述：无封土；石室顶部残长1.58米、宽1米，平面呈长方形；石室现存高度0.2米；内部淤塞严重，数据无测。呈全地下式。

保存现状：一般。

0213·NYTM120（Z120）

地理位置：位于南云台山牛岭北坡。

墓门方向：正东方向。

尺寸及描述：石室底部长2.85米、宽1.7米，平面呈长方形；顶部宽0.9米，平面呈长方形；石室现存高度1.1米；仅余西壁和后壁部分，均由小块石堆砌；盖石残存1块。呈半地下式。

保存现状：一般。

0214·NYTM121（Z121）

地理位置：位于南云台山牛岭北坡。

墓门方向：北偏东30°。

尺寸及描述：石室底部长3.66米，平面呈刀型，刀柄右置；顶部宽1.12米；石室现存高度0.4米；甬道宽0.67米；东、西两壁由小块石平砌；盖石残存3块。呈半地下式。

保存现状：一般。

0215 · NYTM122（Z122）

地理位置：位于南云台山牛岭北坡茶园茶房旁。

墓门方向：南偏西50°。

尺寸及描述：有封土；石室封门损坏；石室底部残长3.79米、宽1.25米，平面呈长方形；顶部宽1米，平面呈长方形；石室中高1.25米、后高0.9米；盖石残存3块；后壁利用山体基岩加工而成。呈半地下式。

保存现状：一般。

0216 · NYTM123（Z123）

地理位置：位于南云台山狼窝。

墓门方向：北偏东30°。

尺寸及描述：封土长轴7.4米、短轴6.8米、高3.25米，平面呈椭圆形；石室底部长3.4米、宽1.45米，平面呈长方形；顶部长3.15米、宽1.03米，平面呈长方形；石室现存高度1.3米；门高0.88米、宽0.77米；东、西两壁由片石堆砌，直壁微券；盖石现存5块；有封门石。呈半地下式。

保存现状：较好。

0217 · NYTM124（Z124）

地理位置：位于南云台山狼窝，M117南侧2米处。

墓门方向：北偏东60°。

尺寸及描述：封土东西宽1.4米、长2.5米，平面呈长方形；石室毁坏严重，数据无测。

保存现状：较差。

0218·NYTM125（Z125）

地理位置：位于南云台山狼窝，M116正上方。

墓门方向：北偏东50°。

尺寸及描述：石室毁坏严重，数据无测。

保存现状：较差。

0219·NYTM126（Z126）

地理位置：位于南云台山狼窝。

墓门方向：正南方向。

尺寸及描述：有封土；石室底部长3.9米、宽1.2米，平面呈长方形；顶部长2.9米、宽0.7米，平面呈长方形；石室现存高度1米；盖石不存；东、西两壁和后壁均由小块石堆砌，券壁。呈半地下式。

保存现状：较差。

0220·NYTM127（Z127）

地理位置：位于南云台山狼窝。

墓门方向：南偏西30°。

尺寸及描述：封土长轴8.1米、短轴5米、高2.2米，平面呈椭圆形；石室底部长4.9米、宽1.75米，平面呈长方形；顶部长2.3米、宽1米，平面呈长方形；石室现存高度1.26米；东、西两壁由小块石堆砌，券壁；后部盖石残存2块。呈地上式。

保存现状：一般。

0221·NYTM128（Z128）

地理位置：位于南云台山狼窝。

墓门方向：南偏东20°。

尺寸及描述：封土直径6.3米、高5.3米，平面呈圆形；石室底部长3.8米、宽1.55米，平面呈长方形；顶部长2.8米、宽0.5米，平面呈长方形；石室现存高度1.2米；门宽0.7米。东、西两壁由小块石堆砌，券壁；石室后部盖石残存3块。呈地上式。

保存现状：一般。

0222·NYTM129（Z129）

地理位置：位于南云台山狼窝。

墓门方向：南偏西50°。

尺寸及描述：封土长轴4.6米、短轴4.3米、高1.2米，平面呈椭圆形；石室底部长3.5米、宽1.7米，平面呈长方形；顶部宽1.4米；石室现存高度1.2米；东、西两壁由小块石堆砌，微券，后壁由整石竖砌；盖石残存2块。呈半地下式。

　　保存现状：较好。

　　0223·NYTM130（Z130）

　　地理位置：位于南云台山狼窝。

　　墓门方向：南偏西30°。

　　尺寸及描述：封土长轴5.7米，短轴4.9米，平面呈椭圆形；石室底部长4米、宽1.5米，平面呈刀型，刀柄右置；顶部宽1.3米，平面呈长方形；石室现存高度1.2米；甬道长1米、宽0.8米；石室东、西两壁由整条石堆砌，微券，后壁由整石竖砌；盖石残存3块。呈半地下式。

　　保存现状：较好。

　　0224·NYTM131（Z131）

　　地理位置：位于南云台山狼窝。

　　墓门方向：南偏西30°。

　　尺寸及描述：封土长轴5.2米、短轴3.8米、高1.1米，平面呈椭圆形；石室长3.8米、宽1.1米，平面呈长方形；顶部宽0.6米，平面呈长方形；石室淤塞严重，数据无测；东、西两壁由小块石堆砌，微券，后壁由一块整石竖砌；盖石残存3块。呈半地下式。

　　保存现状：一般。

　　0225·NYTM132（Z132）

　　地理位置：位于南云台山狼窝。

　　墓门方向：南偏西30°。

　　尺寸及描述：封土长轴7米、短轴5.1米、高1.6米，平面呈椭圆形；石室底部长3.8米、宽1.6米，平面呈长方形；顶部宽1.1米，平面呈长方形；石室现存高度1.2米；东、西两壁由整石直壁砌墙，微券，后壁由一块整石竖砌；盖石残存5块，其中位于石室前部的2块受到一定程度破坏。呈半地下式。

　　保存现状：较好。

　　0226·NYTM133（Z133）

　　地理位置：位于南云台山狼窝。

　　墓门方向：南偏西40°。

　　尺寸及描述：封土长轴3.6米、短轴2.7米、高1米，平面呈椭圆形；石室淤塞严重，数据无测。呈地下式。

　　保存现状：较差。

0227·NYTM134（Z134）

地理位置：位于南云台山狼窝。

墓门方向：南偏西60°。

尺寸及描述：封土长轴6.4米、短轴4.6米、高1米，平面呈椭圆形；石室底部西侧长4.4米、东侧长2.6米、宽1.9米；顶部西侧长4.4米、东侧2.6米、宽1.05米；石室现存高度0.6米；全石券壁砌墙，内部淤塞较重，数据无测；盖石残存3块，1大2小。呈半地下式。

保存现状：一般。

0228·NYTM135（Z135）

地理位置：位于南云台山狼窝。

墓门方向：正南。

尺寸及描述：封土长轴4.8米、短轴4.6米、高1米，平面略呈椭圆形；石室毁坏严重，数据无测。

保存现状：较差。

0229·NYTM136（Z136）

地理位置：位于南云台山狼窝。

墓门方向：南偏西30°。

尺寸及描述：封土长轴4.9米、短轴4.4米，平面呈椭圆形；石室毁坏严重，数据元测。

保存现状：较差。

0230·NYTM137（Z137）

地理位置：位于南云台山狼窝。

墓门方向：南偏西30°。

尺寸及描述：封土长轴3.1米、短轴2.6米、现存高度0.8米，平面呈椭圆形；石室淤塞严重，数据无测；盖石残存2块。呈全地下式。

保存现状：较差。

0231·NYTM138（Z138）

地理位置：位于南云台山狼窝。

墓门方向：正南。

尺寸及描述：封土长轴6.7米、短轴3.9米、高1.6米，平面呈椭圆形；石室底部长3.4米、宽1.6米，平面呈长方形；顶部宽1.1米，平面呈长方形；石室现存高度1.6米；东、西两壁由大小不等的条石平砌，与顶部交接处有4块大石呈腰檐叠涩状。盖石现存4块，前部第2块坍塌。呈全地下式。

保存现状：一般。

0232·NYTM139（Z139）

地理位置：位于南云台山狼窝。

墓门方向：南偏东10°。

尺寸及描述：封土长轴10米、短轴7.8米、高2.1米，平面呈椭圆形；石室底部长4.9米、宽1.9米；顶部宽1.6米，平面呈长方形；石室现存高度1.4米；甬道长2.7米；石室东、西两壁由全石直壁砌墙，上部微券；盖石大部分被破坏。呈地上式。

保存现状：一般。

0233·NYTM140（Z140）

地理位置：位于南云台山狼窝。

墓门方向：正南。

尺寸及描述：封土长轴5.9米、短轴4.1米、现存高度0.6米，平面呈椭圆形；石室毁坏严重，数据无测；四周散落若干大小石块。

保存现状：较差。

0234·NYTM141（Z141）

地理位置：位于南云台山狼窝。

墓门方向：南偏西30°。

尺寸及描述：封土长轴4.6米、短轴4米、高1.7米，平面呈椭圆形；石室前部保存一般，后部保存较好；石室底部长3.4米、宽1.6米，平面呈长方形；顶部长1.8米、宽0.8米，平面呈长方形；石室现存高度1.3米；东、西两壁和后壁下部均由大石平砌，券壁。盖石残存2块，其余不存。呈地上式。

保存现状：较好。

0235·NYTM142（Z142）

地理位置：位于南云台山狼窝。

墓门方向：南偏东10°。

尺寸及描述：封土长轴6.9米、短轴6.3米、高2.7米，平面呈椭圆形；石室底部长4.1米、宽2.1米，平面呈长方形；顶部宽0.96米，平面呈长方形；石室现存高度1.88米；石室入口处疑为现代人所利用，形成横向的墙壁；东、西两壁由大条石平砌，微券，后壁由大石竖砌；盖石现存5块。呈地上式。

保存现状：较好。

0236·NYTM143（Z143）

地理位置：位于南云台山狼窝。

墓门方向：南偏西50°。

尺寸及描述：封土长轴6.9米、短轴5.1米、高1.2米，平面呈椭圆形；石室底部长2.7米、宽1.5米，平面呈长方形；顶部长5.1米、宽1米，平面呈长方形；石室现存高度0.85米；东、西两壁由大小不等的条石平砌，微券；盖石残存后部1块，其余大部分受到破坏。呈半地下式。

保存现状：较差。

0237·NYTM144（Z144）

地理位置：位于南云台山狼窝。

墓门方向：南偏西60°。

尺寸及描述：封土长轴6.6米、短轴5.1米、高1.8米，平面呈椭圆形；石室底部长3.8米、宽1.75米，平面呈长方形；顶部宽1.1米，平面呈长方形；石室现存高度1.5米；甬道长1.24米、宽1米；门现存高度0.58米、宽0.84米；石室东、西两壁由全石直壁砌墙，微券，后壁由整石竖砌；盖石残存4块。呈半地下式。

保存现状：较好。

0238·NYTM145（Z145）

地理位置：位于南云台山狼窝。

墓门方向：北偏东10°。

尺寸及描述：封土长轴6.6米、短轴4米、高1.5米，平面呈椭圆形；顶部宽0.94米；石室东、西两壁由全石直壁砌筑；内部淤塞严重，数据无测；盖石残存2块。呈半地下式。

保存现状：较差。

0239·NYTM146（Z146）

地理位置：位于南云台山狼窝。

墓门方向：北偏东10°。

尺寸及描述：封土长轴6.3米、短轴5.5米、高1.7米，平面呈椭圆形；石室底部长4.26米、宽1.9米，平面呈长方形；顶部宽0.9米，平面呈长方形；石室现存高度1米；甬道长1.5米、宽0.98米；门宽0.63米；东、西两壁由全石直壁砌墙，微券；盖石现存5块。呈半地下式。

保存现状：较好。

0240·NYTM147（Z147）

地理位置：位于南云台山狼窝。

墓门方向：北偏东10°。

尺寸及描述：封土长轴7米、短轴4.5米、高2.6米，平面呈椭圆形；石室底部长3.84米、中宽1.82米、后宽1.56米，平面呈梯形；顶部宽1米；石室现存高度1.64米，内高1.3米；甬道长1.8米、宽0.8米；门高1.2米、宽0.92米；东、西两壁由全石直壁砌墙，微券，后壁由两块整石竖砌。呈半地下式。

保存现状：较好。

0241·NYTM148（Z148）

地理位置：位于南云台山狼窝。

墓门方向：北偏东10°。

尺寸及描述：封土长轴5.9米、短轴5.3米、高1.9米，平面呈椭圆形；石室底部长3.25米、宽1.5米，平面呈长方形，顶部宽0.95米；高1.44米；门高0.8米、宽0.9米。东、西两壁由大小不等的小块石堆砌，微券；顶石残存4块。呈半地下式。

保存现状：较好。

0242·NYTM149（Z149）

地理位置：位于南云台山狼窝。

墓门方向：北偏东10°。

尺寸及描述：封土长轴6米、短轴4.1米、现存高度1.3米；平面呈椭圆形；石室平面呈长方形，底部宽0.95米，其他部分毁坏严重，数据无测；地面仅余石头数块。呈半地下式。

保存现状：较差。

0243·NYTM150（Z150）

地理位置：位于南云台山狼窝。

墓门方向：北偏东30°。

尺寸及描述：封土长轴7米、短轴5米、高1.6米，平面呈椭圆形；石室底部长2.73米、中宽1.65、里宽1.44米，平面呈梯形；顶部宽0.77米；石室高1.5米；门现存高度1米，宽1.05米；东、西两壁由小石块平砌，微券，后壁由小石堆砌；顶部现存大石4块。呈半地下式。

保存现状：较好。

0244·NYTM151（Z151）

地理位置：位于南云台山狼窝。

墓门方向：北偏东20°。

尺寸及描述：封土长轴4米、短轴3.2米、高1.2米，平面略呈椭圆形；石室底部长3.66米，平面呈长方形；顶部宽0.78米；石室现存高度0.7米；门高0.7米、宽0.98米：东、西两壁由小石块平砌，微券，后壁由整石竖砌；顶石残存3块。呈半地下式。

保存现状：较好。

0245·NYTM152（Z152）

地理位置：位于南云台山狼窝。

墓门方向：北偏东40°。

尺寸及描述：封土长轴3.7米、短轴3.5米、高1.4米，平面略呈椭圆形；石室平面呈长方形，底部长3.45米、宽1米；石室高0.88米；门现存高度0.3米、宽0.78米。东、西两壁受到一定程度破坏，剩余部分由小石块堆砌，后壁由一块整石竖砌；顶石残存3块。呈半地下式。

保存现状：一般。

0246·NYTM153（Z153）

地理位置：位于南云台山狼窝。

墓门方向：北偏东50°。

尺寸及描述：封土长轴5.5米、短轴5米、高1.5米，平面略呈椭圆形；石室平面呈长方形，底部长3.9米、宽1.7米；门宽1米；东、西两由小石块堆砌，后壁由一块整石竖砌。呈半地下式。

保存现状：较好。

0247 · NYTM154（Z154）

地理位置：位于南云台山狼窝。

墓门方向：北偏西20°。

尺寸及描述：封土长轴5.1米、短轴4米、高1.4米，平面呈椭圆形。内部淤塞严重，数据无测；仅见顶石4块。呈半地下式。

保存现状：较差。

0248 · NYTM155（Z155）

地理位置：位于南云台山狼窝。

墓门方向：北偏东30°。

尺寸及描述：封土长轴6.2米、短轴4.4米，平面呈椭圆形；石室平面呈长方形，底部长3.4米、宽1.25米；甬道长1.75米、宽0.9米；门现存高度0.6米、宽0.9米。东、西两壁全石直壁砌墙，微券；石室淤塞严重，数据无测。呈半地下式。

保存现状：一般。

0249 · NYTM156（Z156）

地理位置：位于南云台山狼窝。

墓门方向：北偏东30°。

尺寸及描述：封土长轴5米、短轴4.9米、高1.2米，平面略呈椭圆形。石室平面呈长方形，底部长4.27米、宽1.65米；顶部宽0.96米；石室现存高度1米；门现存高度0.5米、宽1.2米；东、西两壁由小石块堆砌；顶石残存1块。呈半地下式。

保存现状：较差。

0250 · NYTM157（Z157）

地理位置：位于南云台山狼窝。

墓门方向：北偏东10°。

尺寸及描述：封土长轴5米、短轴4.8米、高2.1米，平面略呈椭圆形；石室平面呈长方形，底部宽1.5米；石室现存高度0.8米；东、西两壁有小石块堆砌，顶石残存5块，1块已受到破坏。内部有淤塞。呈半地下式。

保存现状：较差。

0251 · NYTM158（Z158）

地理位置：位于南云台山狼窝。

墓门方向：北偏东10°。

尺寸及描述：封土长轴7米、短轴6.8米、高1.1米，平面略呈椭圆形；石室平面呈长方形，顶部宽0.88米；石室现存高度0.75米；东、西两壁由小石块堆砌，微券；顶石残存5块，1块已受到破坏。呈半地下式。

保存现状：较差。

0252·NYTM159（Z159）

地理位置：位于南云台山狼窝。

墓门方向：北偏东20°。

尺寸及描述：封土长轴5.3米、短轴3.8米、高1.1米，平面呈椭圆形；石室平面呈长方形，顶部宽1.8米；石室现存高度0.7米；东、西两壁由小石块堆砌；顶石残存1块。呈半地下式。

保存现状：较差。

0253·NYTM160（Z160）

地理位置：位于南云台山狼窝。

墓门方向：南偏东10°。

尺寸及描述：封土长轴4.9米、短轴4.2米、高1.5米，平面呈椭圆形；石室平面呈长方形，底部长3米、宽1.16米；顶部宽0.58米；石室高1.3米；门宽0.65米；东、西两壁前部受到一定程度的破坏，其余部分由小块石堆砌，微券；顶石残存2块；石室淤塞较严重。呈半地下式。

保存现状：较差。

0254·NYTM161（Z161）

地理位置：位于南云台山狼窝。

墓门方向：北偏东10°。

尺寸及描述：仅见大石头数块，数据无测。

保存现状：较差。

0255·NYTM162（Z162）

地理位置：位于南云台山狼窝。

墓门方向：北偏东10°。

尺寸及描述：封土长轴4.4米、短轴2.7米、高1.2米，平面呈椭圆形；石室平面呈长方形，顶部宽1.15米，顶盖石现存4块；石室淤塞严重，数据无测。呈半地下式。

保存现状：一般。

0256·NYTM163（Z163）

地理位置：位于南云台山狼窝。

墓门方向：北偏东40°。

尺寸及描述：石室毁坏严重，仅见大石头数块，数据无测。

保存现状：较差。

0257·NYTM164（Z164）

地理位置：位于南云台山狼窝。

墓门方向：北偏东10°。

尺寸及描述：封土长轴5.9米、短轴4.8米、高1.35米，平面呈椭圆形；石室平面呈长方形，底部长3.7米、宽1.56米；石室现存高度0.95米；门宽0.5米；西壁由小石块堆砌，微券，东壁中部残损，后壁由一块大石竖砌。后顶石残存2块；石室前部东、西两壁上方各有一块整条石同顶石形成叠涩状，平面呈三角形。呈半地下式。

保存现状：较好。

0258·NYTM165（Z165）

地理位置：位于南云台山狼窝。

墓门方向：北偏东30°。

尺寸及描述：封土长轴4米、短轴3.7米、高1.1米，平面略呈椭圆形；石室平面呈长方形，底部长3.39米、宽1.3米；石室现存高度0.6米；门现存高度0.58米、宽0.71米；东、西两壁由小石堆砌，后壁由一块整石竖砌；顶石残存4块。呈半地下式。

保存现状：一般。

0259·NYTM166（Z166）

地理位置：位于南云台山狼窝。

墓门方向：北偏东30°。

尺寸及描述：封土长轴4.5米、短轴2.7米，平面呈椭圆形；现存高度0.9米；石室平面呈长方形，底部长2.9米、宽1.5米；东、西两壁由小石块堆砌；顶石残存2块；内部有淤塞。呈半地下式。

保存现状：一般。

0260·NYTM167（Z167）

地理位置：位于南云台山狼窝。

墓门方向：北偏东30°。

尺寸及描述：封土长轴5.6米、短轴5米，平面呈椭圆形；石室平面呈长方形，底部长3.46米、宽1.95米；现存高度1.6米；顶部宽1.2米；门高0.9米、宽1.48米；东、西两壁由小石块堆砌，微券，后壁由一块整石竖砌；顶石残存4块。呈半地下式。

保存现状：较好。

0261·NYTM168（Z168）

地理位置：位于南云台山石婆山南坡。

墓门方向：南偏东40°。

尺寸及描述：无封土；石室底部长3米、宽1米，平面呈长方形；四壁由大片石竖砌；顶盖石无存；其他数据无测。

保存现状：较差。

0262·NYTM169（Z169）

地理位置：位于南云台山石婆山西南坡。

墓门方向：南偏西35°。

尺寸及描述：封土长轴7.5米、短轴3.2米，平面呈椭圆形；石室平面呈长方形，底部长4米、宽1.9米；顶部残宽1.28米；石室高1.8米；甬道长1.6米、宽0.77米；门宽0.77米；东、西两壁由条石平砌，微券，后壁由两块整石对称竖砌；顶石残存1块。呈地上式。

保存现状：较好。

0263·NYTM170（Z170）

地理位置：位于南云台山石婆山南坡。

墓门方向：南偏西30°。

尺寸及描述：封土高1.5米；石室平面呈长方形，底部宽1.24米；顶部宽1.16米；石室现存高度0.9米；门高0.65米、宽1.04米。东、西两壁由整石堆砌，后壁由整石竖砌；顶石残存4块。呈半地下式。

保存现状：较好。

0264·NYTM171（Z171）

地理位置：位于南云台山石婆山南坡。

墓门方向：南偏西60°。

尺寸及描述：石室毁坏严重，顶部宽1米，其他数据无测。

保存现状：较差。

0265·NYTM172（Z172）

地理位置：位于南云台山石婆山南坡。

墓门方向：北偏西28°。

尺寸及描述：石室毁坏严重，仅存4块顶盖石，其他数据无测。

保存现状：较差。

0266·NYTM173（Z173）

地理位置：位于南云台山石婆山南坡。

墓门方向：南偏西40°。

尺寸及描述：石室底部长2.5米、宽1米；顶部残宽0.7米；西壁有小石块堆砌，后壁由整石竖砌；顶盖石残存2块；石室淤塞严重。呈地下式。

保存现状：较差。

0267·NYTM174（Z174）

地理位置：位于南云台山石婆山南坡。

墓门方向：南偏西15°。

尺寸及描述：石室毁坏严重，仅余顶盖石1块，其他数据无测。

保存现状：较差。

0268·NYTM175（Z175）

地理位置：位于南云台山石婆山南坡。

墓门方向：南偏西30°。

尺寸及描述：石室毁坏严重，仅余顶盖石1块，其他数据无测。

保存现状：较差。

0269·NYTM176（Z176）

地理位置：位于南云台山蛤蟆坑茶园。

墓门方向：南偏西30°。

尺寸及描述：石室平面呈长方形，底部长3.2米、宽1.1米；顶部宽1.1米；石室现存高度0.9米。东、西两壁及后壁均由小块石堆砌；顶盖石残存4块。呈地下式。

保存现状：较差。

0270·NYTM177（Z177）

地理位置：位于南云台山蛤蟆坑茶园。

墓门方向：北偏西30°。

尺寸及描述：石室顶部长3.2米、宽1米；顶盖石现存6块；内部淤塞严重，数据无测。呈半地下式。

保存现状：较差。

0271·NYTM178（Z178）

地理位置：位于南云台山蛤蟆坑茶园。

墓门方向：正南。

尺寸及描述：封土长轴3.8米、短轴3.1米、高1.2米，平面略呈椭圆形；石室底部长3.67米、宽1.4米，平面呈长方形；现存高度0.76米；东、西两壁及后壁均由小块石堆砌。呈半地上式。

保存现状：较差。

0272·NYTM179（Z179）

地理位置：位于南云台山蛤蟆坑茶园。

墓门方向：北偏西10°。

尺寸及描述：封土长轴2.9米、短轴1.4米，平面呈椭圆形；石室受损严重，数据无测。呈半地下式。

保存现状：较差。

0273·NYTM180（Z180）

地理位置：位于南云台山蛤蟆坑茶园。

墓门方向：正南。

尺寸及描述：石室淤塞严重，数据无测。呈地下式。

保存现状：较差。

0274·NYTM181（Z181）

地理位置：位于南云台山蛤蟆坑茶园。

墓门方向：正南。

尺寸及描述：封土现存高度1米；石室现存高度1.8米，中前部受损严重，几乎不存；后部东、西两壁由小块石堆砌，微券；顶盖石残存3块。呈地下式。

保存现状：较差。

0275·NYTM182（Z182）

地理位置：位于南云台山蛤蟆坑茶园。

墓门方向：南偏西30°。

尺寸及描述：石室毁坏严重，仅见顶盖石2块，其他数据无测。

保存现状：较差。

0276·NYTM183（Z183）

地理位置：位于南云台山蛤蟆坑茶园。

墓门方向：南偏东18°。

尺寸及描述：石室底部长3.9米、宽1.62米，平面呈长方形；顶部宽1.4米；石室中高1.31米；东、西两壁由大块条石平砌，微券；后壁由两块整石竖砌；顶盖石残存4块。呈半地下式。

保存现状：较好。

0277·NYTM184（Z184）

地理位置：位于南云台山蛤蟆坑茶园。

墓门方向：南偏西10°。

尺寸及描述：石室毁坏严重，数据无测；东、西两壁由小块石堆砌；顶盖石残存数块。呈半地下式。

保存现状：较差。

0278·NYTM185（Z185）

地理位置：位于南云台山蛤蟆坑茶园，M184上方10米处。

墓门方向：南偏西10°。

尺寸及描述：石室毁坏严重，数据无测。呈半地下式。

保存现状：较差。

0279·NYTM186（Z186）

地理位置：位于南云台山神山头。

墓门方向：南偏东30°。

尺寸及描述：封土高2.2米；石室底部长4.35米，前宽1米、中宽1.96米、后宽1.6米，平面略呈对称梯形；石室后高1.27米，后上宽1.1米；甬道长1.5米、宽0.77米；东、西两壁由小块石堆砌，后壁由两块整石竖砌；顶盖石残存2块。呈地下式。

保存现状：较好。

0280·NYTM187（Z187）

地理位置：位于南云台山神山头茶园中部。

墓门方向：南偏东30°。

尺寸及描述：封土长轴7.1米、短轴4米、高2.1米，平面呈椭圆形；石室平面呈长方形，底部长5.6米、宽2.36米；顶部宽1.1米；石室高2.25米；甬道长1.32米、宽1.05米；门现存高度0.7米、宽1.03米。石室前部完好，后部受到破坏；东、西两壁由小块石堆砌。呈地下式。

保存现状：一般。

0281·NYTM188（Z188）

地理位置：位于南云台山神山头茶园中部。

墓门方向：正南。

尺寸及描述：封土直径6.4米、高2.1米，平面呈圆形；石室平面呈长方形，底部长3.13米、宽1.78米；顶部宽1.54米；石室高1米；门高1.5米、宽1.05米；东、西两壁由大块石平砌，后壁由整石堆砌；顶石残存7块。呈地上式。

保存现状：较好。

0282·NYTM189（Z189）

地理位置：位于南云台山神山头茶园中部。

墓门方向：南偏东20°。

尺寸及描述：石室底部长3.39米、宽1.58米，平面呈长方形，石室中高1.85米、后高1.2米；门宽0.85米；石室东、西两壁由小块石堆砌，后部由整石竖砌；顶盖石残存2块。呈地下式。

保存现状：一般。

0283·NYTM190（Z190）

地理位置：位于南云台山神山头茶园中部。

墓门方向：南偏东40°。

尺寸及描述：石室毁坏严重，数据无测。

保存现状：较差。

0284·NYTM191（Z191）

地理位置：位于南云台山神山头茶园中部位置。

墓门方向：南偏东40°。

尺寸及描述：石室毁坏严重，数据无测。

保存现状：较差。

0285·NYTM192（Z192）

地理位置：位于南云台山神山头茶园中部。

墓门方向：南偏东30°。

尺寸及描述：封土长轴3.4米、短轴2.6米、高1.4米，平面呈椭圆形；石室底部宽1米；东、西两壁由小块石堆砌，后壁由一块整石竖砌；残存顶石1块；石室淤塞较严重。呈半地下式。

保存现状：较差。

0286·NYTM193（Z193）

地理位置：位于南云台山神山头茶园中部位置。

墓门方向：南偏东15°。

尺寸及描述：封土长轴5.4米、短轴4.5米、高1.85米，平面呈椭圆形；石室底部长4.32米、中宽1.74米、后宽1.65米，顶部宽1.1米；石室高1.5米；门高0.48米、宽0.7米。石室东、西两壁下部由条石平砌，上部由小块石堆砌，后壁由两块整石竖砌；顶石残存5块。呈地下式。

保存现状：较好。

0287・NYTM194（Z194）

地理位置：位于南云台山神山头茶园中部位置。

墓门方向：正南。

尺寸及描述：石室毁坏严重，数据无测。

保存现状：较差。

0288・NYTM195（Z195）

地理位置：位于南云台山神山头茶园。

墓门方向：正南。

尺寸及描述：无封土。破坏严重，数据无测。石室呈地下式。

保存现状：较差。

0289・NYTM196（Z196）

地理位置：位于南云台山神山头茶园。

墓门方向：正南。

尺寸及描述：封土长轴3.7米、短轴3.5米、高1.56米，平面略呈椭圆形；石室平面呈长方形，顶部宽1.56米；石室高1.06米；东、西两壁下部由条石平砌，上部由小块石堆砌；顶石残存1块。呈半地下式。

保存现状：较差。

0290・NYTM197（Z197）

地理位置：位于南云台山神山头茶园。

墓门方向：南偏西10°。

尺寸及描述：封土长轴6.8米、短轴5.75米、高2.1米，平面呈椭圆形；石室底部长4.33米、前宽1.7米、中宽1.8米、后宽1.79米；顶部前宽0.9米、中宽0.6米、后宽1.1米；石室前高1.5米、中高1.98米、后高1.3米；甬道长1.86米、宽0.92米；门高1.28米，宽0.84米；东、西两壁由小块石堆砌，后壁由整石竖砌；顶石残存4块。呈地上式。

保存现状：较好。

0291・NYTM198（Z198）

地理位置：位于南云台山神山头茶园。

墓门方向：南偏东70°。

尺寸及描述：封土宽0.7米；石室顶部毁坏严重，顶石残存2块；内部淤塞严重，数据无测。呈地下式。

保存现状：较差。

0292·NYTM199（Z199）

地理位置：位于南云台山神山头茶园。

墓门方向：南偏东30°。

尺寸及描述：封土高0.77米；顶石残存4块；石室淤塞严重，数据无测。呈地下式。

保存现状：较差。

0293·NYTM200（Z200）

地理位置：位于南云台山神山头茶园。

墓门方向：南偏东20°。

尺寸及描述：石室毁坏严重，仅存顶石2块，其他数据无测。

保存现状：较差。

0294·NYTM201（Z201）

地理位置：位于南云台山神山头茶园。

墓门方向：南偏东10°。

尺寸及描述：封土长轴3.7米、短轴3.4米、高1.4米，平面略呈椭圆形；石室毁坏严重，数据无测；仅顶石残存3块。呈地上式。

保存现状：较差。

0295·NYTM202（Z202）

地理位置：位于南云台山神山头茶园。

墓门方向：正南。

尺寸及描述：石室淤塞严重，数据无测。呈全地下式。

保存现状：较差。

0296·NYTM203（Z203）

地理位置：位于南云台山神山头茶园。

墓门方向：南偏东25°。

尺寸及描述：封土长轴5.7米、短轴5米、高1.96米，平面略呈椭圆形；石室底部长3.48米、中宽1.59米、后宽1.32米，顶部中宽0.65米、后宽0.44米；石室中高1.8米、后高1.38米；石室东、西两壁底部由大条石横砌，上部由小块石堆砌，后壁由整石堆砌；顶石残存3块。呈半地下式。

保存现状：较好。

0297·NYTM204（Z204）

地理位置：位于南云台山神山头茶园。

墓门方向：南偏东30°。

尺寸及描述：封土高1.4米，平面呈椭圆形；石室平面呈长方形，底部长4米、宽1.5米；顶部宽0.6米；石室高1.3米；东、西两壁及后壁均由小块石堆砌；顶石残存5块。呈半地下式。

保存现状：较好。

0298·NYTM205（Z205）

地理位置：位于南云台山神山头竹林中。

墓门方向：南偏东30°。

尺寸及描述：封土高2.1米，平面呈椭圆形；石室平面呈长方形，底部长3.3米、宽1.6米；顶部宽0.5米；石室高1.7米；东、西两壁及后壁均由小块石堆砌；顶石残存5块。呈地下式。

保存现状：较好。

0299·NYTM206（Z206）

地理位置：位于南云台山神山头。

墓门方向：正南。

尺寸及描述：封土残长0.6米、宽1.5米；顶石残存1块，其他数据无测。呈半地下式。

保存现状：较差。

0300·NYTM207（Z207）

地理位置：位于南云台山神山头竹林中。

墓门方向：南偏东20°。

尺寸及描述：封土长轴4米、短轴3.5米、高0.8米，平面略呈椭圆形；石室平面呈长方形，底部残长2.6米、宽1.1米；西壁由小块石堆砌，微券，后壁由小块石堆砌；顶石残存3块。呈半地下式。

保存现状：一般。

0301·NYTM208（Z208）

地理位置：位于南云台山神山头竹林中。

墓门方向：南偏东30°。

尺寸及描述：封土长轴5米、短轴4.2米、高0.9米，平面略呈椭圆形；石室底部残长2.9米、宽1米；东、西两壁由大小不等的小块石堆砌，微券，后壁由整石竖砌；顶石保存完整，数量不清。呈半地下式。

保存现状：较好。

0302·NYTM209（Z209）

地理位置：位于南云台山神山头竹林中。

墓门方向：南偏东20°。

尺寸及描述：封土直径7米、高2.55米，平面呈圆形；石室平面呈长方形，底部长5.6米、宽1.9米；顶部长1.8米、宽0.65米；石室高1.7米；东、西两壁由小块石堆砌，券壁，后壁由小块石堆砌；前顶石无存，后顶石残存3块。呈半地下式。

保存现状：较好。

0303·NYTM210（Z210）

地理位置：位于南云台山神山头竹林中。

墓门方向：南偏东10°。

尺寸及描述：封土直径10米，高1.6米，平面呈圆形；石室残宽1.2米、残高1.3米；东、西两壁由小块石堆砌，微券，后壁由小块石堆砌；石室前部受到破坏；顶石塌陷，顶石残存2块。呈地上式。

保存现状：较差。

0304·NYTM211（Z211）

地理位置：位于南云台山神山头竹林中。

墓门方向：南偏东30°。

尺寸及描述：封土保存较好，长轴6.7米、短轴6.5米、高2.4米，平面略呈椭圆形；石室底部长3.8米、中宽1.7米，平面呈船形；顶部长2.7米、宽0.6米；石室高1.55米；东、西两壁由小块石堆砌，券壁，后壁由小块石堆砌；后顶石残存2块，坍塌较严重；封土石保存较完好。呈半地下式。

保存现状：较好。

0305·NYTM212（Z212）

地理位置：位于南云台山神山头竹林中。

墓门方向：南偏东10°。

尺寸及描述：封土长轴5.1米、短轴3.4米、高1.4米，平面呈椭圆形；石室平面呈长方形，底部长3.45米、宽1.1米；顶部长2.8米、宽0.65米；石室高1米；东、西两壁由小块石堆砌，券壁，后壁由两块整石竖砌；顶石残存2块。呈地下式。

保存现状：较好。

0306·NYTM213（Z213）

地理位置：位于南云台山神山头竹林中。

墓门方向：正西。

尺寸及描述：封土长轴4.9米、短轴4.4米、高1.4米，平面略呈椭圆形；顶石保存较完整；内部淤塞严重，数据无测。呈半地下式。

保存现状：一般。

0307·NYTM214（Z214）

地理位置：位于南云台山神山头东狗洞山茶园。

墓门方向：西偏南40°。

尺寸及描述：石室平面呈长方形，底部长4.1米、宽1.5米；石室高0.7米；东、西两壁及后壁由小块石堆砌，石室四角各叠压一块片石，向内收缩，呈三角形，支撑顶石；顶石残存3块。呈地下式。

保存现状：较好。

0308·NYTM215（Z215）

地理位置：位于南云台山神山头东狗洞山茶园。

墓门方向：正西。

尺寸及描述：封土长轴4.15米，短轴3.3米，平面呈椭圆形；石室仅余石头数块，底部长3.3米、宽1.4米。呈半地下式。

保存现状：较差。

0309·NYTM216（Z216）

地理位置：位于南云台山神山头东狗洞山茶园。

墓门方向：正西。

尺寸及描述：封土直径8米、高2.3米，平面呈圆形。石室前部略受损，东、西两壁及后壁由小块石堆砌；封土中间位置立一石质墓碑："道光元年三月谷旦，皇亲显考讳克山赵二公之墓。男同奎叩立。"与原封土有叠压现象。呈地上式。

保存现状：较好。

0310·NYTM217（Z217）

地理位置：位于南云台山梧桐沟北坡新修梯田旁。

墓门方向：南偏西20°。

尺寸及描述：封土高1.6米。全地下式。

保存现状：较差。

0311·NYTM218（Z218）

地理位置：位于南云台山大南顶西坡茶园。

墓门方向：南偏西40°。

尺寸及描述：石室底部残长2米；现存高度0.25米；东、西两壁由小块石堆砌；内部淤塞严重，数据无测。呈地下式。

保存现状：较差。

0312·NYTM219（Z219）

地理位置：位于南云台山大南顶顶部偏南处，距防火道30米。

墓门方向：正南。

尺寸及描述：封土直径5.2米、高2.2米，平面呈圆形；石室底部长4.2米，前宽1.8米、中宽2.02

米、后宽1.8米,平面呈对称梯形;顶部长3.95米,前宽0.85米、中宽0.8米、后宽0.8米,平面略呈长方形;石室高1.9米;甬道长1.45米、宽1米;门高1.14米、宽1米;东、西两壁由小块石堆砌,微券,后壁由2块大石竖砌,一块部分破坏;甬道两侧由小块石堆砌,微券;顶石保存完整,共计13块。封土前有宽5米、长4.3米的平台,高1米;根据现场情况判断,该石室有后人加工的痕迹。呈地上式。

　　保存现状:较好。

0313·NYTM220(Z220)

　　地理位置:位于南云台山大南顶顶部偏南处。

　　墓门方向:正南。

　　尺寸及描述:封土直径7米、高2.2米,平面呈圆形;石室底部长4.5米、前宽1.5米、中宽2.05米、后宽1.8米,平面呈不对称梯形;顶部前宽1.05米、中宽1.17米、后宽0.85米;石室现存高度2米;甬道长1.6米;东、西两壁和后壁均由大小不等的小块石堆砌,微券。顶石完全受到破坏。呈地上式。

　　保存现状:一般。

0314·NYTM221(Z221)

　　地理位置:位于南云台山大南顶顶部偏南处。

　　墓门方向:南偏西10°。

　　尺寸及描述:封土直径12.8米、高1.4米,平面呈圆形;石室底部长4.3米、前宽1.86米、中宽2.2米、后宽2米,平面呈不对称梯形;顶部前宽0.87米、中宽0.9米、后宽0.83米;石室现存高度2.07米;甬道长1.2米;门高1.2米、宽0.85米;东、西两壁由条石平砌,后壁由整石

竖砌；石室前部受到一定程度破坏；后顶石残存4块。后壁整石上刻有"天下太平"4字，刻面宽0.07米、高0.17米，字径0.03米，楷书。呈地上式。

　　保存现状：较好。

0315 · NYTM222（Z222）

　　地理位置：位于南云台山大南顶顶部偏南处。

　　墓门方向：南偏西40°。

　　尺寸及描述：封土直径5.8米、高2.3米，平面呈圆形；石室底部长4.38米，前宽1.85米、中宽1.95米、后宽1.85米，平面呈不对称梯形；顶部长4.21米，前宽0.6米、中宽0.8米、后宽1米；石室现存高度1.8米；甬道长1.2米、现存高度0.8米；门高1.3米、宽1.3米；东、西两壁由条石平砌，券壁，后壁利用山坡基岩和小块石堆砌；顶石残存5块。呈地上式。

　　保存现状：较好。

0316 · NYTM223（Z223）

地理位置：位于南云台山大南顶，M222东侧约20米处。

墓门方向：正南。

尺寸及描述：封土高2.2米；石室残存甬道和顶石，其余部分基本受到破坏，数据无测。

保存现状：较差。

0317 · NYTM224（Z224）

地理位置：位于南云台山大南顶，紧邻M223。

墓门方向：正南。

尺寸及描述：石室毁坏严重，数据无测，仅见大石数块。

保存现状：较差。

0318 · NYTM225（Z225）

地理位置：位于南云台山大南顶。

墓门方向：南偏西30°。

尺寸及描述：封土高1.95米；石室东、西两壁由小块石堆砌，微券，后壁由小块石堆砌；后顶石残存3块；内部淤塞较严重，数据无测。呈地上式。

保存现状：较差。

0319 · NYTM225（Z226）

地理位置：位于南云台山大南顶。

墓门方向：南偏西40°。

尺寸及描述：封土直径7米、高2.7米，平面呈圆形；石室底部长3.95米，前宽1.4米、中宽1.65米、后宽1.6米，平面呈不对称梯形；顶部长2.45米、前宽0.8米、中宽0.8米、后宽0.85米；石室高1.6米；东、西两壁由小块石堆砌，微券，后壁由小块石堆砌；顶石残存3块；石室前

部受到一定程度破坏。呈地上式。

保存现状：较好。

0320 · NYTM227（Z227）

地理位置：位于南云台山大南顶。

墓门方向：南偏西40°。

尺寸及描述：封土直径4.4米，高2.8米，平面呈圆形；石室底部长3.6米，前宽1.26米、中宽

1.4米、后宽1.5米，平面呈不规则梯形；顶部长2.4米，前宽0.84米、中宽0.85米、后宽0.8米；石室高1.4米；东、西两壁由小块石堆砌，微券，后壁由小块石堆砌；顶石残存3块。呈地上式。

　　保存现状：较好。

0321·NYTM228（Z228）

地理位置：位于南云台山大南顶防火道边。

墓门方向：正西。

尺寸及描述：封土直径9.6米，高1.6米，平面呈圆形；石室淤塞严重，数据无测。呈半地下式。

保存现状：较差。

0322·NYTM229（Z229）

地理位置：位于南云台山石门口北山坡上，当地人称为"六亩地"。

墓门方向：南偏西50°。

尺寸及描述：封土长轴6.8米、短轴6米、高2.3米，平面呈椭圆形；石室平面呈长方形，底部长2.9米、宽1.6米；顶部长2.45米、宽1.25米，平面呈长方形；石室高1.35米；东、西二壁由小块石堆砌，微券，后壁由整石竖砌，小块石填塞；顶石残存3块。呈半地下式。

保存现状：较好。

0323·NYTM230（Z230）

地理位置：位于南云台山石门口北山坡上，当地人称为"六亩地"。

墓门方向：南偏西10°。

尺寸及描述：封土直径7.8米、高2.67米，平面呈圆形；石室平面呈长方形，底部长4.1米、宽2.02米；顶部长2.25米、宽0.95米；石室高1.78米；甬道部分受到一定程度破坏，残长1.6米、宽1米；立面长4.18米、宽1.87米；门高1.15米、宽1.02米；东、西两壁及后壁由小块石堆砌；顶石残存7块。呈地下式。

保存现状：较好。

0324·NYTM231（简报中定M231）

地理位置：位于南云台山石门口北山坡上，当地人称为"六亩地"。

墓门方向：正南。

尺寸及描述：封土直径7米、高1.3米，东部完整，西部部分遭到破坏，平面呈圆形；石室平面呈刀把形，刀柄右置；底部长3.4米、宽1.35米；顶部宽1.35米；石室前高1.07米、中高1.15米、后高0.88米；门高0.9米、宽0.7米；甬道宽0.7米、长1.05米，现存高度1米；东、西两壁及后壁由小块石堆砌；顶石4块，基本完整。2015年2月1日清理共出土遗物61件，其中瓷碗1件、钵1件、陶灯座2件、琉璃器13件、棺钉44件：瓷碗NYTM231：1，直口，圆唇，壁弧较直，内腹与底间有明显的折棱，饼足，微内凹。口径8.5厘米、底径4厘米、高4.5厘米。内外均施青釉，外施釉不及底，外壁不施釉处显火石红胎。钵NYTM231：2，敞口，尖唇，溜肩，弧腹，平底。口径14厘米、最大腹径20.5厘米、高13.5厘米、底径8厘米，外施青黄釉，内不施釉，玻璃质感不强。陶灯座NYTM231：3，素面，基本呈正方形，中间有一个小圆孔。长20厘米、宽18厘米、厚5厘米，孔径3厘米；琉璃珠圆形，中间有穿孔，颜色为白色。棺钉铁质，残，表面锈蚀严重，黏附大量细小沙粒，一端方圆，另一端较尖锐。

保存现状：较好。

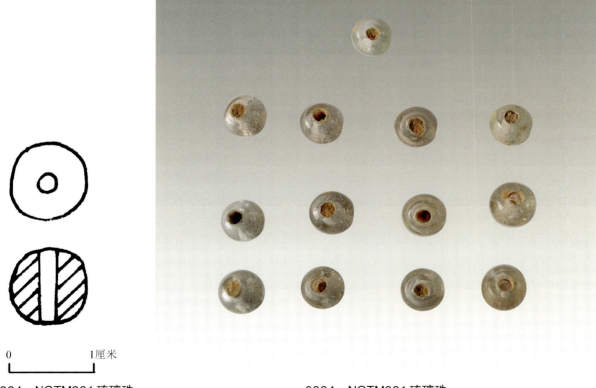

0　　　　　1厘米

0324·NGTM231 琉璃珠　　　　　　　　　　　　0324·NGTM231 琉璃珠

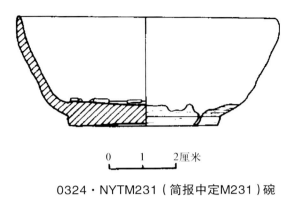

0 　 1 　 2厘米

0324·NYTM231（简报中定M231）碗

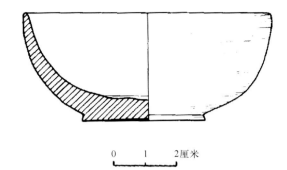

0 　 1 　 2厘米

0324·NYTM231（Z231）2青釉小碗

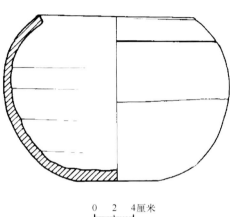

0 　 2 　 4厘米

0324·NYTM231（Z231）1水盂

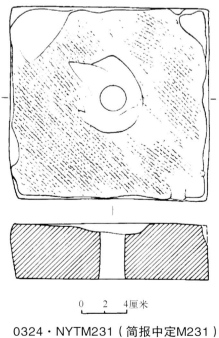

0 　 2 　 4厘米

0324·NYTM231（简报中定M231）
灯座（1）测绘图

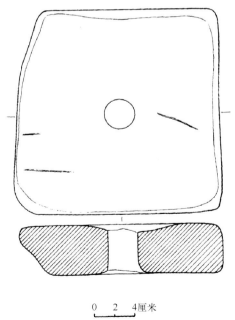

0 　 2 　 4厘米

0324·NYTM231（简报中定M231）
灯座（2）测绘图

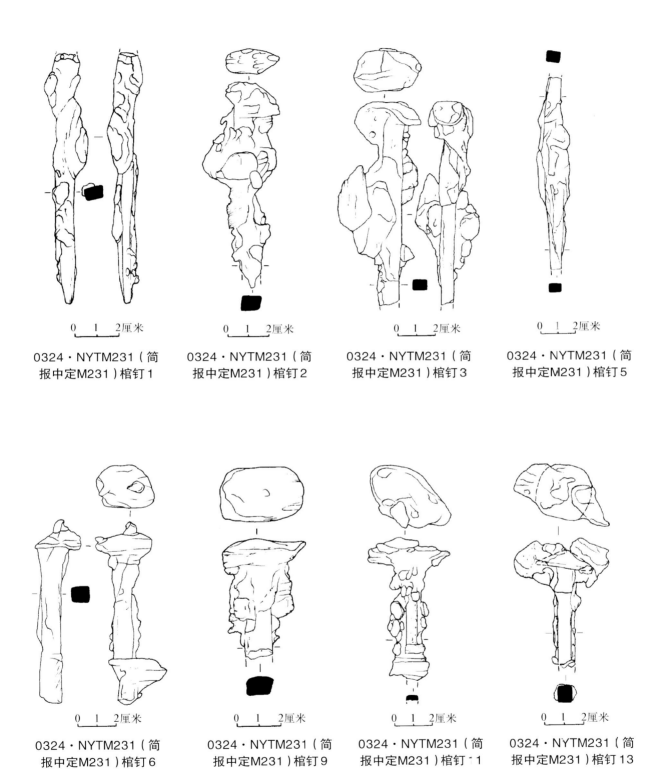

0　1　2厘米

0324·NYTM231（简
报中定M231）棺钉1

0　1　2厘米

0324·NYTM231（简
报中定M231）棺钉2

0　1　2厘米

0324·NYTM231（简
报中定M231）棺钉3

0　1　2厘米

0324·NYTM231（简
报中定M231）棺钉5

0　1　2厘米

0324·NYTM231（简
报中定M231）棺钉6

0　1　2厘米

0324·NYTM231（简
报中定M231）棺钉9

0　1　2厘米

0324·NYTM231（简
报中定M231）棺钉11

0　1　2厘米

0324·NYTM231（简
报中定M231）棺钉13

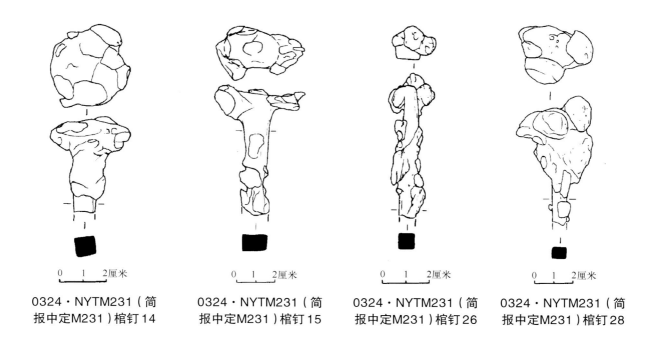

0324·NYTM231（简报中定M231）棺钉14

0324·NYTM231（简报中定M231）棺钉15

0324·NYTM231（简报中定M231）棺钉26

0324·NYTM231（简报中定M231）棺钉28

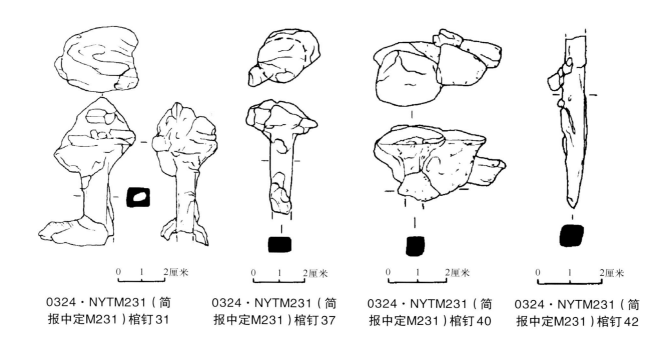

0324·NYTM231（简报中定M231）棺钉31

0324·NYTM231（简报中定M231）棺钉37

0324·NYTM231（简报中定M231）棺钉40

0324·NYTM231（简报中定M231）棺钉42

0325·NYTM232（Z232）

地理位置：位于南云台山石门口北山坡上，当地人称为"六亩地"。

墓门方向：南偏西25°。

尺寸及描述：封土长轴6.3米、短轴3.4米、高2.8米，平面呈椭圆形；石室平面呈长方形，底部长3.56米、宽2.25米；顶部长3.88米、宽0.7米；石室高1.98米；甬道残长0.54米，宽0.77米；门高1.2米、宽0.7米；东、西两壁由小块石堆砌，微券，后壁右侧由整石竖砌，左半侧由小块石砌成；顶石4块，保存完整；甬道受到一定程度破坏。呈半地下式。

保存现状：较好。

0326·NYTM233（Z233）

地理位置：位于南云台山石门口北山坡上，当地人称为"六亩地"。

墓门方向：不详。

尺寸及描述：石室毁坏严重，数据无测，仅余石头数块。

保存现状：较差。

0327·NYTM234（Z234）

地理位置：位于南云台山石门口北山坡上，当地人称为"六亩地"。

墓门方向：南偏西35°。

尺寸及描述：封土长轴4.7米、短轴4.4米、高2.8米，平面呈椭圆形；石室平面呈长方形，底部长3.7米、宽1.75米；顶部长1.82米、宽0.75米；石室高1.45米；甬道长1.4米、宽1米；石室东、西两壁由小块石堆砌，微券；后顶石残存3块，石室前部受到一定程度破坏。呈半地下式。

保存现状：较好。

0328·NYTM235（Z235）

地理位置：位于南云台山石门口北山坡上，当地人称为"六亩地"。

墓门方向：南偏西20°。

尺寸及描述：封土长轴4.6米、短轴4.2米、高2米，平面略呈椭圆形；封土西南侧被现代排水沟破坏；内部淤塞严重，数据无测。呈地下式。

保存现状：一般。

0329·NYTM236（Z236）

地理位置：位于南云台山石门口北山坡上，当地人称为"六亩地"。

墓门方向：南偏西5°。

尺寸及描述：封土长轴7.2米、短轴6.6米、高3.4米，平面呈椭圆形；石室平面呈长方形，底部

长2.6米、宽1.85米；顶部长1.5米、宽0.7米；石室高1.4米；东、西两壁由小块石堆砌，券壁，后壁利用天然基岩加工而成；后顶石残存3块，前部遭到破坏。呈地上式。

　　保存现状：较好。

　　0330·NYTM237（Z237）

　　地理位置：位于南云台山石门口北山坡上，当地人称为"六亩地"。

　　墓门方向：正南。

　　尺寸及描述：石室顶部长3.2米、宽1.5米，平面呈长方形；顶石残存5块；石室内部淤塞严重，数据无测。呈地下式。

　　保存现状：一般。

　　0331·NYTM238（Z238）

　　地理位置：位于南云台山棺材沟，净土庵盘陀石西侧。

　　墓门方向：南偏西40°。

　　尺寸及描述：封土长轴6.1米、短轴5.9米，平面略呈椭圆形；石室平面呈长方形，底部长4.8米、宽1.4米；顶部长2.05米、宽0.9米；石室现存高度0.8米；甬道长1.2米、宽1.2米；东、西两壁由小块石堆砌,微券,后壁由小块石堆砌;顶石中前部塌陷,残存3块。呈半地下式。

保存现状:一般。

0332·NYTM239(Z239)

地理位置:位于南云台山棺材沟,净土庵盘陀石西侧。

墓门方向:南偏西50°。

尺寸及描述:封土长轴5.4米、短轴4.9米、高1.5米,平面呈椭圆形;石室平面呈长方形,石室底部长4.1米、宽2米;顶部宽1.4米;石室高1.2米;门高0.75米、宽0.95米;东、西两壁由大石堆砌,后壁由整石竖砌;顶石残存5块。呈半地下式。

保存现状:较好。

0333·NYTM240(Z240)

地理位置:位于南云台山棺材沟,净土庵盘陀石西侧。

墓门方向:南偏西30°。

尺寸及描述:封土长轴6.6米、短轴5.6米、高1.5米,平面呈椭圆形;石室平面呈长方形,底部长4.2米、宽1.26米;顶部长3.2米、宽0.9米;石室高1.2米;门现存高度0.4米、宽0.8米;东、西由二壁块石堆砌,后壁由两块整石堆砌;顶石残存5块。呈半地下式。

保存现状:较好。

0334·NYTM241(Z241)

地理位置:位于南云台山棺材沟,净土庵盘陀石西侧。

墓门方向:南偏西60°。

尺寸及描述:封土长轴6.6米、短轴5米、高1.2米,平面呈椭圆形;石室内淤塞严重,数据无测;顶石残存4块。呈地下式。

保存现状:较差。

0335·NYTM242(Z242)

地理位置:位于南云台山棺材沟,净土庵盘陀石西侧。

墓门方向:南偏西40°。

尺寸及描述:封土直径4.4米,高0.9米,平面呈圆形;石室内淤塞严重,数据无测;顶石残存4块,其余完全受到破坏。呈半地下式。

保存现状：较差。

部有淤塞；顶石残存5块。呈半地下式。

保存现状：较好。

0336·NYTM243（Z243）

地理位置：位于南云台山大美涧北坡，船石沟东侧竹林中。

墓门方向：南偏东20°。

尺寸及描述：封土长轴8.2米、短轴6.4米、高2.3米，平面呈椭圆形；石室平面呈长方形，底部长4.63米、宽2.1米；顶部长2.76米、宽1.2米；石室高1.55米；东、西两壁由块石堆砌，微券，后壁由两块整石竖砌，小块石填塞；石室前

0337·NYTM244（Z244）

地理位置：位于南云台山大美涧北坡，船石沟东侧竹林中。

墓门方向：正南。

尺寸及描述：封土尚存；石室平面呈长方形，底部长3.8米、宽1.1米；顶部宽1.1米；石室高0.8米；东、西两壁由块石堆砌；石室前部有淤塞；顶石残存4块。呈半地下式。

保存现状：一般。

0338·NYTM245（Z245）

地理位置：位于南云台山大美涧北坡，船石沟现代房子上部。

墓门方向：南偏西20°。

尺寸及描述：石室底部长2.8米、宽1.06米，平面呈长方形；石室内部有淤塞，现存高度0.4米；东、西两壁和后壁由条石堆砌。呈地下式。

保存现状：一般。

0339·NYTM246（Z246）

地理位置：位于南云台山大美涧北坡，船石沟茶园中。

墓门方向：西偏南20°。

尺寸及描述：封土尚存；石室平面呈梯形，底部长3.5米、宽1.1米；顶部长3.07米、宽1.1米；石室高1.08米；东、西两壁和后壁均由条石堆砌，直壁；顶石保存完整。呈半地下式。

保存现状：较好。

0340·NYTM247（Z247）

地理位置：位于南云台山大美涧北坡，船石沟茶园内。

墓门方向：南偏西15°。

尺寸及描述：封土尚存；石室底部长3米、宽1.29米，平面呈长方形；顶部长2.7米、宽0.95米；石室高1.5米；东、西两壁和后壁均为条石堆砌，券壁，白石灰勾缝；顶石保存完整。呈半地下式。

保存现状：较好。

0341·NYTM248（Z248）

地理位置：位于东磊摸忽山西南坡，东磊水库北坡茶园中。

墓门方向：南偏西30°。

尺寸及描述：封土直径5.6米、高1.9米，平面呈圆形；石室平面呈长方形，底部长3.8米、宽1.5米，石室高1.4米；门高0.9米、宽0.7米。东、西两壁由块石堆砌，微券，后壁由整石竖砌；顶石残存5块。呈地上式。现石室前部被人为改建，变成鸡舍。

保存现状：较好。

0342·NYTM249（Z249）

地理位置：位于东磊摸忽山西南坡。

墓门方向：南偏西35°。

尺寸及描述：封土长轴4.8米、短轴4米、高2.75米，平面呈椭圆形；石室平面呈长方形，底部长3.62米、宽1.33米，顶部宽0.9米；石室高1.6米；甬道长0.7米、宽0.5米；门高1.4米、宽0.5米；东、西两壁由整石平砌，后壁由整石竖砌；顶石残存5块。呈地上式。

保存现状：较好。

0343 · NYTM250

地理位置：位于南云台山孙庄石门口苏涧上游。

墓门方向：南偏东15°。

尺寸及描述：石室底部长2.2米、宽1.4米；东、西两壁由大石砌成，上部移位；石室后部尚存，后顶石残存1块；石室内淤塞严重，数据无测。呈地下式。

保存现状：一般。

0344 · NYTM251

地理位置：位于南云台山孙庄石门口苏涧上游。

墓门方向：北偏东21°。

尺寸及描述：封土尚存；石室平面呈长方形，底部长3.9米、宽1.5米；顶部宽1.1米；前高1.2米、后高1.3米；门高0.3米、宽0.7米；石室前部甬道和门有一定程度的破坏；东、西两壁由块石堆砌，券壁。后壁下半部由一块整石砌成，上半部由块石堆砌。顶石保存完整。呈半地下式。

保存现状：一般。

0345 · NYTM252

地理位置：位于南云台山孙庄石门口苏涧上游。

墓门方向：正南。

尺寸及描述：封土西侧完全受到破坏，露出石室西外壁，其余依山势变化，保存较好；石室平面呈刀把形，刀柄右置；底部长4.8米、宽1.14米，顶部宽0.86米；石室前高1.25米、中高1.18米、后高0.95米；甬道长1.1米、宽0.55米；门高0.8米、宽0.7米；东、西两壁由条石砌墙，券壁；石室后壁由一块整石砌成,顶部由小石块填塞,石室底部由片石铺砌;顶石由4块大条石构成,中间的2块尺寸较大,两头的较小。呈全地下式。2015年2月3日经过清理后,发现料珠十余颗、棺钉和其他铁质物品数十枚。

保存现状:较好。

0346·NYTM253(Z250)

地理位置:位于南云台山猴嘴山头烟墩凹古道边。

墓门方向:北偏西5°。

尺寸及描述:石室长2.2米、宽1.4米,平面呈长方形。东、西两壁由大石砌成,上部移位;石室后部尚存,后顶石残存2块;石室淤塞严重。呈地下式。

保存现状:一般。

0347·NYTM254(Z251)

地理位置:位于南云台山猴嘴山顶东侧。

墓门方向:南偏西50°。

尺寸及描述:石室底部残长4米、宽2米,平面呈长字形;顶部宽1米;东、西两壁由大石堆砌,有移位现象;顶石塌陷,仅余中后部各1块。呈半地下式。

保存现状:较差。

0348·NYTM255(Z252)

地理位置:位于南云台山猴嘴山顶东,距离M254西侧约20米。

墓门方向:南偏西50°。

尺寸及描述:封土残长4.8米;石室底部宽2米,现存高度1.2米;东、西两壁由块石堆砌,有移位塌陷现象;顶石残存3块;石室内有淤塞现象。呈半地上式。

保存现状:较差。

0349·NYTM256(Z253)

地理位置:位于南云台山猴嘴山顶东,距离M255西侧约20米处。

墓门方向:南偏西50°。

尺寸及描述:石室平面呈长方形,长4.8米;顶部宽0.9米;东、西两壁由块石堆砌,有移位塌陷现象;后顶石残存1块;石室内有淤塞现象。呈半地上式。

保存现状:较差。

0350·NYTM257(Z254)

地理位置:位于南云台山猴嘴山顶东,距离M256西侧约10米处。

墓门方向：南偏西50°。

尺寸及描述：封土直径7米，平面呈圆形；石室底部长4米、宽2米；顶部宽1.2米，平面呈凸字形；甬道长1.4米；门宽0.8米；东、西两壁全石堆砌，顶石受到破坏，仅余后顶石1块。石室内有淤塞现象，半呈地上式。封土边缘有封土石，高1.2米。

保存现状：较好。

0351 · NYTM258（Z255）

地理位置：位于南云台山猴嘴山头南侧山凹处，地下工事上端，道路东侧。

墓门方向：南偏西20°。

尺寸及描述：石室平面呈长字形；顶部长4.5米、宽1.2米；前部完全受到破坏，东、西两壁由全石砌成，后部由一块整石砌成。石室有淤塞现象。顶石仅余1块。呈全地下式。

保存现状：较差。

0352 · NYTM259（Z256）

地理位置：位于南云台山猴嘴山头南侧山凹处，道路东侧。

墓门方向：南偏西40°。

尺寸及描述：封土尚存；石室平面呈长字形；底部长3.4米、宽1.6米，顶部前宽1米、中宽0.84米、后宽0.95米；石室高1.7米；甬道长1米、宽0.77米。石室东、西两壁全石堆砌，其余处小石填塞。顶石保存较好，残缺1块。四周有封土石，明显为现代人所砌。呈半地下式。

保存现状：较好。

0353 · NYTM260（Z257）

地理位置：位于南云台山猴嘴山头南侧山凹道路东侧，距离M258北侧约50米处。

墓门方向：南偏西20°。

尺寸及描述：封土现存高度0.3米；有封土石；石室顶部长2.3米；石室前部完全受到破坏，

中后部保存完整,顶石现存1块;石室淤塞严重。呈全地下式。

　　保存现状:一般。

0354·NYTM261(Z258)

　　地理位置:位于南云台山猴嘴山头南侧山凹处,道路东侧,M259上方5米处。

　　墓门方向:南偏西20°。

　　尺寸及描述:石室毁坏严重,数据无测,仅余数处石块。

　　保存现状:较差。

0355·NYTM262(Z259)

　　地理位置:位于南云台山唐王洞南坡。

　　墓门方向:南偏东40°。

　　尺寸及描述:石室平面呈长方形,底部长3.9米、宽1.5米;顶部宽0.78米;石室高1.2米;中前部完全受到破坏,东、西两壁由条石堆砌,券壁;后壁由2块片石竖砌;呈半地下式。

　　保存现状:一般。

0356·NYTM263（Z260）

地理位置：位于南云台山唐王洞南坡，距离M261东侧约50米处。

墓门方向：南偏东50°。

尺寸及描述：封土完整；石室平面呈长方形，底部平面长3.66米、宽1.6米，顶部宽0.9米；石室高1.45米；门宽0.6米；东、西两壁由条石平砌，后壁由整石竖砌；顶石3块，保存完整。呈半地下式。

保存现状：较好。

0357·NYTM264（Z261）

地理位置：位于南云台山唐王洞南坡，M262旁边。

墓门方向：南偏东50°。

尺寸及描述：石室现存高度0.65米，顶部宽1.27米，中前部全损，后壁由一块整石竖砌。内部淤塞严重。呈半地下式。

保存现状：较差。

0358·NYTM265（Z262）

地理位置：位于南云台山唐王洞。

墓门方向：南偏东30°。

尺寸及描述：封土直径3.68米，平面呈圆形；石室底部长1.25米；顶部长1.7米、宽1.05米；石室高0.86米。中前部完全受到破坏，后壁由一块整石竖砌，顶石残存2块。呈半地下式。

保存现状：较差。

0359·NYTM266（Z263）

地理位置：位于南云台山唐王洞，M264北侧。

墓门方向：南偏东10°。

尺寸及描述：石室平面呈长方形，顶部长3.4米、宽1.35米；石室现存高度0.5米，残长0.95米；前部完全受到破坏，后壁由一块整石竖砌；顶石现存1块。呈半地下式。

保存现状：较差。

0360·NYTM267（Z264）

地理位置：位于南云台山唐王洞，M264北侧。

墓门方向：南偏东20°。

尺寸及描述：封土直径7米，高4.3米，平面呈圆形；石室平面呈长方形，底部长5.5米、宽2.6米，顶部长5.4米、宽1.4米；石室高2.2米；为连云港地区现存最大的石室之一；石室前部略受破坏，东、西两壁由全石堆砌，券壁；后壁由片石及条石砌成；顶石保存完整，现存5块，尺寸较大。呈半地下式。

保存现状：较好。

0361·NYTM268（Z265）

　　地理位置：位于南云台山唐王洞。

　　墓门方向：南偏东20°。

　　尺寸及描述：封土平面呈圆形；石室平面呈长方形，底部长3.65米、宽1.7米，顶部宽0.8米；石室高1.85米；石室前部微损，东、西两壁由全石堆砌，券壁；后壁由一块整石竖砌，顶石现存4块。呈半地下式。

　　保存现状：较好。

0362·NYTM269（Z266）

　　地理位置：位于南云台山唐王洞。

　　墓门方向：南偏东50°。

　　尺寸及描述：封土尚存；石室平面呈长方形，底部长3.9米、宽1.4米；顶部长3.89米，宽0.8米；石室高1.4米；门宽1米；东、西两壁及后壁由条石平砌，小块石填塞，券壁；顶石保存完整，现存5块。呈半地下式。

　　保存现状：较好。

0363 · NYTM270（Z267）

地理位置：位于南云台山唐王洞，M268前部。

墓门方向：南偏东20°。

尺寸及描述：顶部坍塌，内部淤塞严重，数据无测。

保存现状：较差。

0364 · NYTM271（Z268）

地理位置：位于南云台山唐王洞，M269前部。

墓门方向：南偏东20°。

尺寸及描述：封土尚存；石室平面呈长方形，底部长3.9米、宽1.58米；顶部宽0.94米；石室高1.8米；石室前部受到破坏，东、西两壁由块石堆砌，券壁；后壁由一块整石竖砌。呈半地下式。

保存现状：一般。

0365 · NYTM272（Z269）

地理位置：位于南云台山唐王洞。

墓门方向：南偏东20°。

尺寸及描述：有封土；石室平面呈长方形，底部长3米、宽2.53米；顶部宽1.15米；石室中高2.5米、后高1.85米；甬道长2.15米；门宽0.76米、高1.36米。东、西两壁由块石横砌，券壁；后壁由一块整石竖砌；顶石保存完整，现存6块。呈半地下式。该石室为唐王洞调查区域内第二大石室。

保存现状：较好。

0366 · NYTM273（Z270）

地理位置：位于南云台山唐王洞，M271正前方。

墓门方向：南偏东20°。

尺寸及描述：封土尚存；石室平面呈长方形，底部长4米、宽1.76米；顶部宽0.93米；前部受到破坏，中后部保存完整。东、西两壁由块石横砌，券壁，后壁由一块整石竖砌。编号M267、M271、M272、M270、M273等几处石室位于同一条水平线上。

保存现状：一般。

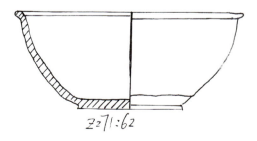

0367 · NYTM274（Z271）（简报中定M271）

地理位置：位于南云台山唐王洞顶西坡。

墓门方向：南偏东40°。

尺寸及描述：封土直径9米、高2米，平面呈圆形；石室底部平面长4.4米、宽1.6米，平面呈凸字形；顶部宽1.5米；石室前高1.85米、后高2米；甬道受到一定程度破坏，残长0.5米、现存高度0.8米、宽1.1米；门受到破坏，现存宽度1.1米。石室东西二壁为块条石垒砌，向上内收。后壁为整石竖砌，直壁；顶石部分受到破坏，导致部分塌陷。出土遗物28件，瓷碗2件、瓷罐1件、剪刀1件、棺钉24件、书刀1件。瓷碗NYTM274∶62，侈口，圆唇外凸，深弧腹，饼足。口径15厘米、底径7厘米、高6.5厘米。内外均施豆青釉，内外施釉均不到底，不施釉处现灰胎，内、外底均可见5处垫烧痕。剪刀NYTM274∶65，铁质，残，锈蚀严重。两股交叉为弹簧式，中间不用轴心固定，刀体较宽，三角形刃，一侧刃已残，直背，圆形手柄。长21.8厘米，刃长7厘米，刃宽1厘米。棺钉锈蚀严重。

保存现状：一般。

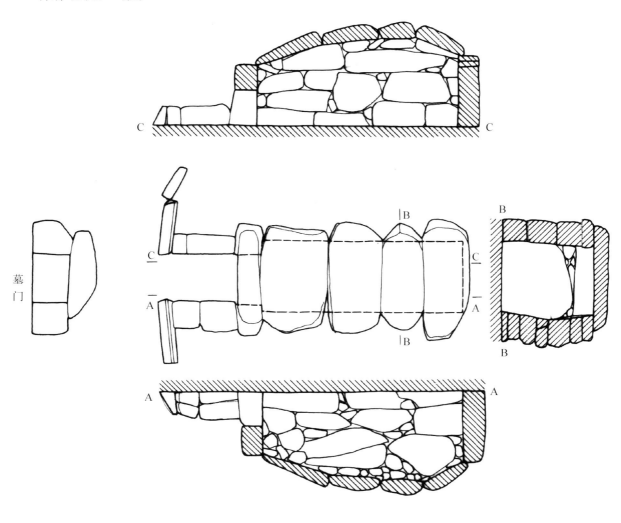

0　50　100厘米

0367·NYTM247（Z271）（简报M271）封土石室墓测绘图

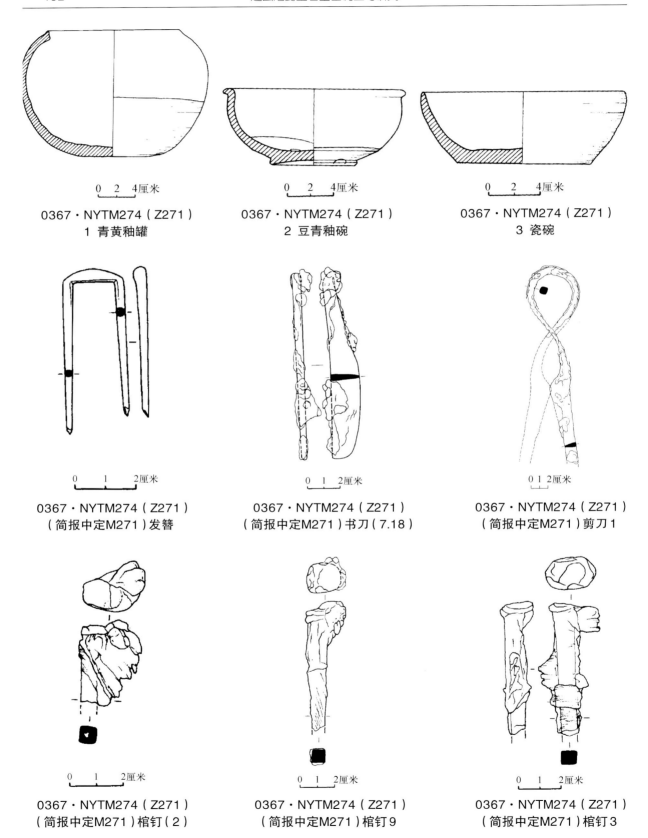

0367·NYTM274（Z271）
1 青黄釉罐

0367·NYTM274（Z271）
2 豆青釉碗

0367·NYTM274（Z271）
3 瓷碗

0367·NYTM274（Z271）
（简报中定M271）发簪

0367·NYTM274（Z271）
（简报中定M271）书刀（7.18）

0367·NYTM274（Z271）
（简报中定M271）剪刀1

0367·NYTM274（Z271）
（简报中定M271）棺钉（2）

0367·NYTM274（Z271）
（简报中定M271）棺钉9

0367·NYTM274（Z271）
（简报中定M271）棺钉3

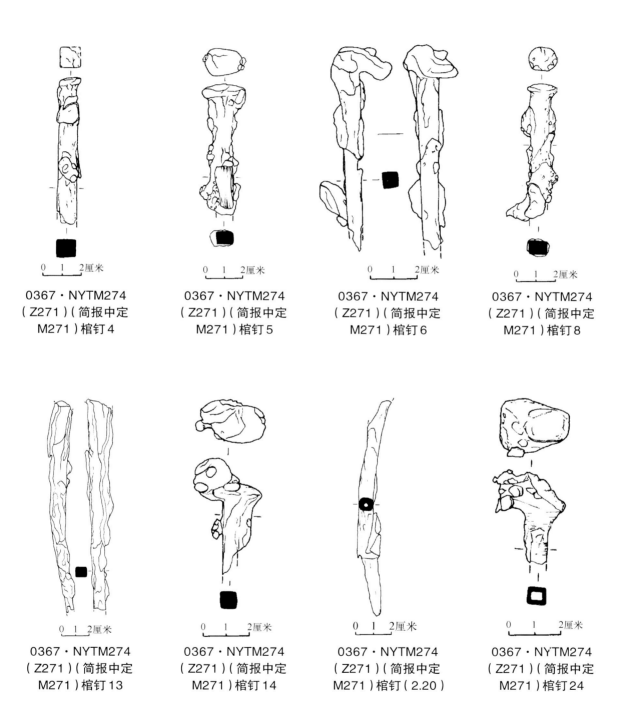

0367·NYTM274
（Z271）（简报中定
M271）棺钉4

0367·NYTM274
（Z271）（简报中定
M271）棺钉5

0367·NYTM274
（Z271）（简报中定
M271）棺钉6

0367·NYTM274
（Z271）（简报中定
M271）棺钉8

0367·NYTM274
（Z271）（简报中定
M271）棺钉13

0367·NYTM274
（Z271）（简报中定
M271）棺钉14

0367·NYTM274
（Z271）（简报中定
M271）棺钉（2.20）

0367·NYTM274
（Z271）（简报中定
M271）棺钉24

0368·NYTM275（Z272）（简报中定M272）

地理位置：位于南云台山唐王洞顶西坡。

墓门方向：南偏东50°。

尺寸及描述：封土直径8米、高2米、平面呈圆形；石室底部平面长5米、宽1.75米，平面呈刀把形，刀柄左置；顶部平面长5米，宽1.15米；甬道残长0.5米，现存高度0.8米，宽0.8米，石室前高1.2米，后高1.9米；门高1.3米，宽0.8米；石壁为块石垒砌，向上内收。后壁条石平砌，直壁。顶石现存4块，尺寸较大。呈半地下式。出土遗物17件，其中瓷碗7件、瓷罐1件、陶罐1件、铜钱2枚、棺钉6件。瓷碗NYTM275：90，侈口外撇，圆唇，斜弧腹，饼足，底部可见拉坯纹。口径15.5厘米、高4.5厘米、底径6.5厘米。内外施酱黄釉，施釉不到底，不施釉处现灰胎，局部有流釉现象。瓷碗NYTM275：93，敞口，圆唇，弧腹，平底，底较大，内外底均可见拉坯纹。口径17厘米、高6.5厘米、底径11.8厘米。素面，内外均不施釉，灰胎。罐NYTM275：97，侈口，斜平沿，束颈较长，溜肩，颈肩交接处有四系根部痕迹，系不存，鼓腹斜收到底，假圈足，微内凹。口径13厘米、最大腹径27.6厘米、高32.5厘米、底径12厘米。内外施青黄釉，外部施釉不到底，不施釉处现灰泥夹沙胎，局部有流釉现象。陶罐1件。陶罐NYTM275：98，泥质夹砂灰陶，侈口，平沿，短束颈，溜肩，鼓腹斜收到底，平底微内凹。口径11.2厘米、最大腹径31厘米、高26厘米、底径18厘米。铜钱2枚，均为开元通宝。铜钱开元通宝NYTM275：105，方穿，钱文粗壮，光背。"通"字头部略平，"走"部呈顿折状，"元"字两横较长，次横略向左挑，"宝"字"贝"部两横与右边一竖相连。钱径2.5厘米、穿宽0.7厘米。棺钉均锈蚀严重。

保存现状：较好。

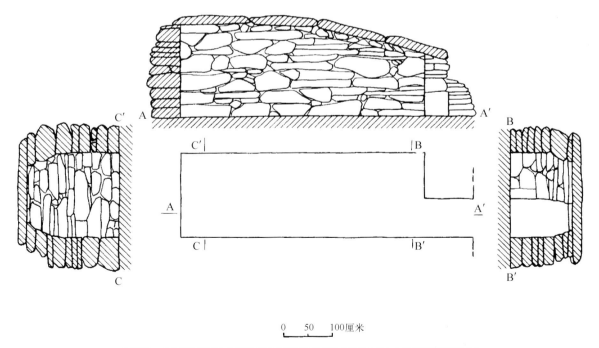

0 50 100厘米

0368·NYTM275（Z272）（简报中定M272）封土石室墓测绘图

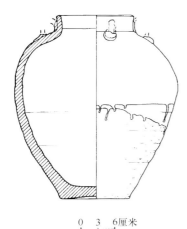

0368·NYTM275（Z272）
1 四系罐

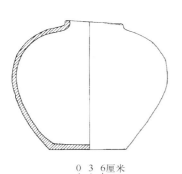

0368·NYTM275（Z272）
2 陶罐

0368·NYTM275（Z272）
3 黄釉瓷碗

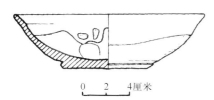

0368·NYTM275（Z272）
4 黄釉瓷碗

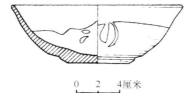

0368·NYTM275（Z272）
5 黄釉瓷碗

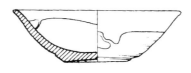

0368·NYTM275（Z272）
6 碗

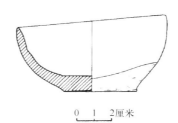

0368·NYTM275（Z272）
7 瓷碗

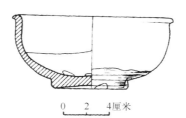

0368·NYTM275（Z272）
8 瓷碗

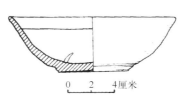

0368·NYTM275（Z272）
9 黄釉瓷碗

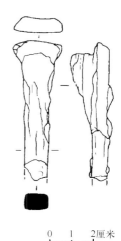

0368·NYTM275（Z272）
（简报中定M272）棺钉（1.2）

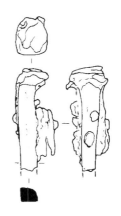

0368·NYTM275（Z272）
（简报中定M272）棺钉5

0369·NYTM276（Z273）

地理位置：位于南云台山唐王洞。

墓门方向：南偏东40°。

尺寸及描述：封土尚存；石室残长1.3米；现存高度0.5米。内部淤塞严重。呈半地下式。

保存现状：较差。

0370·NYTM277（Z274）

地理位置：位于南云台山唐王洞。

墓门方向：南偏东40°。

尺寸及描述：封土尚存；石室平面呈长方形，底部长3.9米、宽1.7米；石室高1.6米；门宽0.68米、高1.1米。东、西两壁由条石及片石横砌，券壁；后壁由一块大石竖砌；顶石保存完整，现存5块。呈半地下式。

保存现状：较好。

0371·NYTM278（Z275）

地理位置：位于南云台山唐王洞。

墓门方向：南偏东40°。

尺寸及描述：封土尚存；石室平面呈刀把形，刀柄右置；底部长3.5米、宽1.4米；石室高1.4米；门宽0.93米。东、西两壁由大条石横砌，券壁；后壁由一块整石砌成；顶石保存完整，现存4块。呈半地下式。

保存现状：较好。

0372·NYTM279（Z276）

地理位置：位于南云台山唐王洞。

墓门方向：南偏东30°。

尺寸及描述：封土尚存；石室平面呈长方形，底部长3.45米、宽1.3米；顶部宽0.6米；石室高1.4米。中前部受到破坏；东、西两壁由小块石横砌，券壁。后壁由片石及小块石砌成；现存后顶石2块；呈半地下式。

保存现状：一般。

0373·NYTM280（Z277）

地理位置：位于南云台山唐王洞。

墓门方向：南偏东30°。

尺寸及描述：封土尚存；石室平面呈长方形，底部长3.97米、宽1.5米，顶部宽1.5米；门宽0.7米。前部受到一定程度的破坏；东、西两壁由块石横砌，直壁；后壁由一块全石砌成；内部淤塞严重；顶石现存3块。呈半地下式。

保存现状：一般。

0374·NYTM281（Z278）

地理位置：位于南云台山唐王洞。

墓门方向：南偏东40°。

尺寸及描述：封土尚存；石室底部长4.45米；石室现存高度0.8米；内部淤塞严重。呈半地下式。

保存现状：一般。

0375·NYTM282（Z279）

地理位置：位于南云台山唐王洞北侧。

墓门方向：南偏东80°。

尺寸及描述：石室底部残长3.6米，宽1.7米，平面呈凸字形；顶部宽1.2米；石室现存高度1.5米，东、西二壁条石横砌，券壁；顶石现存2块。呈半地下式。

保存现状：一般。

0376·NYTM283（Z280）

地理位置：位于南云台山唐王洞北侧草帽石下方。

墓门方向：南偏东70°。

尺寸及描述：封土尚存；石室平面呈长方形，底部长4.7米、宽2.35米；顶部宽0.94米；石室高2米。东、西两壁由块石横砌，券壁；后壁下部由条石横砌，上部由条石立砌；顶石由大型片石组成，保存完整，现存4块。呈半地下式。

保存现状：较好。

0377·NYTM284

地理位置：位于南云台山大东山茶文化园北侧100米茶园中。

墓门方向：南偏东35°。

尺寸及描述：石室底部长2.2米、宽1.32米；顶部宽1.2米；石室高0.9米；门宽1.3米、高0.45米。东、西两壁由条石平砌，部分用小石块填塞，微券；后壁由一块整石砌成，边缘用小石块填塞；顶石现存2块。呈半地下式。

保存现状：一般。

0378·NYTM285

地理位置：位于南云台山大东山茶文化园北侧100米茶园中，M283西侧15米处。

墓门方向：南偏东10°。

尺寸及描述：封土尚存；石室底部长4米、宽1.8米；顶部宽0.9米；石室高1.7米；甬道长1.8米、宽1.4米；门宽1.4米、现存高度0.3米；东、西两壁由块石堆砌，券壁；后壁由条石横砌。呈半地下式。

保存现状：较好。

0379·NYTM286

地理位置：位于南云台山大东山茶文化园西北侧200米，盘山路北侧。

墓门方向：南偏东35°。

尺寸及描述：石室底部长4.3米、宽1.8米，顶部宽1.6米；高1.1米。东、西两壁由条石堆砌，微券；后壁由条石砌成；顶石现存6块。呈半地下式。

保存现状：较好。

0380·NYTM287

地理位置：位于南云台山磨盘岭茶文化园西北侧200米，西距茶文化园临时用房约100米处。

墓门方向：南偏西75°。

尺寸及描述：封土尚存；石室底部长4.5米、宽1.8米；顶部宽1米；石室高1.5米。东、西两壁由片石平砌，券壁；后壁全石平砌；顶石保存较好，缺失中部1块。呈半地下式。

保存现状：较好。

0381·NYTM288

地理位置：位于南云台山磨盘岭茶文化园西北侧200米，西距茶文化园临时用房约100米处。

墓门方向：南偏东12°。

尺寸及描述：封土直径6米，依山势而建，平面呈圆形，立面呈半圆形；石室平面呈长方形，底部长4.4米、宽2.2米；顶部宽1.2米；石室高1.6米。石室前部受到一定程度的破坏；东、西两壁由条石平砌，券壁；后壁由2块大石竖砌，边缘处用小石块填塞；顶石现存3块。呈半地下式。

保存现状：一般。

0382·NYTM289

地理位置：位于南云台山磨盘岭茶文化园西北侧200米，M287西北侧约25米处。

墓门方向：南偏东12°。

尺寸及描述：封土尚存；石室底部长3.7米、宽2米，顶部宽1米；石室高1.3米。石室东、西两壁由条石平砌，券壁；后壁由两块整石竖砌，边缘利用小石块填塞；中部顶石塌陷，顶石现存1块。呈半地下式。

保存现状：较差。

0383·NYTM290

地理位置：位于南云台山朝阳西山东坡。

墓门方向：南偏东27°。

尺寸及描述：石室平面呈长方形，底部长2.4米、宽3.3米，石室现存高度1.2米；甬道宽0.5—1米、长2.1米；内部淤塞严重，东、西两壁由块石平砌，其余用小石块填塞，券壁；顶石为不规则条石。呈地下式。

保存现状：较好。

0384·NYTM291（B002）

地理位置：位于南云台山朝阳西山南坡。

墓门方向：南偏西12°。

尺寸及描述：石室底部长5.2米，前、后宽2.1米、中宽4米，平面略呈腰鼓形；石室现存高度1.2米；门现存高度0.7米、宽0.9米。石室东、西两壁均为大条石平砌，后壁整石竖砌，其余用小石块填塞，券壁；顶石为不规则条石，保存完整。呈地下式。

保存现状：较好。

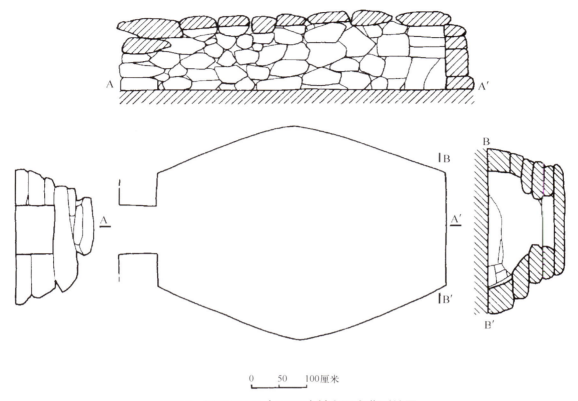

0　　50　　100厘米

0384·NYTM291（B002）封土石室墓测绘图

0385·NYTM292（B003）

地理位置：位于南云台山朝阳西山南坡。

墓门方向：南偏西38°。

尺寸及描述：石室底部长5.6米，前宽3.2米，石室高1.5米；门尻存高度0.5米、残宽0.8米；石室东、西两壁和后壁均为大石堆砌，其余处由小石块填塞，券壁；顶石凌乱，部分倒塌。呈半地下式。

保存现状：一般。

0386 · NYTM293（B004）

地理位置：位于南云台山朝阳西山南坡。

墓门方向：南偏西38°。

尺寸及描述：石室无封土；石室平面呈刀形，刀柄右置；底部长3.5米，前宽1.3米、中宽1.35米、后宽1.9米，石室高1.8米；门高1.2米、宽0.8米。石室东、西两壁及后壁均用块石堆砌，其余部分用小石块填塞，券壁；石室外围南北长5.6米，墓室顶部立有三角棱柱石，距洞门约1.3米。南宽0.15米，斜面宽0.2米，高0.4米，石室内部有淤塞现象。呈地下式。

保存现状：较好。

0387 · NYTM294（B005）

地理位置：位于南云台山朝阳西山东坡。

墓门方向：南偏东24°。

尺寸及描述：封土直径5米，平面呈圆形；石室底部长4米、前顶宽1.1米、底宽0.9米；石室高1.7米；门高1—1.25米、宽0.75—0.8米，门到顶条石0.9米；石室东、西两壁及后壁均用整石堆砌，其余部分用小石块填塞，券壁；顶石除靠近门处残缺外，其余保存完整；石室依山势逐渐抬高，顶石上附有块石堆一座，平面呈圆形，立面呈锥形，石堆高0.6米，直径2.1米。呈半地下式。

保存现状：较好。

0388·NYTM295（B006）

地理位置：位于南云台山朝阳西山东坡，M294东北方向约10米处。

墓门方向：南偏东14°。

尺寸及描述：石室平面呈长方形，西侧呈圆弧状，外形呈圆形；底部长3.9米；甬道长1.3米；门高0.9米，上宽0.5米、下宽0.8米。东、西两壁及后壁均用大石块堆砌，其余部分用小石块填塞，微券。西壁由甬道向外弧出，直至后壁，东壁较直，立面呈直角梯形。呈半地下式。

保存现状：较好。

0389·NYTM296（B007）

地理位置：位于南云台山朝阳西山东坡。

墓门方向：南偏东40°。

尺寸及描述：石室平面呈下底对称梯形；底部长4.7米，前、后宽1.3米、中宽1.8米，平面呈下底对称梯形；甬道长1.2米；顶部前宽1.2米、后宽1.3米；石室高1.2米；门高1米、宽0.8米。石室东、西两壁及后壁均用大石块堆砌，其余部分用小石块填塞，券壁。西壁由甬道向外弧出，直至后壁，东壁较直。石室前部顶石缺失2块，其余保存较完整。呈半地下式。

保存现状：较好。

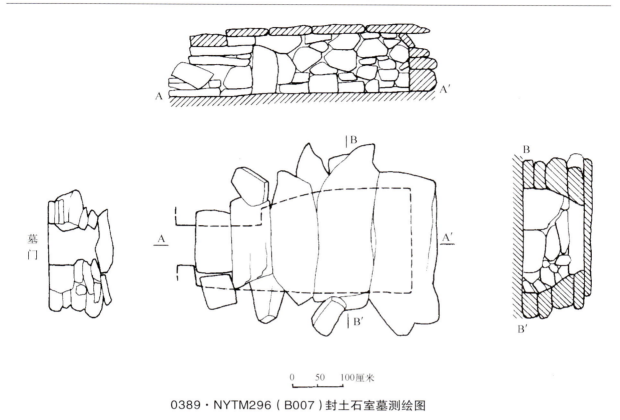

0　50　100厘米

0389·NYTM296（B007）封土石室墓测绘图

0390·NYTM297（B008）

地理位置：位于南云台山韩李小团山顶盘山路南侧。

墓门方向：南偏西68°。

尺寸及描述：石室平面呈刀形，刀柄右置；底部长4.2米、前宽1.9米、中宽2.5米、后宽1.7米；石室现存高度0.45米，东、西两壁及后壁均用大石块堆砌，其余部分用小石块填塞。前部顶石和石室门缺失，其余保存较完整。呈半地下式。

保存现状：较好。

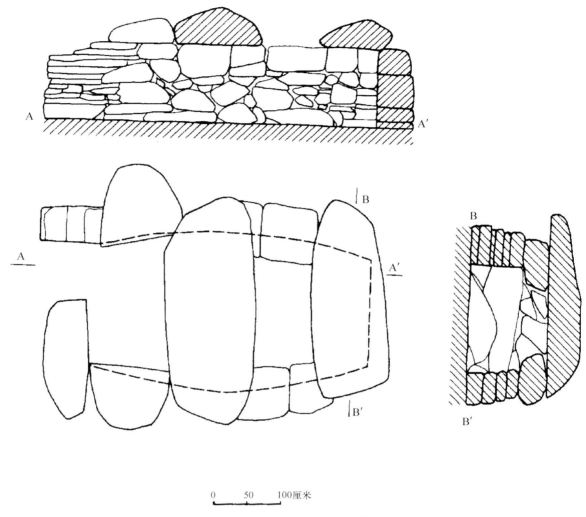

0　　　50　　　100厘米

0390 · NYTM297（B008）封土石室墓测绘图

0391 · NYTM298（B009）

地理位置：位于南云台山韩李小团山顶盘山路南侧。

墓门方向：北偏西10°。

尺寸及描述：石室平面呈刀形，刀柄右置；底部长5.9米、宽1.6米；石室高1.1米。东、西两壁及后壁均用小石块填塞，券壁。后顶石保存1块，一块顶条石上刻有"倒三"形状和"正六缺一点"形状的符号；呈全地下式。

保存现状：一般。

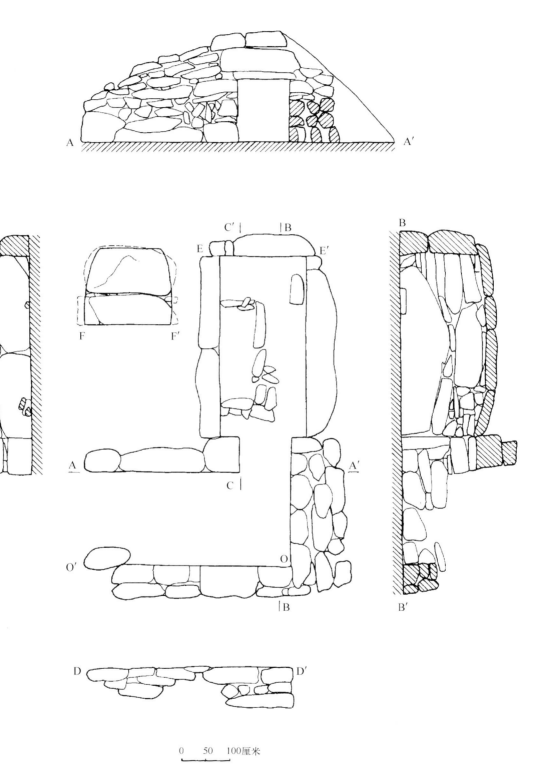

0　　50　　100厘米

0391·NYTM298（B009）封土石室墓测绘图

0392·NYTM299（B010）

地理位置：位于南云台山韩李小团山顶，M298南50米处。

墓门方向：北偏西10°。

尺寸及描述：石室平面呈梯形；底部长2.8米，前宽0.76、后宽1.16米，顶部前宽0.76米、中宽0.6米、后宽1.16米；石室高0.96米，东、西两壁及后壁均用长条石堆砌，券壁，顶石坍塌。呈全地下式。

保存现状：一般。

0393·NYTM300（B011）

地理位置：位于南云台山韩李小团山顶。

墓门方向：北偏西11°。

尺寸及描述：石室底部残长2.7米；现存高度0.6米。因修建盘山路，石室东、西两壁及后壁破坏严重，其余部分不存。

保存现状：较差。

0394·NYTM301（B012）

地理位置：位于南云台山韩李小团山顶东侧。

墓门方向：南偏东9°。

尺寸及描述：封土长轴8米，短轴4.8米，平面呈椭圆形；石室底部长2.65米、前宽1.56米；东、西二壁平面呈长方形，石室前部宽1.56米，通高1.07米，甬道长1.1米。石室东、西两壁及后壁均用大石块堆砌，其余部分用小石块填塞，东壁由甬道向外弧出，直至后壁，西壁较直，券壁；石室内底面整齐排列数块不规则石块。顶石保存完整。呈半地下式。

保存现状：较好。

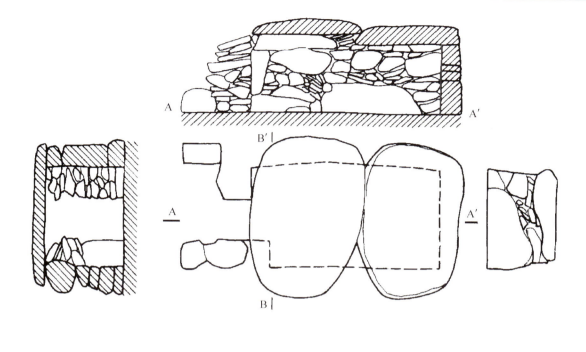

0　　　50　　　100厘米

0394·NYTM301（B012）封土石室墓测绘图

0395·NYTM302（B013）

地理位置：位于南云台山韩李小团山顶东侧。

墓门方向：南偏东32°。

尺寸及描述：封土直径5米，平面呈圆形；石室平面呈长方形，底部长2.95米、宽1.3米；平面呈长方形，甬道长1米；石室高1.1米。东、西两壁及后壁均用大石块堆砌，其余部分用小石块填塞，券壁。后顶石仅余1块；呈半地下式。

保存现状：较好。

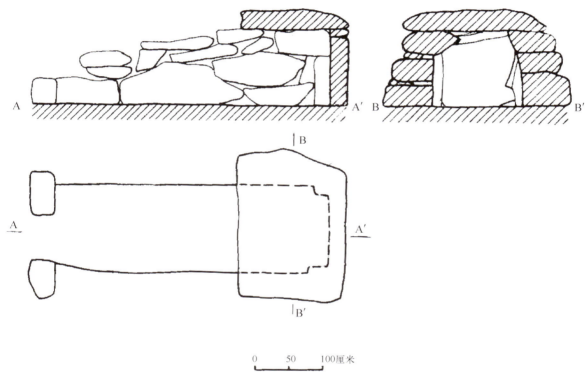

0395·NYTM302（B013）封土石室墓测绘图

0396 · NYTM303（B014）

地理位置：位于南云台山韩李小团山顶东侧。

墓门方向：南偏东51°。

尺寸及描述：石室平面呈刀型，刀柄左置；底部长3.36米、前宽1.36、中宽1.41米、后宽1.2米，石室高0.95米；门宽0.7米；石室东、西两壁及后壁均用大石块堆砌，其余部分用小石块填塞，直壁。呈半地下式。

保存现状：较好。

0397 · NYTM304（B015）

地理位置：位于南云台山韩李小团山顶东北坡。

墓门方向：南偏东48°。

尺寸及描述：封土直径7米，平面呈圆形；石室平面呈长方形，底部长3.7米，前宽2米、中宽2.4米、后宽2.1米；顶部前宽2.7米、中宽3.3米、后宽2.3米；石室内高1.1米；门宽0.8米、高0.6米；石室除甬道不存外，其余保存基本完整；东、西两壁和后壁保存基本完整，均为用大石块堆砌，小石块填塞，自上而下逐渐内收，券壁；顶石残余4块，尺寸较大。呈半地下式。

保存现状：较好。

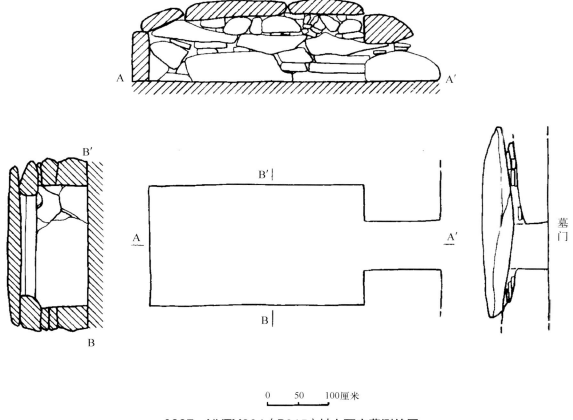

0　　50　　100厘米

0397·NYTM304（B015）封土石室墓测绘图

0398·NYTM305（B016）

地理位置：位于南云台山韩李小团山南坡。

墓门方向：南偏西30°。

尺寸及描述：封土尚存；石室平面呈长方形，底部长3.2米，前宽1米，石室高0.7米；甬道长
1.1米；东、西两壁和后壁均为整石堆砌，小石块填塞，自上而下逐渐内收，券壁，内部淤塞严重。
呈地下式。

保存现状：较好。

0399·NYTM306（简报中定M17）

地理位置：位于南云台山韩李小团山南坡。

墓门方向：北偏西45°。

尺寸及描述：石室平面呈刀型，刀柄左置；底部长3.45米，前宽1.5米、中宽1.7米；石室现存
高度0.7米；甬道长0.65米、宽0.65米；门宽0.65米；石室顶石上覆土；东、西两壁和后壁保存基
本完整，均为用小石块堆砌，自上而下逐渐内收，券壁，内部淤塞严重。呈地下式。

保存现状：较好。

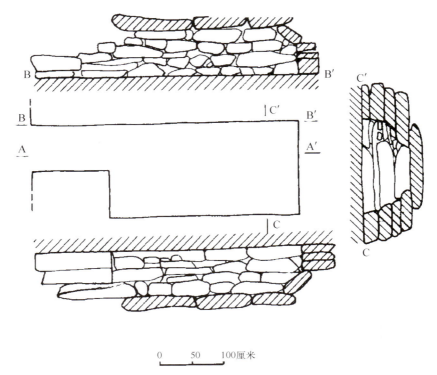

0 　　50　　100厘米

0399·NYTM306（简报中定M17）封土石室墓测绘图

0400·NYTM307（B018）

地理位置：位于南云台山韩李小团山东坡。

墓门方向：南偏东48°。

尺寸及描述：封土长轴11.2米、短轴8.4米、高2.5米，平面呈椭圆形；石室底部长3.7米，宽1.5米，平面呈长方形，顶部宽1.2米；石室前高1.4米、中高1.5米、后高1.1米；甬道长1.4米，宽0.9米，门高1.2米；石室东、西两壁及后壁均由下而上逐渐内收，由条石平砌，小石块填塞，券壁；顶石分布由前部向中部缓慢抬升，再由中部向后部逐渐降低；顶石共计9块，甬道与东壁之间有小块石块堆砌，石堆高0.9米，长0.5米、宽0.25米。呈半地下式。

保存现状：较好。

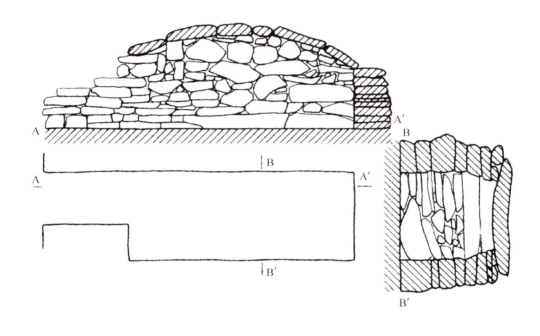

0400·NYTM307（B018）封土石室墓测绘图

0401·NYTM308（B019）

地理位置：位于南云台山朝阳东小山南坡。

墓门方向：南偏西15°。

尺寸及描述：石室毁坏严重，数据无测。

保存现状：较差。

0402·NYTM309（B020）

地理位置：位于南云台山朝阳东小山南坡，M308西约50米处。

墓门方向：南偏西60°。

尺寸及描述：石室平面呈刀型，刀柄右置；底部长3.2米、宽1.1米，顶部残长1.8米、宽0.8米；石室高1.2米；门高0.9米、宽1米；石室前部和顶石中、前部不存；后壁由1块五角形大石堆砌，其余用小石块堆砌，东、西两壁由条石平砌，其余小石块填塞，券壁。呈半地下式。

保存现状：一般。

0403·NYTM310（B021）

地理位置：位于南云台山朝阳东小山南坡。

墓门方向：南偏西52°。

尺寸及描述：石室平面呈刀型，刀柄右置；底部长4米、宽2米；顶部长1.8米、宽1.6米；石室现存高度1.3米；甬道长1米，残宽0.8米；石室东、西两壁仅余一半，后壁用整石堆砌，其余用小石块填塞，券壁。呈半地下式。

保存现状：较差。

0404·NYTM311（B022）

地理位置：位于南云台山朝阳东山大石星东侧。

墓门方向：南偏西60°。

尺寸及描述：石室平面呈刀型，刀柄左置；底部长3.4米、底宽1.7米；顶部宽1.4米；石室中高1.6米；甬道长0.9米、高1.1米；门高1.3米，门上宽0.8米、下宽0.9米；石室东、西两壁及后壁均由大石块堆砌，其余用小石块填塞，石块竖、横置皆有，券壁。呈半地下式。

保存现状：较好。

0405·NYTM312（B023）

地理位置：位于南云台山朝阳东山大石星东侧。

墓门方向：南偏西60°。

尺寸及描述：石室平面呈刀型，刀柄右置；底部长3.6米、宽2.6米；顶部宽1.4米；石室高1.1米；石室东、西两壁和后壁由大石块堆砌，其余用小石块填塞，石块竖置为多，券壁；墓门和甬道受到破坏，完全不存；顶石移位坍塌，中部顶石尚存。呈半地下式。

保存现状：较差。

0406·NYTM313（B024）

地理位置：位于南云台山朝阳东山大石星东侧，M312北侧10米处。

墓门方向：南偏西36°。

尺寸及描述：石室平面呈刀型，刀柄右置；底部长4.6米、宽2.1米；石室高1.1米；东、西两壁及后壁均为大石块堆砌，小石块填塞，石块横、竖置皆有，券壁；石室前后各存顶石1块，墓门及甬道皆不存。呈半地下式。

保存现状：较差。

0407·NYTM314（B025）

地理位置：位于南云台山朝阳东山大椎顶。

墓门方向：南偏东18°。

尺寸及描述：石室平面呈长方形，底部长3.1米、宽2米；顶部宽1.7米；门高0.6米；东、西两壁和后壁用大石块堆砌，其余用小石块填塞，券壁。石室内淤塞严重，顶石残存2块，甬道不存。呈半地下式。

保存现状：较差。

0408 · NYTM315（B026）

地理位置：位于南云台山朝阳东山大椎顶，M314东10米处。

墓门方向：南偏东15°。

尺寸及描述：石室平面呈对称梯形；底部长2.9米、宽2.5米；顶部宽1.7米；石室高0.9米。石室东、西两壁和后壁用石块堆砌，其余用小石块填塞，石块放置有横有竖，券壁；顶石现存3块。呈半地下式。

保存现状：较好。

0409 · NYTM316（B027）

地理位置：位于南云台山朝阳小山东沟。

墓门方向：南偏东10°。

尺寸及描述：石室平面呈长方形，底部长3.2米，宽1.4米；顶部宽1.1米；石室高0.7米；东、西两壁及后壁由大石块堆砌，其余部分小石块填塞，券壁；石室顶石仅余后部1块，其余不存；内部淤塞严重，墓门不存。呈半地下式。

保存现状：较差。

0410·NYTM317（B028）

地理位置：位于南云台山朝阳小山东沟，M316北侧8米处。

墓门方向：南偏东20°。

尺寸及描述：石室平面呈长方形，底部长3.5米、宽1.4米；石室高0.3米；东、西两壁和后壁基本不存；余后顶石1块。呈半地下式。

保存现状：较差。

0411·NYTM318（B029）

地理位置：位于南云台山朝阳小山东沟。

墓门方向：南偏东10°。

尺寸及描述：石室平面呈长方形，底部长3米、宽1.6米；东、西两壁及后壁由大石块堆砌，其余小石块填塞，券壁；顶石仅余中后部，其余不存，墓门不见。呈半地下式。

保存现状：较差。

0412·NYTM319（B030）

地理位置：位于南云台山朝阳小山东沟，M318南侧4米处。

墓门方向：南偏西10°。

尺寸及描述：石室平面呈长方形，底部长2.8米、宽2米，形制和其余数据无测。

保存现状：差。

0413·NYTM320

地理位置：位于南云台山朝阳狮子山石山北坡，距离盘山路约40米处。

墓门方向：南偏西70°。

尺寸及描述：封土直径6.2米，平面呈圆形；石室平面呈长方形，底部长4.2米、宽1.8米；顶部宽1.3米；石室高1.3米；甬道长1米、宽0.9米；门宽0.9米、高0.4米；石室东、西两壁中、前部完全受到破坏，从残存的情况判断为全石横砌，券壁，后壁条石横砌。顶石完全受到破坏。呈半地下式。

保存现状：较差。

0414 · NYTM321

地理位置：位于南云台山朝阳狮子山石山北坡，距离盘山路约40米处。

墓门方向：南偏西87°。

尺寸及描述：封土依山势而堆砌，直径6.8米，平面呈圆形；石室平面呈刀型，刀柄右置；底部长3.1米，前宽1.3米、中宽1.2米、后宽1.05米；顶部中宽1米、后宽0.95米；石室高1.2米；甬道长1米，宽0.6米；门高0.4米、宽0.6米；石室东、西两壁条石横砌，微券，后壁中下部一块整石，上部条石横砌，半呈地上式。经过清理发现青釉瓷器碎片若干枚，棺钉数枚。

保存现状：较好。

0415 · NYTM322

地理位置：位于南云台山朝阳狮子山东南方向约500米处。

墓门方向：南偏东25°。

尺寸及描述：石室平面呈长方形，底部长1.7米、宽1.4米；顶部宽1.5米；石室高1.7米；东、西两壁中前部完全受到破坏，后壁一块大石竖砌，其余处小石块填塞；顶石现存1块，其余不存。呈半地下式。

保存现状：较差。

0416 · NYTM323（B001）

地理位置：位于南云台山隔峰山南麓。

墓门方向：东偏北10°。

尺寸及描述：石室底部长2.7米、宽0.8米；洞室进深3.3米，石室高0.9米；门高0.5米，宽1米；东、西两壁整石平砌，后壁2块大石竖砌，1块倒塌。底部有块石平铺，较完整；石室前部、门不存。呈半地下式。

保存现状：较差。

0417 · NYTM324（B002）

地理位置：位于南云台山隔峰山南麓。

墓门方向：南偏东50°。

尺寸及描述：封土长轴6米，短轴3.4米，平面呈椭圆形；洞室进深5.3米；石室底部长3.7米、前宽1.5米、中宽1.7米、后宽1.6米；顶部前宽0.9米、中宽1.1米、后宽1米；石室前高1.6米、中高1.7米、后高1.6米；平面呈对称梯形；顶部前宽0.9米、中宽1.1米、后宽1米，平面略呈长方形；石室前高1.6米、中高1.7米、后高1.2米；甬道宽0.8米，长1.6米；门高1米、宽0.6米；石室东、西二壁由条石横砌，券壁，后壁用一块整石竖砌，顶石保存完整。呈地上式。

保存现状：较好。

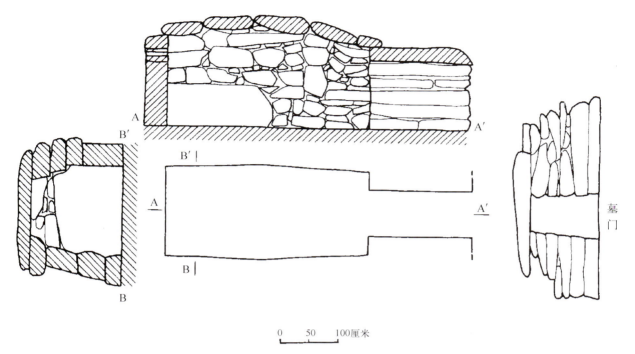

0417·NYTM324（B002）封土石室墓测绘图

0418·NYTM325（B003）

地理位置：位于南云台山隔峰山南麓。

墓门方向：南偏西38°。

尺寸及描述：石室平面呈长方形，底部长3.1米，前宽0.95米、中宽1.73米、后宽1.45米；石室现存高度1米；东、西两壁由块石砌成，券壁；后壁不存；有封门石。呈地上式。

保存现状：较差。

三　中云台山封土石室墓

0419 · ZYTM001

地理位置：位于中云台山溪云山南坡。

墓门方向：南偏西 10°。

尺寸及描述：石室底部长 3.3 米、宽 0.86 米，平面呈长方形；石室现存高度 1.3 米；东、西两壁由条石砌成，其余用小石块填塞，东壁后部局部错位，后壁由一块整石砌成；顶石残余 3 块。石室底部有淤塞。呈半地下式。

保存现状：一般。

0420 · ZYTM002

地理位置：位于中云台山溪云山南坡，M001 北约 40 米处。

墓门方向：南偏东 13°。

尺寸及描述：封土尚存；石室内部长 4 米；顶部宽 2.4 米；现存高度 0.8 米；东、西两壁和后壁均由片状条石堆砌而成；顶石保存完好；石室内部有淤塞。呈半地下式。

保存现状：一般。

0421 · ZYTM003

地理位置：位于中云台山溪云山南坡，M002 北 5 米处。

墓门方向：南偏东 45°。

尺寸及描述：石室底部长 3.2 米、残宽 1.8 米，平面呈长方形；石室高 0.8 米；后壁及东、西两壁由于视线受阻，仅测得外部尺寸，其余不详。呈地上式。

保存现状：较好。

0422·ZYTM004

地理位置：位于中云台山溪云山西坡。

墓门方向：南偏东20°。

尺寸及描述：石室底部长3.7米、残宽1米，平面呈长方形；石室高0.7米；顶石无存；内部淤塞严重。呈半地下式。

保存现状：较差。

0423·ZYTM005

地理位置：位于中云台山溪云山西坡，M004南5米处。

墓门方向：南偏东10°。

尺寸及描述：封土长轴7.2米、短轴7米，略呈椭圆形；石室底部长3.7米，前宽1米、中宽1.2米、后宽1.1米，平面略呈长方形；顶部前宽0.9米、中宽0.8米、后宽0.7米；石室高1.25米；门高0.7米、宽0.9米；石室东、西两壁用条石堆砌，底平面偏后位置由薄片石块铺底；后壁下方由一块整石砌成，上方由块石堆砌。呈半地下式。

保存现状：较好。

0424·ZYTM006

地理位置：位于中云台山席沟大牛栏上。

墓门方向：南偏东20°。

尺寸及描述：石室长3.8米、宽1.7米，平面呈长方形；现存高度0.3米；东、西两壁由块石堆砌，后壁整石竖砌；顶石完全不存；石室内部淤塞严重。呈半地下式。

保存现状：较差。

0425·ZYTM007

地理位置：位于中云台山席沟大牛栏上，M006东北4米处。

墓门方向：南偏东20°。

尺寸及描述：石室底部长3.1米，宽1.4米，平面呈刀型，刀柄左置；顶部宽1.4米；现存高度1.1米；甬道长0.9米、宽0.8米；东、西两壁有残损，其余部分由条石平砌，后壁由一块整石砌成；后顶石残存1块；石室内部有淤塞。呈半地下式。

保存现状：一般。

0426·ZYTM008

地理位置：位于中云台山席沟大牛栏上，M007东10米处。

墓门方向：南偏东40°。

尺寸及描述：石室底部长4.3米、后宽0.8米，平面呈梯形；石室现存高度0.8米；甬道长1.2米；东、西两壁由条石平砌，券壁，西壁后部错位；顶石塌落；内部淤塞。呈半地下式。

保存现状：一般。

0427·ZYTM009

地理位置：位于中云台山席沟大牛栏上，M008东30米处。

墓门方向：南偏东35°。

尺寸及描述：石室底部长3.1米、宽1米，平面呈长方形；现存高度0.8米；甬道长0.8米、宽0.85米；东、西两壁略有残损，由块石平砌，直壁，后壁由一块整石砌成；后顶石残存1块；门口处残留一块封门石；中前部淤塞严重。呈半地下式。

保存现状：一般。

0428·ZYTM010

地理位置：位于中云台山席沟大牛栏南坡。

墓门方向：北偏东65°。

尺寸及描述：封土尚存；石室底部长3.2米、中宽1.75米，平面呈长方形；顶部中宽1.3米；现存高度1米；甬道长1米、宽0.46米；门高0.65米；后壁及东、西两壁皆由长方形片石堆砌；中部盖石塌落，后顶石尚存1块；顶石之下有平面呈三角形的条石同顶石形成叠压状。呈半地下式。

保存现状：一般。

0429·ZYTM011

地理位置：位于中云台山小牛栏北坡。

墓门方向：南偏东20°。

尺寸及描述：封土长轴7米、短轴6.55米，平面略呈椭圆形；石室底部长3.1米、宽0.7米、高0.6米；门高0.5米；石室东、西两壁由条石平砌，券壁，后壁由一块整石砌成；中部顶石塌陷，残余前后部各1块；中部有淤塞。呈半地下式。

保存现状：较好。

0430·ZYTM012（简报中定M1）

地理位置：位于中云台山蝙蝠山山顶东坡炮台下。

墓门方向：正南。

尺寸及描述：封土直径7米，平面呈圆形；石室底部长2.6米、宽3.8米，平面呈长方形；顶部西部长1.3米、东部长1.1米、宽3.8米，平面呈梯形；石室西部高1.5米、东部高1.2米；甬道长1.2米、宽0.8米；门高0.5—0.8米、宽0.8米；东、西两壁为直壁，南北二壁为券壁，均为块石堆砌，唯东

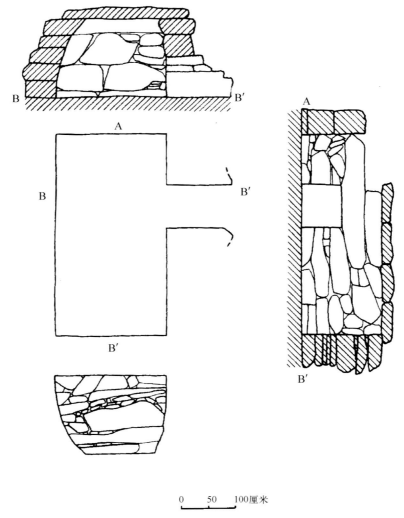

0　　50　　100厘米

0430·ZYTM012封土石室墓测绘图

侧顶石缺失；顶石现存4块。该石室形制同以往调查发现的石室墓完全不同，呈现南北方向短、东西方向长的显著特点。呈半地下式。

保存现状：较好。

0431·ZYTM013

地理位置：位于中云台山大牛栏山东南坡。

墓门方向：南偏东15°。

尺寸及描述：石室依山势而建，后部逐渐抬高；底部长1.7米、宽1.4米，平面呈长方形；现存高度1.2米。东壁残长1.7米，西壁残长1.4米，后壁为块石堆砌，微券；前部顶石坍塌，后顶石尚存1块。呈半地下式。

保存现状：较差。

0432 · ZYTM014

地理位置：位于中云台山大牛栏山东南坡，M013西15米处。

墓门方向：南偏东10°。

尺寸及描述：石室底部长3米、宽1.3米，平面呈长方形；石室东、西两壁及后壁由大石堆砌，券壁，有一定程度的破坏；前部顶石坍塌，后顶石尚存1块；内部有淤塞。呈半地下式。

保存现状：较差。

0433 · ZYTM015

地理位置：位于中云台山大牛栏山东南坡，M014东南15米处。

墓门方向：南偏东10°。

尺寸及描述：石室毁坏严重，数据无测，仅见小块石数块。

保存现状：较差。

0434 · ZYTM016

地理位置：位于中云台山大牛栏山东南坡，M014西南20米处。

墓门方向：南偏东12°。

尺寸及描述：石室依山势而建，后部逐渐抬高；封土直径7米，平面呈圆形；石室底部长3米、宽1.1米，平面呈长方形；顶部宽0.4米；石室高1.5米；甬道长0.9米，宽、高均为0.8米；门高0.5米、宽0.76米；东、西两壁为券壁，后壁由大石块堆砌，小石块填塞；石室中部有1块封门石；顶部前半部分坍塌，前顶石不存，后顶石残存3块。呈半地下式。

保存现状：较好。

0435 · ZYTM017

地理位置：位于中云台山大牛栏山东南坡，M016西10米处。

墓门方向：南偏东12°。

尺寸及描述：封土尚存；石室底部长2.3米、宽1.1米，平面呈长方形；东、西两壁及后壁由小块石堆砌，大部分受到破坏，券壁；前部顶石残存1块。呈半地下式。

保存现状：较差。

0436·ZYTM018

地理位置：位于中云台山大牛栏山东南坡。

墓门方向：正南。

尺寸及描述：封土尚存；石室底部长3.8米、宽2米，平面呈长方形；顶部宽1.2米；前、后高均为1米、中高1.3米。东、西两壁及后壁由块石平砌，其余用小石块堆砌，微券；门与甬道基本不存。呈半地下式。

保存现状：一般。

0437·ZYTM019

地理位置：位于中云台山溪云山南坡。

墓门方向：南偏东18°。

尺寸及描述：封土直径8米，平面呈圆形；石室底部长3.5米、前宽1.5米、中宽1.5米、后宽1.3米，平面略呈对称梯形；高1.8米；甬道1.2—1.35米、宽0.85米；门高0.3—0.65、宽0.85米；东、西两壁及后壁保存完整，用大石块堆砌，其余用小石块填塞，券壁；前部顶石坍塌，后顶石残存1块。呈半地下式。

保存现状：一般。

0438·ZYTM020

地理位置：位于中云台山溪云山南坡，M019西侧10米处。

墓门方向：南偏东15°。

尺寸及描述：封土直径7米，平面呈圆形；石室底部长2.7米、中宽1.5米、后宽1.4米，平面呈刀形，刀柄左置；底部长2.7米、中宽0.9米、后宽1米；中高1.7米、后高1.9米；东、西两壁及后壁均由大石块堆砌，小石块填塞，券壁。呈半地下式。

保存现状：一般。

0439·ZYTM021

地理位置：位于中云台山诸朝靶场旁。

墓门方向：南偏东20°。

尺寸及描述：石室长3米，门宽1米；顶石不存；石室内淤塞严重，数据无测。呈半地下式。

保存现状：较差。

0440·ZYTM022

地理位置：位于中云台山诸朝靶场旁。

墓门方向：南偏东20°。

尺寸及描述：封土直径7米，平面呈圆形；封土石保存较好；顶石坍塌，石室内淤塞严重，数据无测。呈半地下式。

保存现状：较差。

四　北云台山封土石室墓

0441·BYTM001

地理位置：位于北云台北固山小团山西南侧。

墓门方向：南偏东41°。

尺寸及描述：石室底部长4.7米、宽2.5米，平面呈长方形；石室现存高度0.5米；东、西两壁由条石平铺，保存一般；后顶石仅余1块；内部淤塞严重。呈半地下式。

保存现状：较差。

0442·BYTM002

地理位置：位于北云台北固山小团山西南侧，M001西侧约50米。

墓门方向：南偏东12°。

尺寸及描述：封土直径8米、高1.1米，平面呈圆形；石室底部长3.4米、宽1.4米，平面呈长方形；顶部宽1米；石室立面呈梯形，上宽0.8米、下宽1.1米、高0.9米；石室现存高度1.1米；东、西两壁为券壁，东壁较完整，西壁损毁严重；后壁由一层小石块下压2块大石的方法砌筑而成，呈梯形；东壁由底起券，大石块堆砌，其余用小石块填塞；后顶石仅余1块。护封石保存较好。内部淤积较严重。呈地上式。

保存现状：一般。

0443·BYTM003

地理位置：位于北云台北固山小团山西南侧，M001西侧约100米处。

墓门方向：南偏东48°。

尺寸及描述：石室底部残长2.9米、前宽1.35米、中宽1.4米、后宽1.3米，平面呈不对称梯形；石室现存高度0.2米；石室东壁现存1块长条整石，西壁为小块石堆砌；石室内部淤塞严重；无顶盖石。呈半地下式。

保存现状：较差。

0444·BYTM004

地理位置：位于北云台北固山小团山西南侧，M003东北侧约10米。

墓门方向：南偏东32°。

尺寸及描述：石室底部长4米、宽1.1米，平面呈刀型，刀柄右置；顶部宽0.7米；甬道长0.6米、宽0.7米；石室现存高度0.7米；石室内部结构保存相对完整；后壁由两块整石堆砌，西壁为整石竖砌，东壁由小块石堆砌，微券；顶石数块散落在石室南侧。呈半地下式。

保存现状：较差。

0445 · BYTM005

地理位置：位于北云台北固山小团山西南侧，M004东侧约2米。

墓门方向：南偏东30°。

尺寸及描述：石室底部长2.1米、外宽2.2米，平面呈长方形；顶石完整；石室内部淤积严重。呈半地下式。

保存现状：较好。

0446 · BYTM006

地理位置：位于北云台北固山小团山西南侧。

墓门方向：南偏东38°。

尺寸及描述：石室底部长3米、内宽1.4米，平面呈刀型，刀柄右置；顶部外宽2.5米；石室封门处坍塌，甬道基本无存；东、西两壁皆为整石堆砌，微券；后壁由一块整石竖砌；顶石前部坍塌；石室淤积严重。呈半地下式。

保存现状：保存一般。

0447 · BYTM007

地理位置：位于北云台北固山小团山西南侧，M006北侧3米处。

墓门方向：南偏东29°。

尺寸及描述：封土尚存；石室底部长4.2米、中宽1.3米，平面呈长方形；顶部宽1米；立面上宽0.8米、下宽1.1米，高0.8米，立面呈梯形；内部高0.8米；东、西两壁中、前部由两块整石堆砌，后部由小块石堆砌，后壁由一块整石竖砌；顶石保存完整。呈半地下式。

保存现状：较好。

0448 · BYTM008

地理位置：位于北云台北固山小团山西南侧，M007东侧2米处。

墓门方向：南偏东27°。

尺寸及描述：封土直径8.4米，平面呈圆形；石室底部长5.4米、宽1.1米，平面呈长方形；顶部中宽0.8米；立面上宽0.9米、下宽1.1米；高0.8米；石室现存高度1.1米；石室东、西两壁微券，近似直壁，立面由乱石砌成，后壁由2块大石竖砌；顶石完整。呈半地下式。清理发现铁质棺钉4枚，青花瓷片4块。

保存现状：较好。

0449·BYTM009

地理位置：位于北云台北固山小团山西南侧，M008东侧2米处。

墓门方向：南偏东20°。

尺寸及描述：封土尚存；石室底部长4米、宽1.1米，平面呈长方形；顶部宽0.8米；内部高0.9米，呈梯形；东、西两壁微券，近似直壁，由整石横砌，其余缝隙用小石块填塞，后壁由2块大石竖砌；顶石由数块天然条石平铺构成，保存较完整。呈半地下式。

保存现状：较好。

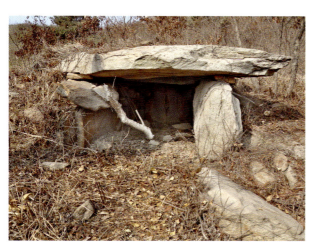

0450·BYTM010

地理位置：位于北云台北固山小团山西南侧，M009南侧2米处。

墓门方向：南偏东33°。

尺寸及描述：石室底部长3.5米、宽1.8米，平面呈刀形，刀柄右置；甬道残长0.4米、宽0.9米；石室现存高度0.6米；门现存高度0.5米、宽1.4米；石室东、西两壁由石块堆砌，后壁由一块整石砌成，其余缝隙由小块石填塞；顶石残存数块。石室内部淤积严重。呈半地下式。

保存现状：较差。

五　伊芦山封土石室墓

0451·YLSM001（0066）

地理位置：位于伊芦山钟庵东侧、伊芦中学上方半山腰处。

墓门方向：南偏西18°。

尺寸及描述：封土尚存；石室底部长4.6米，前宽1.7米、中宽1.9米、后宽1.8米，平面呈长方形；顶部前宽1.5米、中宽1.4米、后宽1.3米；石室高1.9米；甬道宽0.5—1米、长2.1米；石室东、西两壁由条石平砌，微券，后壁坍塌；后顶石残余2块。呈地上式。

保存现状：一般。

0452·YLSM002（0067）

地理位置：位于伊芦山南坡75米处。

墓门方向：南偏西30°。

尺寸及描述：石室底部长3.6米、高1.9米；前宽1.5米、中宽1.7米、后宽1.8米，平面呈梯形；顶部宽1.4米；甬道宽0.9米，长2.6米；后壁由一块整石砌成，两壁中、下部采用大石块堆砌，其余皆由小块石堆砌，券壁；石室前部已坍塌，顶石残存4块。呈半地下式。

保存现状：一般。

0453·YLSM003（0068）

地理位置：位于伊芦山南坡76米，M002东约50米处。

墓门方向：南偏西3°。

尺寸及描述：石室底部长1.9米；甬道宽0.8—1米、长2.6米；门现存高度0.9米、残宽0.9米；顶石宽1.4米、高0.7米、厚0.3米。东西两壁和后壁均由不规整石块堆砌；石室倒塌严重，轮廓尚存。呈地上式。

保存现状：较差。

0454·YLSM004（0069）

地理位置：位于伊芦山南坡87米，M003东约10米处。

墓门方向：南偏西5°。

尺寸及描述：石室底部长5.3米、宽2.6米，平面呈长方形；顶石宽1.7米、高0.8米、厚0.45米；东西两壁和后壁均由不规则石块堆砌，微券。呈地上式。

保存现状：较好。

0455·YLSM005（0070）

地理位置：位于伊芦山南坡94米，M004东约50米处。

墓门方向：南偏东7°。

尺寸及描述：封土保存较好；石室底部长5.3米；石室现存高度1.4米；门残宽0.75—0.9米、现存高度0.7米；东西两壁由大条石堆砌，微券，后壁由大石竖砌，其余缝隙由小块石填塞。呈地上式。

保存现状：较好。

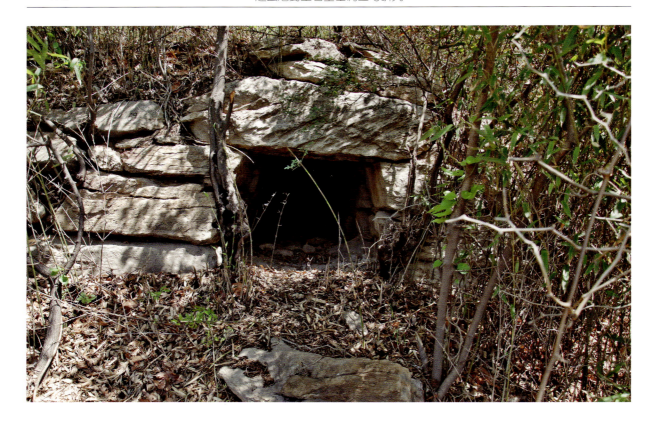

0456 · YLSM006（0071）

地理位置：位于伊芦山南坡94米，M005东约35米处。

墓门方向：南偏东10°。

尺寸及描述：石室内部淤塞严重；底部长6.1米；现存高度0.9米；东、西两壁及后壁详细情况不清，微券；顶石前、后部保存完整，中间缺失；呈半地上式。

保存现状：一般。

0457 · YLSM007（0072）

地理位置：位于伊芦山南坡110米，M006东约50米处。

墓门方向：南偏东3°。

尺寸及描述：石室淤塞严重；底部长5米、宽0.8米；石壁现存高度0.9米；东、西两壁由小块石砌成，后壁由大石砌成，东、西两壁部分坍塌，微券；后顶石仅存1块。呈地上式。

保存现状：较差。

0458 · YLSM008（0073）

地理位置：位于伊芦山南坡177米，M007东50米处。

墓门方向：南偏西10°。

尺寸及描述：封土尚存；石室底部长4.9米；石室门现存高度1.2米；东、西两壁部分尚存，用条石横砌，后壁由大石横砌；残存后顶石1块。呈地上式。

保存现状：一般。

0459·YLSM009（0074）

地理位置：位于伊芦山南坡63米，M008东约35米。

墓门方向：南偏西1°。

尺寸及描述：封土尚存；石室平面呈长方形，底部长6.2米、宽1.6米；顶部宽0.8米，平面呈长方形，石室现存高度2米；东、西两壁及后壁由小块石砌成，券壁；顶石残存1块。呈半地下式。

保存现状：较好。

0460·YLSM010（0075）

地理位置：位于伊芦山南坡63米，M009东约50米。

墓门方向：南偏西1°。

尺寸及描述：封土尚存；石室底部长5米；石室前高1.6米、中高2米；门现存高度0.8米、宽0.75—1米；东、西两壁由条石平砌，后壁由大石砌成；顶石完整。呈地上式。

保存现状：较好。

0461·YLSM011（0076）

地理位置：位于伊芦山南坡70米，M010东约15米处。

墓门方向：南偏西30°。

尺寸及描述：封土尚存；石室底部长3.4米；顶部残宽1.2米，平面呈长方形；石室前高1.6米、中高2米；东、西两壁由条石平砌，其余缝隙部分用小块石堆砌，后壁由大石砌成；顶石尚存。石室内部淤积严重。呈半地下式。

保存现状：一般。

0462·YLSM012（0077）

地理位置：位于伊芦山南坡60米，M011东约10米处。

墓门方向：南偏西30°。

尺寸及描述：封土周围长满毛竹，无法进入测量数据；现存大石数块。

保存现状：较差。

0463·YLSM013（0078）

地理位置：位于伊芦山南坡大庙东约260米处。

墓门方向：南偏西35°。

尺寸及描述：石室底部长2.6米；顶部宽0.8米，平面呈长方形；石室现存高度1.1米；东、西两壁由条石平砌，后壁由大石竖砌。呈半地下式。

保存现状：较好。

0464·YLSM014（0079）

地理位置：位于伊芦山南坡大庙东约260米处。

墓门方向：南偏西34°。

尺寸及描述：封土尚存；石室底部长2.6米；顶部宽0.8米，平面呈长方形；石室现存高度1.1米；东、西两壁由条石平砌，后壁由大石竖砌；石室前部遭到破坏。呈半地下式。

保存现状：一般。

0465·YLSM015（0080）

地理位置：位于伊芦山东南坡小池洞上65米处。

墓门方向：南偏东8°。

尺寸及描述：封土直径8.9米，平面呈圆形；石室底部长4.6米、宽1.7米，平面呈长方形；顶部长4.1米、宽1.35米，平面呈长方形；石室现存高度1.5米；东、西两壁由条石平砌，券壁，后壁由大石堆砌；顶石残存4块。呈地下式。

保存现状：较好。

0466·YLSM016（B001）

地理位置：位于伊芦山东小池洞口西侧。

墓门方向：南偏东5°。

尺寸及描述：封土直径7米，平面呈圆形；石室底部长1.8米，中、后宽均1.5米，平面呈刀形，刀柄右置；顶部中、后宽均1.3米，平面呈刀形，刀柄右置；石室高1米；甬道长1米、宽0.9米；东、西两壁由条石平砌，券壁，后壁由整石竖砌，其余处用小石块填塞；顶石残存1块。呈地上式。

保存现状：较好。

0467·YLSM017（B002）

地理位置：位于伊芦山东小池洞口西侧，M016北侧约15米处。

墓门方向：南偏东15°。

尺寸及描述：石室平面呈长方形，底部长3.5米、宽2米；顶部宽1.3米，平面呈长方形；石室内部淤积严重，现存高度0.7米；甬道长1.4米、宽0.9米；东、西两壁由条石堆砌，微券，后壁用一块整石竖砌；顶石残留1块。呈半地下式。

保存现状：较差。

0468·YLSM018（B003）

地理位置：位于伊芦山东小池洞口西侧，M017东北侧20米。

墓门方向：南偏东15°。

尺寸及描述：部分封土尚存；石室平面呈长方形，底部长3.9米、宽2.1米；顶部残长3.9米、宽1.3米，平面呈长方形；石室高1.4米；西壁保存较好，东壁中前部分已残，由条石平砌，券壁，后壁由整石竖砌；顶石残存1块。呈半地下式。

保存现状：较差。

0469·YLSM019（B004）

地理位置：位于伊芦山东小池洞口西侧，M018东侧约20米处。

墓门方向：南偏东15°。

尺寸及描述：石室平面呈长方形，底部长3.7米、宽1.3米；顶部宽1.2米，平面呈长方形；石室现存高度0.7米；甬道长1.1米、宽1.1米；东、西两壁仅存中部，用条石平砌，其余部分不存。呈半地下式。

保存现状：较差。

0470·YLSM020（B005）

地理位置：位于伊芦山东小池洞口西侧，M019北侧约20米处。

墓门方向：南偏东27°。

尺寸及描述：石室底部长3.3米；石室西壁不存，仅残留东壁，由块石堆砌；其余数据无测。

保存现状：较差。

0471·YLSM021（B006）

地理位置：位于伊芦山小池洞口北侧。

墓门方向：南偏东5°。

尺寸及描述：封土尚存；石室平面呈长方形，底部长4米、宽1.1米；石室现存高度1.7米；顶部宽1.1米；甬道长1.1米、宽0.7米；门高0.7米、宽0.7米；东、西两壁由条石平砌，后壁用3块板石横砌；中部顶石不存，其余尚存。石室地面中后部由小块石铺垫，用途不玥。呈半地下式。

保存现状：一般。

0472·YLSM022（B007）

地理位置：位于伊芦山小池北坡北大涧。

墓门方向：南偏东5°。

尺寸及描述：封土尚存；石室平面呈刀形，刀柄右置；石室前部遭到破坏，底部长3.8米、中宽1.8米、后宽2米；顶部中、后部宽1.1米；石室中高1.7米、后高1.3米；甬道长1.6米、宽0.9米；东、西两壁由条石平砌，券壁；后壁底部由条石平砌，上部由整石堆砌；石室地面有大小不等的块石若干。呈半地下式。

保存现状：一般。

0473·YLSM023（B008）

地理位置：位于伊芦山小池北坡北大涧，M022西侧1米处。

墓门方向：南偏东60°。

尺寸及描述：封土尚存；石室平面呈长方形，底部长3.5米、前宽1.1米；顶部前宽1.2米；石室前高0.8米、后高1.2米。石室东、西两壁由小块石堆砌，券壁，砌石有海蚀现象，后壁由2块条石堆砌，其余处用小块石填塞；顶石保存完整。呈半地下式。

保存现状：一般。

0474·YLSM024（B009）

地理位置：位于伊芦山小池北坡顶部。

墓门方向：南偏东15°。

尺寸及描述：封土尚存；石室底部长4米、宽1.8米；顶部长4米、宽1.4米，平面呈长方形；石室前高1.5米、中高1.8米、后高1.7米；东、西两壁由条石砌筑，券壁，后壁由两块整石竖砌；甬道长1.7米、上宽0.7米、下宽1.1米、高1.4米；门高1.4米、门宽1.1米。顶石完整。呈地上式。石室西壁下距墓门0.8米处，由摆放整齐的平面呈长方形的石块堆积，疑为垫棺石。该石室是伊芦山地区迄今发现的保存较完整的石室之一。

保存现状：良好。

六　附　　录

1989—1990年，南京博物院与连云港市博物馆曾对连云港地区的部分封土石室进行为期两个月的调查与发掘工作。

0475·90HW22

地理位置：位于南云台山梧桐沟北坡。

墓门方向：240°。

尺寸及描述：封土基本不存，土墩高1.8米，直径15米，平面呈圆形；石室高1.20—1.46米不等、长3.30米、宽1.28—1.55米不等；石室前部倒塌，甬道内有较多石块。石室保存基本完好，仅后部缺失一盖石。室内后壁为基岩作底，上砌小石块。两壁块石借缝叠砌，顶及底宽大体一致。室内口部左侧立一石块,形成瓦刀形,顶为五块盖石封顶。1990年11月27日发掘,在石室近口处块石上出土一件青瓷碗,口径9.0厘米、高4.6厘米,直口,有黄色釉,圆饼底,保存完整;在石室中部近底部出土一件青瓷碗,素面,轮制,口径13.6厘米、底径6.4厘米、高7厘米,直口,尖圆唇,实心圈足,下腹及足未施釉,余外均施绿釉,已残;在石室近后壁处出土三件残破的青瓷碗,均可修复,其中碗3直口,尖圆唇,浅腹,陶圈足外均施绿灯釉;碗4直口,青黄釉,饼底,口径9厘米、底径3.8厘米、高4.1厘米,碗体破裂,可复原;碗5直口,青黄釉,圆饼底,口径9.1厘米、底径4.1厘米、高4.4厘米,碗体破裂,可修复。

　　保存现状:较好。

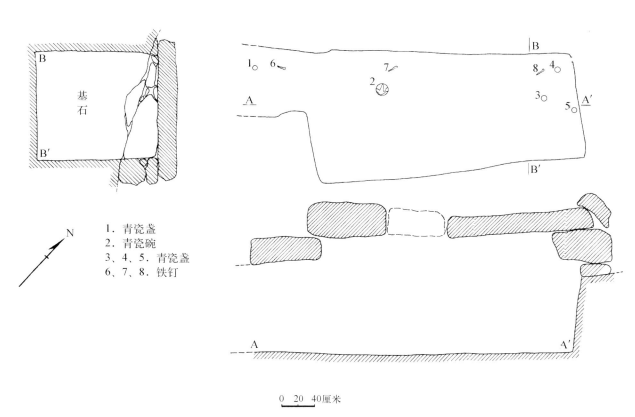

1. 青瓷盏
2. 青瓷碗
3、4、5. 青瓷盏
6、7、8. 铁钉

0　20　40厘米

0475·90HW22封土石室墓测绘图

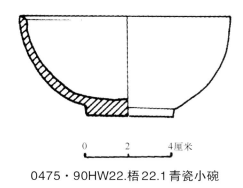

0　2　4厘米

0475·90HW22.梧22.1青瓷小碗

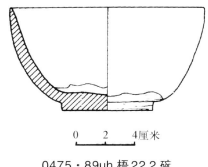

0　2　4厘米

0475·89uh.梧22.2.碗

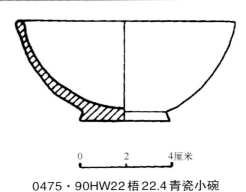

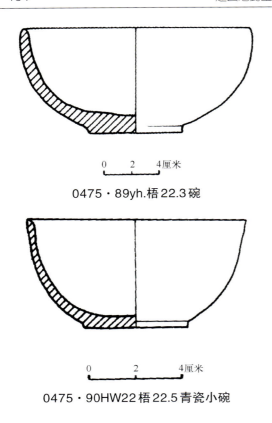

0　　2　　4厘米

0475·89yh.梧22.3碗

0　　2　　4厘米

0475·90HW22 梧22.4青瓷小碗

0　　2　　4厘米

0475·90HW22 梧22.5青瓷小碗

0476·90HW23

地理位置：位于南云台山花果山。

墓门方向：70°。

尺寸及描述：石室平面呈长方形，石块错缝而垒，板石盖顶，残缺，石室长3.5米、宽1.1—1.3米、高0.9—1米；石室内填土分两层：上层为灰土，厚0.3—0.5米；下层为黄土，厚0.2—0.3米；盖顶石板有明显钎凿痕迹，凿窝上宽0.05米、下宽0.03米，深0.04米，共19个，钎印11条，长0.15左右。1990年12月2日发掘，有棺钉出土。

保存现状：较好。

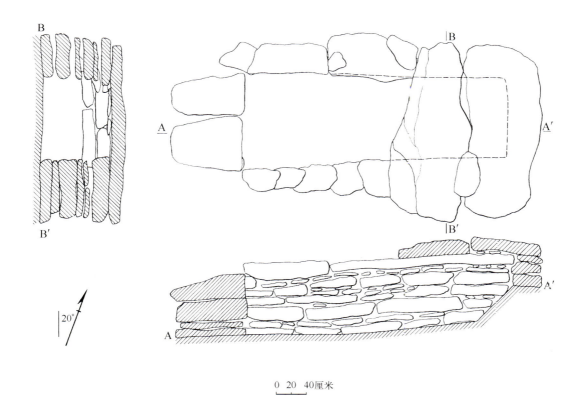

0　20　40厘米

0476·90HW23封土石室墓测绘图

0477 · 90HW25

　　地理位置：位于南云台山花果山梧桐沟。

　　墓门方向：不详。

　　尺寸及描述：石室结构不明，残存西壁长0.9米，后壁宽1.2米；盖石残存一块，前高1.15米、后高0.95米。室内填土分两层：上层为灰土，厚0.3—0.5米；下层为黄土，厚0.4—0.5米。1990年12月2日发掘，有棺钉出土。

　　保存现状：较好。

0478 · 90ZD—5

　　地理位置：位于中云台山蓑衣山。

　　墓门方向：170°。

　　尺寸及描述：土墩高2.2米、直径6.6米，略呈椭圆形；由乱石堆积而成，上有较薄的封土，土质呈灰色。石室呈"凸"字形，高1.88—2.20米、长4.6米、高0.88—1.64米，后壁利用基岩，上砌一大石，东西两壁较规整，由大石块和小块石头砌成。底部平面利用基岩构成"二层台"状。室内土层分为两层：上层灰土，厚0.20米，无出土物；下层为浅黄土，厚0.5米，出土大碗2件，小碗3件，其中碗1瓷质，素面轮制，口径9.4厘米，底径4.6厘米、高4厘米，直口，尖圆唇，实圈足，内部施釉，外部釉多剥落，已残；碗2瓷质，素面轮制，口径9.6厘米，底径4.8厘米、高3.9厘米，敞口，

0　　20　　40厘米

0478 · 90ZD—5（1）封土石室墓测绘图

尖圆唇，斜浅腹，实足，外部腹部以下未施釉，余处均施绿釉；碗3瓷质，素面轮制，口径15.2厘米，高7.6厘米，敞口圆唇，弧腹，实足，底部中间内凹形圈足，器体内壁施青黄釉，外壁上体施釉；碗4瓷质，轮制，口径15.6厘米，底径6.6厘米、高6.5厘米，敞口圆唇，弧收腹，饼形底，器内中央施斑点绿釉，口沿附近无釉，器剖口沿施绿釉，已剥落；碗5瓷质，素面轮制，口径10.8厘米，高∠.2厘米，圆唇，卷沿，实心圈足，内壁遍施釉，外壁上部施青釉，保存完整。另外石室内还有铁质物出土。

保存现状：较好。

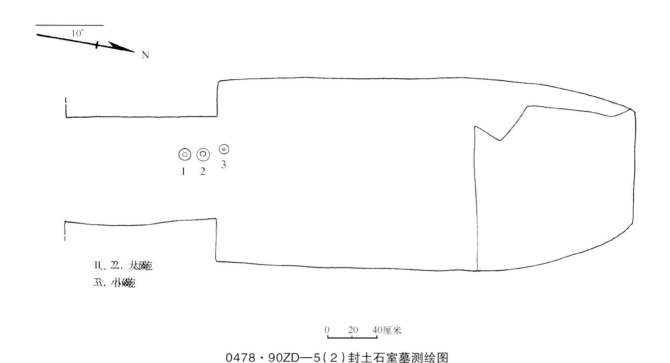

0478·90ZD—5（2）封土石室墓测绘图

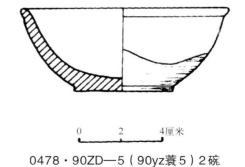

0478·90ZD—5（90yz蓑5）1碗   0478·90ZD—5（90yz蓑5）2碗

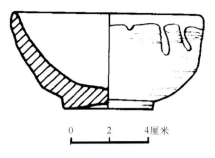

0478·90ZD—5（90yz蓑5）3青瓷碗

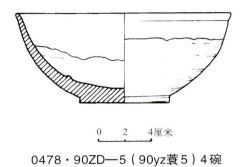

0478·90ZD—5（90yz蓑5）4碗

0478·90ZD—5（90yz蓑5）5青瓷碗

0479 · 90ZD—9

地理位置：位于中云台山蓑衣山。

墓门方向：185°。

尺寸及描述：无封土；石室高0.88—1.4米、长3.3米、宽0.96—1.2米，顶部盖石裸露，石室内堆积土分为两层：上层灰色，厚0.2—0.3米，下层为黄色，厚0.3—0.4米；1990年12月21日发掘，在黄土层出土2件青瓷碗、一件碎碗，其中一件青瓷碗在石室后部，碗1为瓷质，纹饰素面，口径8.6厘米、底径4.4厘米、高4.4厘米，直口，尖圆唇，深腹略鼓，下腹急收，内部施釉，外部下腹及足部不施釉，保存完整；碗2为瓷质，纹饰素面，轮制，口径9.4厘米，底径5.2厘米，高3.2厘米，直口，尖圆唇，平底浅腹，内部施釉，下腹部不施釉，已残缺。在石室内各处黄土层出土1件破碎罐的碎片。

保存现状：较好。

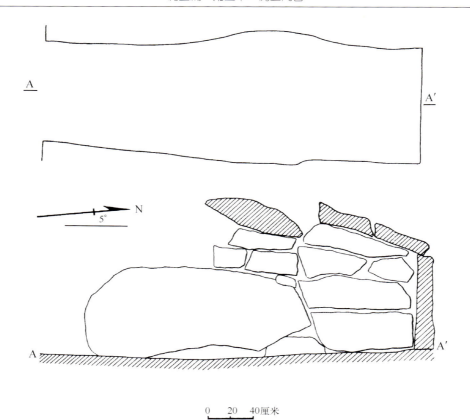

0　　20　　40厘米

0479·90ZD—9封土石室墓测绘图

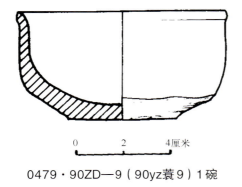

0　　　2　　　4厘米

0479·90ZD—9（90yz蓑9）1碗

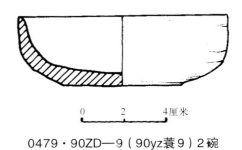

0　　　2　　　4厘米

0479·90ZD—9（90yz蓑9）2碗

0480·90ZD—10

地理位置：位于中云台山蓑衣山。

墓门方向：205°。

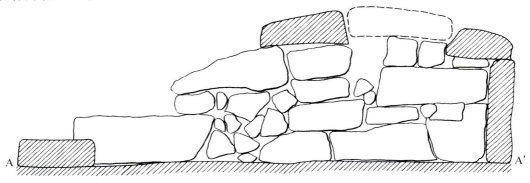

0　20　40厘米

0480·90ZD—10（1）封土石室墓测绘图

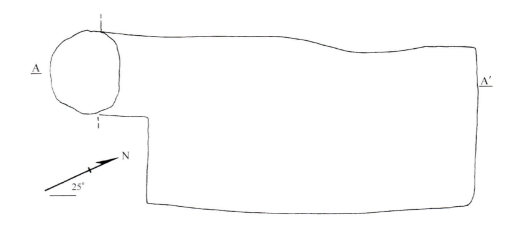

0　20　40厘米

0480·90ZD—10（2）封土石室墓测绘图

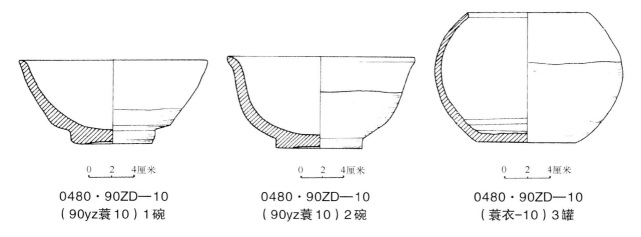

0480・90ZD—10
（90yz蓑10）1碗

0480・90ZD—10
（90yz蓑10）2碗

0480・90ZD—10
（蓑衣-10）3罐

　　尺寸及描述：土墩高1.42米；石室封门墙高0.3米、宽0.86米、厚0.7米；石室平面呈瓦刀形，高1.1米、长3.6米、宽1.8米；顶部仅存盖石一块，顶盖石口有凿印；石室内堆土很厚，分两层：上层灰黑土，厚0.2—0.3米；下层黄土，厚0.5—0.6米。1990年12月22日发掘，在门道内黄土层出土2件瓷碗，均破碎，可修复，其中碗1瓷质，素面，轮制，口径16厘米、底径7.2厘米、高7.2厘米，尖圆唇，敞口，腹较深，内部施釉，外部仅腹以上部位施黄绿釉，已残缺；在石室各处的黄土层中还分布着一件瓷罐的碎片，可修复，口径10厘米、底径9.6厘米、高11.6厘米，敛口，平底鼓腹，黄釉，器外施釉不到底。

　　保存现状：较好。

0481・90YZ金3

　　地理位置：位于南云台山金苏。

　　墓门方向：不详。

　　尺寸及描述：土墩呈圆锥形，高1.2米、直径5.6米；石室内呈刀形，长3.6米、高0.82—1.64米；以石块构成，上盖石板；石室内土层分两层：上层灰土，厚0.1米；下层黄土，厚0.8米。1990年12月22日发掘，出土瓷碗2件、釉陶罐1件、釉陶碗7件、釉陶钵1件、铜勺1件、铁锅1件、陶基座1件。其中瓷碗1为轮制，口径15.8厘米、底径7.6厘米、高8厘米，碎为二，可黏合复原，圆唇，口微敞，饼形底，器表口下沿有施釉线，但未施釉；瓷碗2为轮制，口径11厘米、底径5.2厘米、高5.4厘米，为圆唇，敞口，弧腹，饼形底，器表上部施黄绿色釉，部分剥落，器内亦施黄绿釉，部分（包括内底中央）剥落；釉陶罐纹饰为素面，轮制，口径13.6厘米、高15.9厘米，裂为4片，可修复为完整器，器形方唇，敛口，弧腹，平底；内外壁通体黄釉，下底部无釉；铜勺纹饰素面，为模制铸成，柄长11厘米，勺长9.5厘米，深3厘米，破裂可修复，呈船形，有翘起勺尖，铜厚0.1厘米，柄为条形；釉陶碗1口沿略外卷，黄釉施釉不到底，斜腹略外鼓，饼底内凹，口径16.2厘米、底径7.2厘米、高7.8厘米，碗体破裂，可复原；釉陶碗2口沿略外卷，斜腹微鼓，饼底内凹。器外施釉不到底，口径16.5厘米、底径7.4厘米、高8厘米，碗体破裂，可复原。陶基座质地为泥质陶，模制，底长与宽均为19厘米，顶部长与宽均为9厘米，高6厘米，呈正方形，盏式，中央有圆孔，孔径3厘米，部分已剥落，稍有残缺。

　　保存现状：较好。

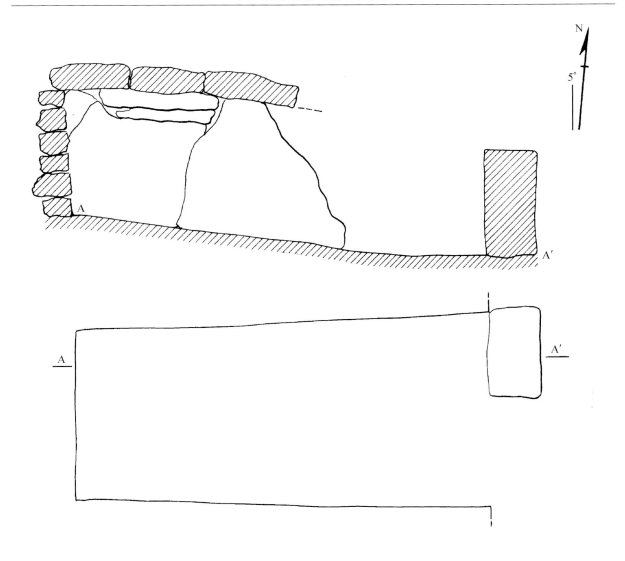

0　20　40厘米

0481·90YZ金3封土石室墓测绘图

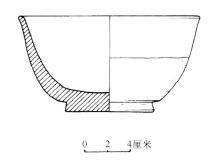

0　2　4厘米

0481·90YZ金3（90中云金苏3）1碗

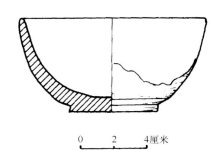

0　2　4厘米

0481·90YZ金3（90中云金苏3）2碗

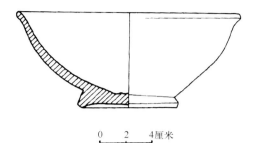

0 2 4厘米

0481·90YZ金3（金-3）6瓷碗

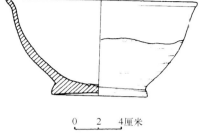

0 2 4厘米

0481·90YZ金3（金-3）8瓷碗

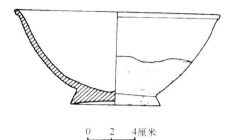

0 2 4厘米

0481·90YZ金3（金-3）9釉陶碗

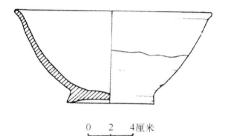

0 2 4厘米

0481·90YZ金3（金-3）10釉陶碗

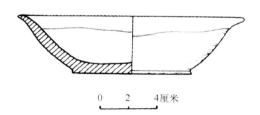

0 2 4厘米

0481·90YZ金3（金-3）14碗

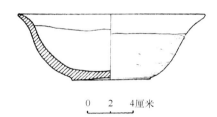

0 2 4厘米

0481·90YZ金3（金-3）15碗

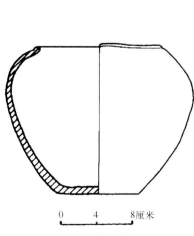

0 4 8厘米

0481·90YZ金3（金-3）4
釉陶罐

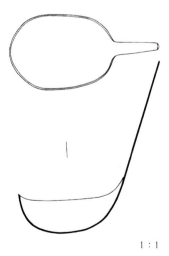

1：1

0481·90YZ金3（金-3）5
铜勺

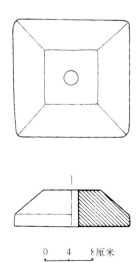

0 4 8厘米

0481·90YZ金3（金-3）12
灯座

0482 · 90YZ 金 8

地理位置: 位于南云台山金苏。

墓门方向: 不详。

尺寸及描述: 土墩呈圆锥形, 高 1.7 米、直径 8.5 米; 以石垒成圆形, 其上堆土成墩, 封土可分 3 层: 上层灰褐土, 厚 0.1 米; 中层黄土, 厚 0.2—0.4 米; 下层浅黄土, 厚 0.5 米; 石室位于墩东部, 平面呈 "凸" 字形, 长 5.4 米、宽 0.88—1.22 米、高 1.22—1.70 米, 以石块垒成, 上盖石板。石室内铺石下有一层精灰土, 厚约 0.2 米。1990 年 12 月 22 日发掘, 无出土物。

保存现状: 较好。

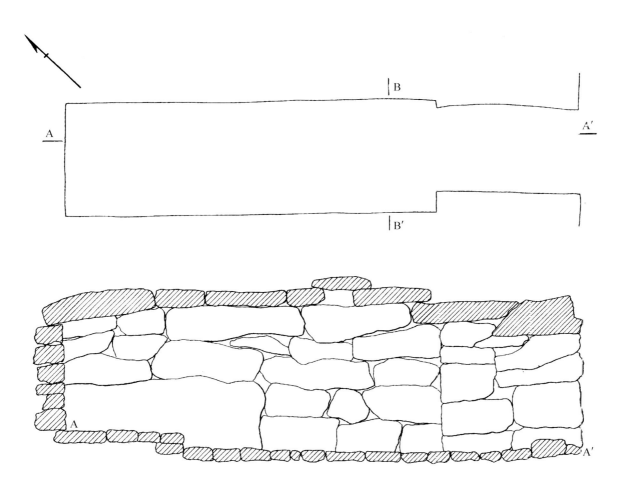

0　20　40厘米

0482 · 90YZ金 8 (1) 封土石室墓纵剖面图

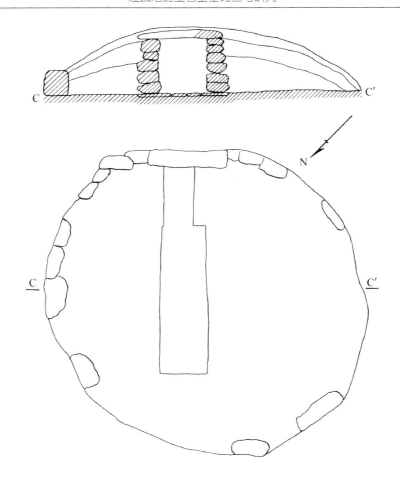

0　50　100厘米

0482·90YZ金8（1）封土石室墓土墩平面图

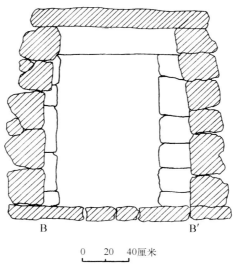

0　20　40厘米

0482·90YZ金8（3）封土石室墓横剖面图

0483·90CX—11

地理位置：位于南云台山朝阳西山。

墓门方向：230°。

尺寸及描述：土墩近圆形，高1.80米，直径4.20米，外有较厚的封土；石室平面呈刀形，高1—1.1米、长3.6米、宽0.8—1.27米；内积浅黄色土，质软；两壁及后壁以大石为主砌成，不封门。1990年度12月17日发掘，出土一件绛黄色釉壶口。

保存现状：较好。

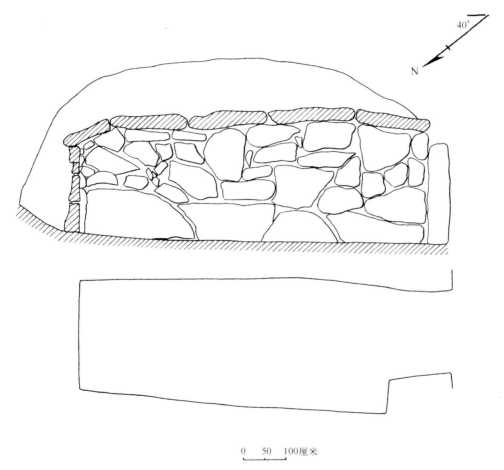

0　　50　　100厘米

0483·90CX—11封土石室墓测绘图

0484·90CX—12

地理位置：位于南云台山朝阳西山。

墓门方向：150°。

尺寸及描述：封土平面呈圆形，高2.28米、直径5.5米；石室平面呈长方形，高1—1.32米、长4米、宽1.02米；封门墙高0.4米、宽0.9米、厚0.8米；中间石室由较大的石块错缝砌成，石道口有一块封门石；石室外覆盖乱石，石室内堆积分两层：上层灰土，厚约0.1—0.2米；下层黄土，厚0.2—0.3米。1990年12月22日发掘，在下层黄土中出土三彩壶（仅存颈口部）及瓷碗（残）各1件。

　　保存现状：较好。

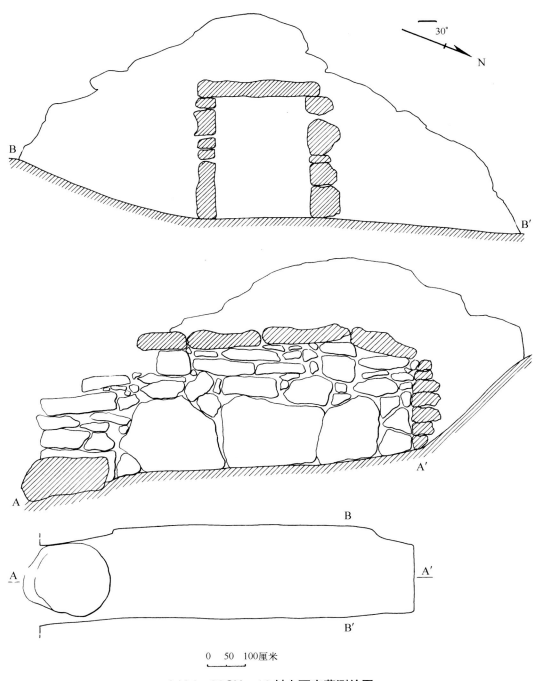

0484·90CX—12封土石室墓测绘图

0485·90YC—韩1

地理位置：位于南云台山朝阳韩李村。

墓门方向：150°。

尺寸及描述：无封土；石室平面呈长方形，长3.08米、宽0.64—0.7米、高0.66—0.96米；以石块垒成，上盖石板；石室内填土分为3层：上层灰土，中层黄土，下层浅黄土。1990年12月22日发掘，出土青瓷碗4件、棺钉7件；其中碗1瓷质，纹饰素面，轮制，口径8.4厘米、高4.2厘米，尖圆唇，直口敞腹，实心圈足，器内残留烧制时支脚，器体内壁遍施青釉，外壁上部施青釉，裂为两部分，为完整器；碗2质地为瓷质，纹饰素面，轮制，口径10.8厘米、高4.4厘米，圆唇，敞口弧腹，实心圈足，器体内壁遍施青釉，外壁上部施青釉，保存完整；碗3质地为瓷质，纹饰素面，轮制，口径10厘米，高4.4厘米，圆唇，敞口弧腹，实心圈足，器体内壁遍施青釉，外壁上部施青釉，保存完整；碗4质地为瓷质，纹饰素面，轮制，口径9.4厘米，高4.2厘米，圆唇，敞口弧腹，实心圈足，圈足底部不平，器体内壁遍施青釉，外壁上部施青釉，保存完整。

保存现状：较好。

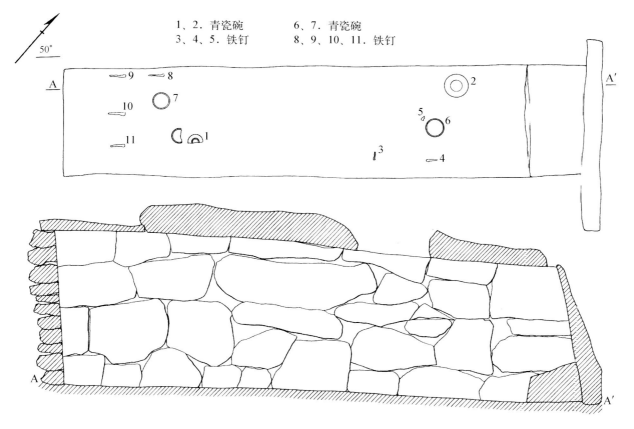

1、2. 青瓷碗　　6、7. 青瓷碗
3、4、5. 铁钉　　8、9、10、11. 铁钉

0　10　20厘米

0485·90YC—韩1封土石室墓测绘图

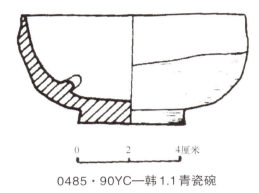

0485·90YC—韩 1.1 青瓷碗

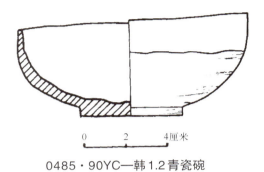

0485·90YC—韩 1.2 青瓷碗

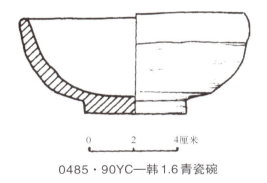

0485·90YC—韩 1.6 青瓷碗

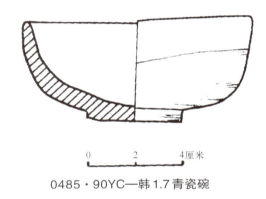

0485·90YC—韩 1.7 青瓷碗

0486 · 90YC—韩 2

地理位置：位于南云台山朝阳韩李村。

墓门方向：150°。

尺寸及描述：无封土；石室平面呈长方形，长 3.2 米、宽 0.72—0.82 米、高 0.44—0.74 米；以石块垒成，上盖石板；石室内填土分为两层：上层灰土，厚 0.1 米；下层黄土，厚 0.3—0.4 米。1990 年 12 月 22 日发掘，无出土物。

保存现状：较好。

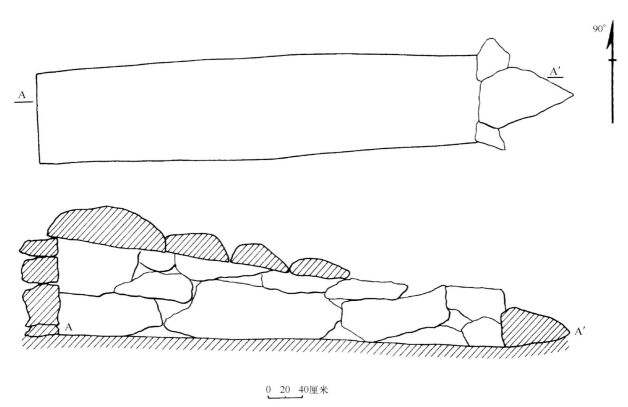

0　20　40厘米

0486 · 90YC—韩 2 封土石室墓测绘图

0487 · 90GY 伊 8

地理位置：位于灌云县伊芦山。

墓门方向：17°。

尺寸及描述：有封土；石室平面呈"凸"字形，长 6.8 米、宽 0.98—2 米、高 0.62—2.42 米；石块垒壁，板石盖顶，有门槛，不封门；石室内填土分为两层：上层灰土，厚 0.4—0.8 米；下层黄砂土，厚 0.7—0.95 米。1990 年 12 月 3 日发掘，在灰土层发现陶片，在黄砂土层发现釉陶片。

保存现状：较好。

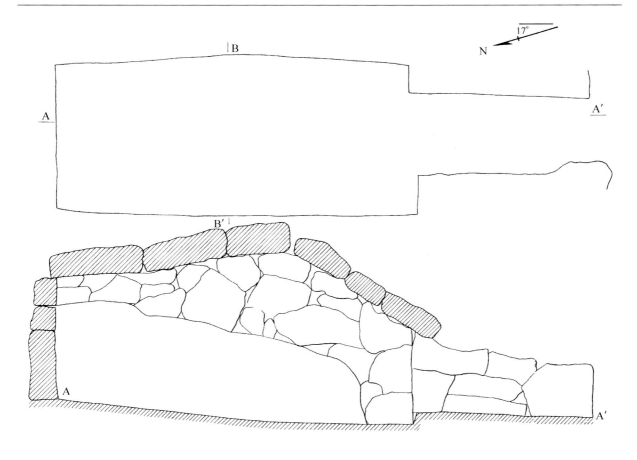

0 20 40厘米

0487·90GY伊8封土石室墓测绘图（1）

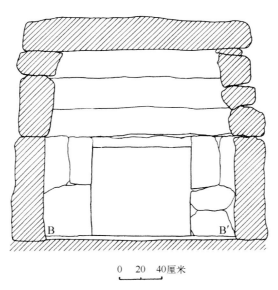

0 20 40厘米

0487·90GY伊8封土石室墓测绘图（2）

0488·90GY伊9

地理位置：位于灌云县伊芦山。

墓门方向：28°。

尺寸及描述：封土直径12米；石室平面呈刀字形，长5.5米、宽0.92—1.7米、高1.1—2.1米；依山石凿成下部，以石块垒成壁，其上板石盖顶；石室内填土分为两层：上层灰土，厚0.3—0.5米；下层黄砂土，厚0.2—0.5米。1990年12月3日发掘，在黄砂土层出土铁块数件。

保存现状：较好。

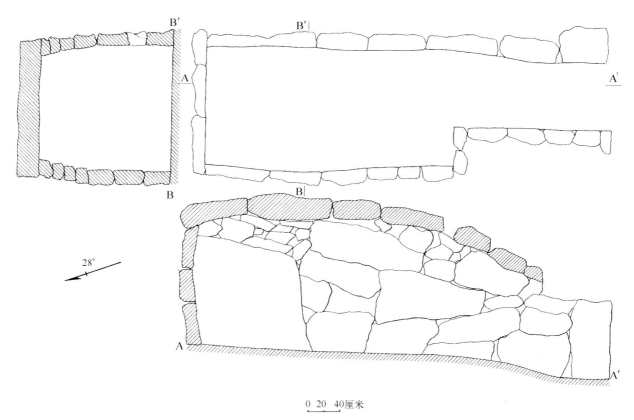

0 20 40厘米

0488·90GY伊9封土石室墓测绘图

0489·90GY伊13

地理位置：位于灌云县伊芦山。

墓门方向：15°。

尺寸及描述：石室平面呈长方形，长4米、宽0.82—1.12米、高0.8—2.06米；石室依山石而建，石块垒成石壁，板石盖顶，有门槛，不封门；石室内填土分为两层：上层灰土，厚0.1—0.3米；下层黄砂土，厚0.3—0.5米。1990年12月3日发掘，无出土物。

保存现状：较好。

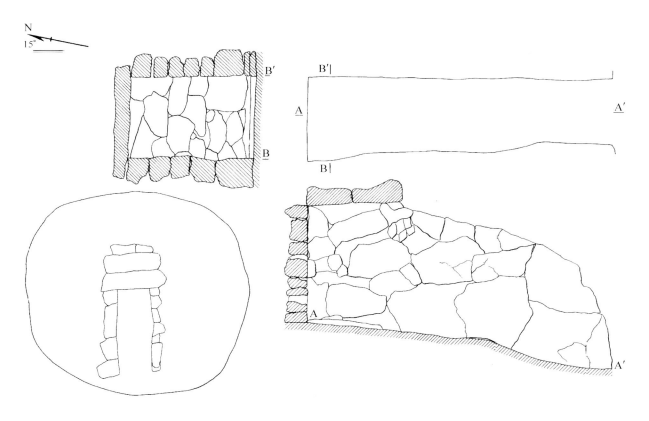

0　20　40厘米

0489·90GY伊13封土石室墓测绘图

0490·90GY伊26

地理位置：位于灌云县伊芦山。

墓门方向：9°。

尺寸及描述：有封土；石室平面呈长方形，长4.1米、宽0.6—0.94米、高0.28—1.06米；有门槛，石块垒成石壁，板石盖顶，不封门。石室内填土分为两层：上层灰土，厚0.15—0.3米；下层黄砂土，厚0.1—0.2米。1990年12月3日发掘，在灰土层出土陶罐与陶碗各1件。

保存现状：较好。

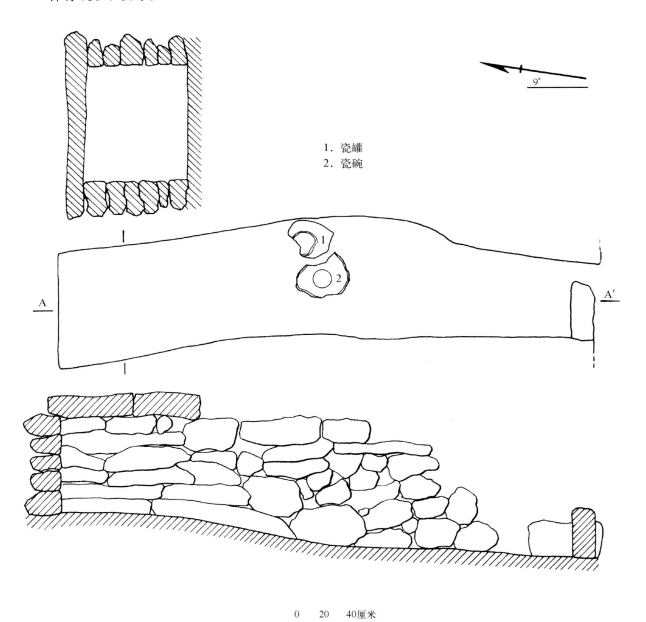

1. 瓷罐
2. 瓷碗

9°

0　　20　　40厘米

0490·90GY伊26封土石室墓测绘图

0491・90GY伊29

地理位置：位于灌云县伊芦山。

墓门方向：3°。

尺寸及描述：有封土；石室平面呈刀形，有石门槛；石室长6.14米、宽0.92—1.62米、高0.92—2.6米；凿山石并石块加垒成壁，上盖石板成室；石室内填土分为两层：上层灰土，厚0.15—0.4米；下层黄砂土，厚0.2—0.3米。1990年12月3日发掘，在灰土层出土残损瓷碗1件，在黄土层出土铜镜残片及铁质圆弧物各1件。

保存现状：较好。

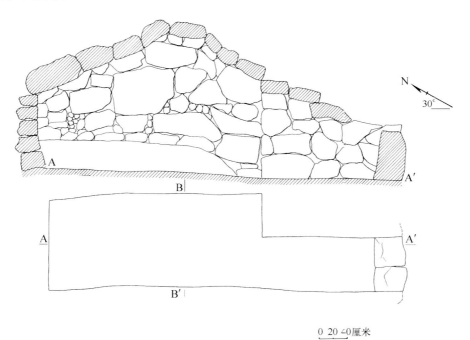

0 20 40厘米

0491・90GY伊29封土石室墓测绘图（1）

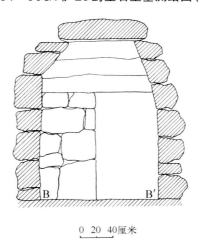

0 20 40厘米

0491・90GY伊29封土石室墓测绘图（2）

0492·90YH梧24

地理位置：花果山前云梧桐沟。

墓门方向：不详。

尺寸及描述：石室参数未记录，出土碗4件，陶插座一件。1. 青瓷碗：质地瓷，素面轮制，口径7.4厘米，高3.6厘米，圆唇敞口弧腹，实心圈足，器体内外壁遍施青釉，釉近黄色，保存完整。

2. 碗：质地瓷，素面轮制。口径706厘米，底径3.6厘米，高3.5厘米，直口尖唇浅腹，实圈足，民、除足底外均施绿釉，保存完整。

3. 小青瓷碗：口径8.5厘米，底径3.4厘米，高3.1厘米，直口，青黄釉，圆饼底，破裂，可复原。

4. 青瓷碗：口径14.8厘米、底径6.2厘米，高6.9厘米，直口，青黄釉，外施釉不到底，圆饼底，碗体破裂，可复原。

5. 青瓷小碗：口径6.2厘米，底径2.8厘米，高4.6厘米，直口，青黄釉，圆饼底，碗体破裂，可复原。

6. 陶插座：质地陶，有莲花纹，模制，边长17.2米，高6.4厘米，扁方体，上部莲花纹，下部及四侧。

保存状况：不详。

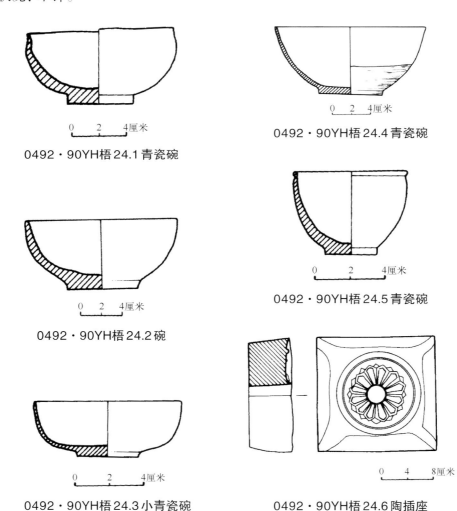

0492·90YH梧24.1青瓷碗

0492·90YH梧24.4青瓷碗

0492·90YH梧24.2碗

0492·90YH梧24.5青瓷碗

0492·90YH梧24.3小青瓷碗

0492·90YH梧24.6陶插座

0493·90YH梧26

地理位置：花果山前云梧桐沟。

墓门方向：不详。

尺寸及描述：石室参数未记录，出土青瓷碗2件。

1. 青瓷碗：质地瓷，素面轮制，口径13.4厘米，高6.4厘米，圆唇敞口弧腹，实心圈足，器体壁上部、中部均上釉，下部无釉，保存完整。

2. 青瓷碗：质地瓷，素面轮制，口径7厘米、高3.8厘米，圆唇敞口弧腹，实心矮圈足，器体内外壁釉，残存四分之一强，可复原。

保存情况：不详。

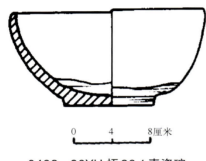
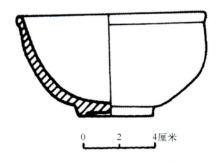

0　　　　4　　　　8厘米　　　　　　0　　　2　　　4厘米

0493·90YH梧26.1青瓷碗　　　　　0493·90YH梧26.2青瓷碗

江苏省重点文化遗产资源调查报告之一

连云港封土石室墓调查与研究

下

研究篇

连云港市重点文物保护研究所 编著

上海古籍出版社

研究篇目录

第一章 连云港封土石室墓研究

骆 琳 石 峰

连云港封土石室墓主要分布在市区的锦屏山、南云台山、中云台山、北云台山和灌云县伊芦山。对于连云港封土石室墓的研究最早见于吴铁秋所著的《苍梧片影》，该书收录了庞寿峰的一篇文章《云台山古洞探考》，此篇文章将封土石室墓称为古洞。[1] 20世纪80年代，考古学者邹厚本先生认为连云港地区的土墩石室与南方的土墩石室的形制、结构相一致。1989—1990年，南京博物院、连云港市博物馆曾对连云港封土石室墓进行过为期两个月的调查。目前，此次考古发掘资料尚未正式发表，纪达凯、陈中参加了此次考古调查，他们合著的《连云港地区土墩石室遗存时代性质新考》一文认为：广泛分布于云台山、锦屏山、伊芦山等地的土墩石室正是连云港地区的唐代墓。[2]

2011年3月至2015年4月连云港市重点文物保护研究所对市境内的封土石室墓进行了考古调查，共发现封土石室墓474座。通过此次调查基本搞清了连云港市封土石室墓的分布情况、保存现状，以及确切的年代和性质。

一 连云港封土石室墓的分布与方向

连云港市的封土石室墓分布在市境海州区、连云区、灌云县的山区地带，南部是灌云县的伊芦山，西部是海州区的锦屏山，中部是海州区、连云区境内的南云台山，东北部是连云区的中云台山和北云台山。锦屏山位于海州区西南，调查发现封土石室墓93处，主要分布在锦屏山东部、东南部、东北部平缓舒展的山坡上。南云台山位于海州区东北、连云区西南，调查发现封土石室墓325处，主要分布在南云台山四周边缘的较为平缓的山坡之上，其中西部、西南部、西北部封土石室墓分布最为密集。中云台山位于连云区中部，调查发现封土石室墓22处，1处位于蝙蝠山山顶，其他位于溪云山、推磨顶北部和南部平缓的山坡上。北云台山位于连云区东北部，调查发现封土石室墓10处，主要分布在北固山南部平缓的山坡上。伊芦山位于灌云县北部，调查发现封土石室墓24处，主要分布在伊芦山西南和东南部平缓的山坡之上。

---

[1] 吴铁秋：《苍梧片影》，上海中华书局，中华民国十四年七月初版，126—132页。
[2] 纪达凯、陈中：《连云港地区土墩石室遗存时代性质新考》，《东南文化》1993年第1期。

连云港封土石室墓一般选择建立在山脊浑圆、山坡平缓、周围视野开阔的山上。封土石室墓在山坡、山顶、山麓皆有分布,以山坡上分布为主,多位于山的南坡、东坡和西坡,北坡少见。封土石室墓开口方向以东南、西南、正南为主,其他各个方向也有少量分布。

二　连云港封土石室墓的形制

完整的连云港封土石室墓总体呈缓坡馒头状,多数主体结构分为石室、甬道、封土三部分,有些封土石室墓不带甬道。石室多采用未经修整的石块砌筑,少数大型石室用料规整。石室左右两侧的石壁多自下向上逐渐内收,有些为直壁。石室后壁为直壁,多数呈梯形,少数呈方形。石室顶部多采用体量较大的长条石平铺盖顶,极少数采用叠涩式顶部。石室多数有甬道。石室之外封以泥土,呈缓坡馒头状。根据石室墓底部平面分布情况将封土石室墓分为方形封土石室墓、梯形封土石室墓、刀形封土石室墓、凸字形封土石室墓、腰鼓形封土石室墓五型。又可以按照有无龛室,甬道位置分布情况做进一步形式划分。

（一）A型:长方形封土石室墓。共调查197座。长方形封土石室墓由封土和石室两部分组成,石室底部平面呈长方形

例如:南云台山M15,位于连云区朝阳街道韩李村小团山东北坡,石室开口方向南偏东48°。

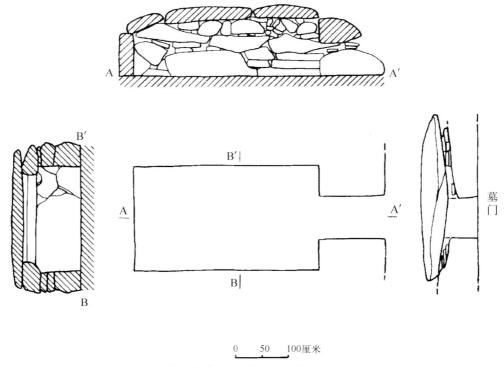

南云台山M15封土石室墓测绘图

封土底部平面呈圆形。石室长3.45米、宽2.1米、高1.1米。门宽0.8米、高0.6米。石室左右2壁用不规则石块垒砌,自下而上内收。石室后壁为1块整石夹少许碎石,直壁,呈梯形。石室顶部为大块条石平铺盖顶。

（二）B型:梯形封土石室墓。共调查41座。梯形封土石室墓由封土和石室两部分组成,石室底部平面呈梯形

例如:锦屏山M1,位于海州区锦屏山南麓杨碓坊。石室开口方向南偏西5°,封土底部平面呈圆形。石室长3.4米、前部宽0.95米、底部宽1.5米、高1.6米。门宽0.95米、高1.7米。石室左右2壁为不规整块石垒砌,直壁。后壁为不规整块石直壁,呈方形。顶部为大块条石平铺盖顶。

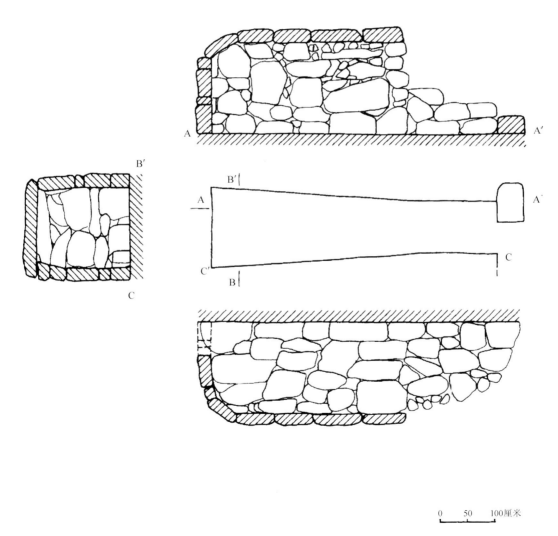

0   50   100厘米

锦屏山M1封土石室墓测绘图

（三）C型：刀形封土石室。共调查28座。刀形封土石室墓由石室、甬道、封土三部分组成。甬道位于石室前部的左侧或右侧，形成所谓"刀形"。按照甬道的分布情况，可将刀形石室分为左刀形和右刀形两个亚型

1. Ca型：左刀形封土石室墓。6座。即甬道位于石室前部左侧

例如：南云台山M17，位于连云区朝阳街道韩李村小团山南坡，石室开口方向南偏西45°。封土无明显界限。石室长3.45米、宽1.5米、高0.8米。门宽0.75、高0.4米。甬道长1.2米、宽0.7米。石室左右两壁为小型块石垒砌，向上内收。后壁为小型块石直壁，呈梯形。顶部为大块条石平铺盖顶。

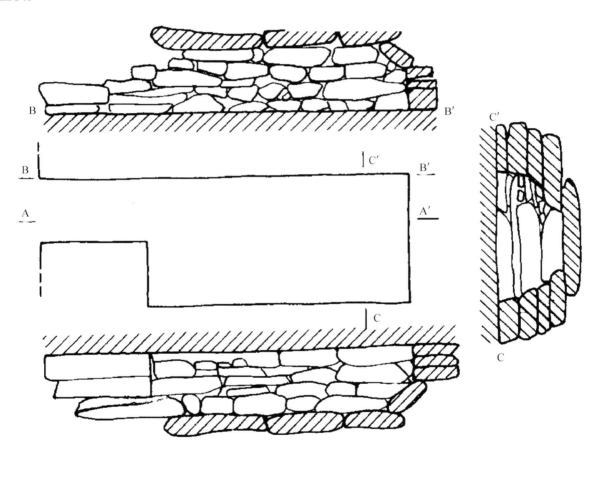

南云台山M17封土石室墓测绘图

2. Cb型 : 右刀形封土石室墓。22座。即甬道位于石室前部右侧

例如 : 南云台山 M12, 位于海州区云台街道小马涧顶, 石室开口方向南偏东45°, 封土依山势而建无明显界限。石室长3米、宽1.45米、高1.5米。门宽0.85米、高0.5米。甬道长0.75米、宽0.85米。石室左右两壁为小型块石垒砌, 向上内收。后壁为大型块石直壁, 呈梯形。顶部为大块条石平铺盖顶。

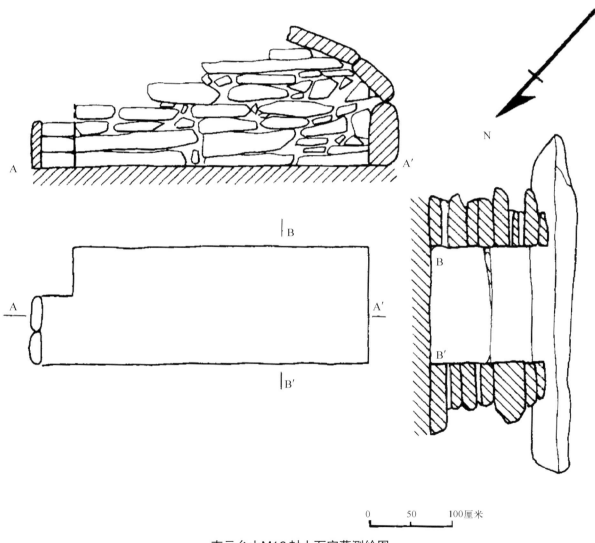

南云台山M12封土石室墓测绘图

（四）D型：凸字形封土石室墓。共调查87座。凸字形封土石室墓由石室、甬道、封土三部分组成。甬道位于石室前部中间与石室形成所谓"凸字形"。较其他类型封土石室墓凸字形封土石室墓一般体量较大，制作也较为规整，凸字形封土石室墓有些带有龛室，按照有无龛室将凸字形石室分为两种亚型

1. Da型：带龛室凸字形封土石室墓。2座

例如：南云台山M37，位于海州区花果山街道当路村里老套，石室开口方向南偏西40°。封土底部平面呈椭圆形，石室长5米、宽2.5米、高2.2米。门宽1.2米、高1.2米。甬道长1.6米、宽1.2米。石室左右2壁为不规则较大块石垒砌，向上内收。后壁为较大块石直壁，呈梯形。顶部为大型条石平铺盖顶。石室左壁、右壁和后壁下部各有1处龛室。其尺寸长宽高分别是：0.9×0.9×0.9米、0.8×0.8×0.8米、0.7×0.7×1米。

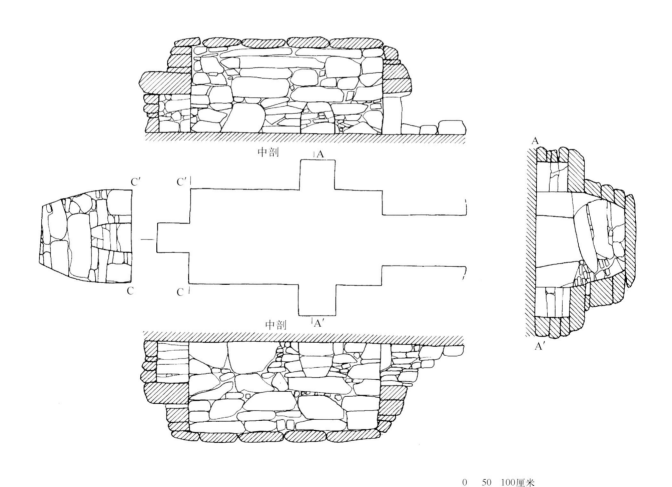

0　50　100厘米

南云台山M37封土石室墓测绘图

2. Db型：不带龛室凸字形封土石室墓。85座。根据甬道与石室底部平面分部情况分为两式

（1）I式：长凸式封土石室墓。84座。甬道位于石室较短一侧中部。

例如：南云台山M70，位于海州区花果山街道当路村卧牛岭东坡，石室开口方向南偏西20°。封土底部平面呈椭圆形，石室长4.2米、前宽1.9米、底部宽2.1米、高2.1米。门宽1米、高0.9米。甬道长2.1米、高1.1米。石室左右2壁为块石垒砌，向上内收。后壁为大块石直壁，呈梯形。顶部为大块条石平铺盖顶。

南云台山M269，位于花果山景区唐王洞，石室开口方向南偏西50°。封土底部平面呈椭圆形，石室长5.3米、宽2.6米、高2.4米。门高1.7米、宽0.8米。甬道长0.5米。甬道前有一曲形道路，长约4.2米。石室左右2壁为块石垒砌，向上内收。后壁为大块石夹杂碎石直壁，呈梯形。顶部为大块条石二层叠涩顶。

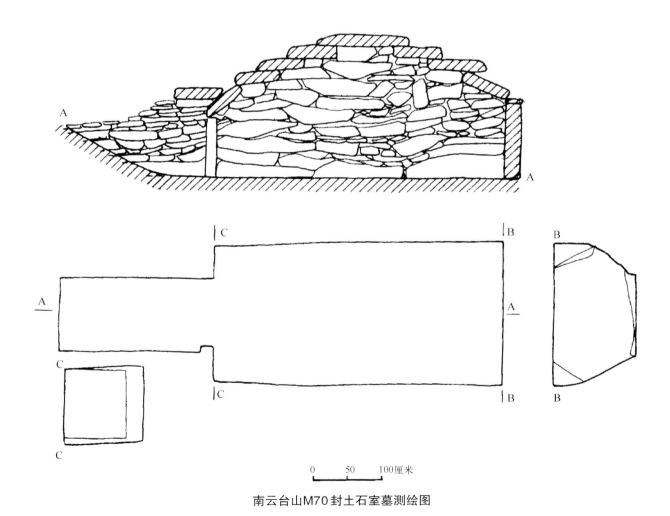

0　　50　　100厘米

南云台山M70封土石室墓测绘图

（2）Ⅱ式：扁凸式封土石室墓。1座。甬道位于石室较长一侧中部。

该型封土石室墓十分罕见，仅在连云区中云街道办事处范庄蝙蝠山发现1处。例如：中云台山M1，方向正南。封土底部平面呈圆形，石室宽2.6米、长3.8米、高1.5米。门宽0.8米、高0.8米。甬道道长1.2米、宽0.8米。石室左右2壁为块石直壁，前后2壁为块石垒砌，向上内收。顶部为大块条石平铺盖顶。

（五）E型：腰鼓型封土石室墓。共调查1座。腰鼓型封土石室墓由封土和石室两部分组成，石室底部平面呈腰鼓形

该型封土石室墓仅在连云区区朝阳街道西庄村西山南坡发现一处。例如：南云台山M2，石室开口方向南偏西12°。封土无明显界限。石室长5.2米，中部宽4米，前、后均宽2.1米。底部平面两头窄，中间宽，呈"腰鼓"形。门宽0.9米、高0.7米。石室左右两壁为不规则块石垒砌，向上内收。后壁为较大块石直壁，呈梯形。顶部为大型条石平铺盖顶。

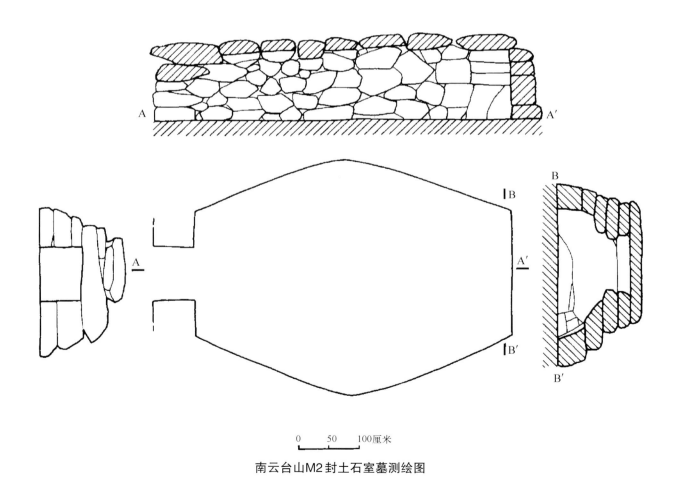

0　　50　　100厘米

南云台山M2封土石室墓测绘图

三 出土遗物

在此次调查过程中,对其中3座不完整封土石室墓进行清理,出土陶器、瓷器、料珠、钱币、剪刀、棺钉等器物。这三座封土石室墓都位于连云港市花果山,其中南云台山M231封土石室位于石门口北山坡上;南云台山M271、南云台山M272位于唐王洞顶西坡。

南云台山M231共出土遗物61件,其中瓷碗1件、钵1件、陶灯座2件、琉璃器13件、棺钉44件;南云台山M271共出土遗物28件,其中瓷碗2件、瓷罐1件、剪刀1件、棺钉24件;南云台山M272出土遗物17件,其中瓷碗7件、瓷罐1件、陶罐1件、铜钱2枚、棺钉6件。

1. 瓷器

碗 分为四型。

A型 3件。南云台山M231：1,直口,圆唇,壁弧较直,内腹与底间有明显的折棱,饼足,微内凹。口径8.5厘米、底径4厘米、高4.5厘米。内外均施青釉,外施釉不及底,外壁不施釉处显火石红胎。

B型 1件。南云台山M272：93,敞口,圆唇,弧腹,平底底较大,内外底均可见拉坯纹。口径17厘米、高6.5厘米、底径11.8厘米。素面,内外均不施釉,灰胎。

C型 5件。南云台山M272：90,侈口外撇,圆唇,斜弧腹,饼足,底部可见拉坯纹。口径15.5厘米、高4.5厘米、底径6.5厘米。内外施酱黄釉,施釉不到底,不施釉处现灰胎,局部有流釉现象。

D型 1件。南云台山M271：62,侈口,圆唇外凸,深弧腹,饼足。口径15厘米、底径7厘米、高6.5厘米。内外均施豆青釉,内外施釉均不到底,不施釉处现灰胎,内、外底均可见5处垫烧痕。

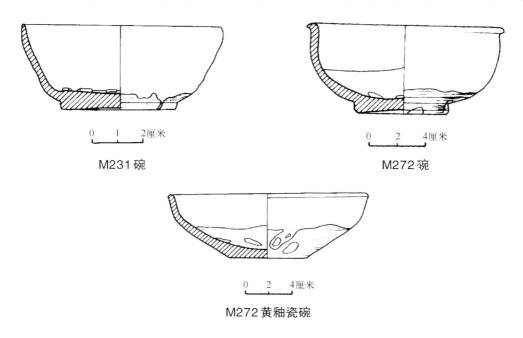

0 1 2厘米
M231 碗

0 2 4厘米
M272 碗

0 2 4厘米
M272 黄釉瓷碗

钵　2件。南云台山M231：2，敞口，尖唇，溜肩，弧腹，平底。口径14厘米、最大腹径20.5厘米、高13.5厘米、底径8厘米。外施青黄釉，内不施釉，玻璃质感不强。

罐　1件。南云台山M272：97，侈口，斜平沿，束颈较长，溜肩，颈肩交接处有四系根部痕迹，系不存，鼓腹斜收到底，假圈足，微内凹。口径13厘米、最大腹径27.6厘米、高32.5厘米、底径12厘米。内外施青黄釉，外部施釉不到底，不施釉处现灰泥夹沙胎，局部有流釉现象。

2. 陶器

陶罐　1件。南云台山M272：98，泥质夹砂灰陶，侈口，平沿，短束颈，溜肩，鼓腹斜收到底，平底微内凹。口径11.2厘米、最大腹径31厘米、高26厘米、底径18厘米。

陶灯座　2件。南云台山M231：3，素面，基本呈正方形，中间有一个小圆孔。长20厘米、宽18厘米、厚5厘米、孔径3厘米。

3. 其他遗物

（1）铜钱　2枚。均为开元通宝。南云台山M272：105，方穿，钱文粗壮，光背。"通"字头部略平，"走"部呈顿折状，"元"字两横较长，次横略向左挑，"宝"字"贝"部两横与右边一竖相连。钱径2.5厘米、穿宽0.7厘米。

（2）琉璃珠　13件。南云台山M231：5，圆形，中间有穿孔，颜色为白色。直径0.6厘米、孔径0.15厘米。

（3）剪刀　1件。南云台山M271：65，铁质，残，锈蚀严重。两股交叉为弹簧式，中间不用轴心固定，刀体较宽，三角形刃，一侧刃已残，直背，圆形手柄。长21.8厘米、刃长7厘米、刃宽1厘米。

（4）棺钉　74件。南云台山M231、南云台山M271、南云台山M272皆出土大量棺钉，均锈蚀严重。南云台山M231：18铁质，残，表面锈蚀严重，黏附大量细小沙粒，一端方圆，另一端较尖锐。长11.1厘米、宽1.1厘米。

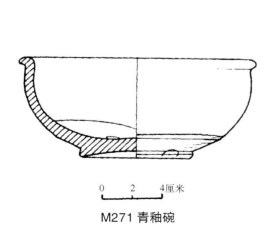

0　　2　　4厘米

M271 青釉碗

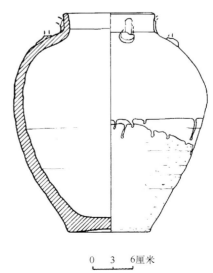

0　　3　　6厘米

M272 四系罐

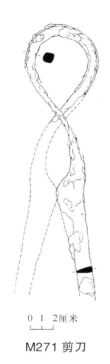

0　1　2厘米

M271 剪刀

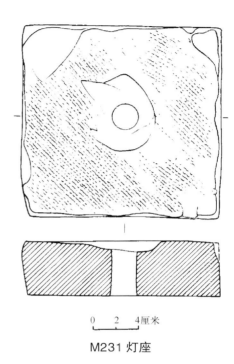

0　　2　　4厘米

M231 灯座

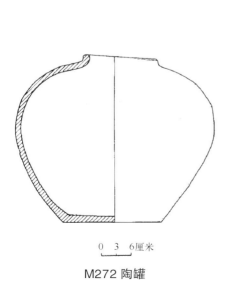

0　3　6厘米

M272 陶罐

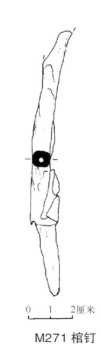

0　1　2厘米

M271 棺钉

四 连云港封土石室墓的年代

封土石室墓内出土的瓷碗为唐早期至唐晚期的遗物。早期瓷碗深腹、壁弧直、饼足底；中期身浅、敞口外撇、饼足或饼足微凹。晚期敞口、弧腹、碗底内凹向宽圈足发展。另外在清理的三座封土石室墓内都出土了大量铁质棺钉。连云港完整的封土石室墓是用块石封门，且用黄土密封，其墓葬的功能是显而易见的。通过封土石室墓的形制以及出土的文物可以判断，连云港封土石室墓应是唐代早期至中晚期的墓葬。

五 连云港封土石室墓的族属

从考古资料上看，六朝至宋代连云港以及周边地区墓葬都是以砖室墓为主要墓葬形制。如牛王庙六朝墓，新村六朝墓、老君堂唐墓、海州唐墓、刘顶五代十国墓、锦屏山墓群1号南唐墓、洪门宋墓、吴窑宋墓等，绝大多数都是券顶砖室墓，个别墓葬为长方形砖壁石顶墓。[1]而连云港地区大量出现唐代石室墓，确实显得比较突然。这种墓葬形制很可能是一种外来墓葬文化的传入，也就是朝鲜半岛百济移民唐朝所留下的石室墓。

百济石室墓位于朝鲜半岛的西南部，出现于公元4世纪后半叶，即百济晚期泗沘期（538—660），此时期石室墓由石室、甬道、封土三部分组成。石室四壁用石块垒砌，底部平面呈凸字形、刀形等，后壁断面为梯形。石室顶部用大型块石平铺盖顶。据考古资料显示：墓室长约2.3—2.6米、宽0.9—1.3米，甬道长1—1.3米、宽0.7—1.2米。如：莲芝里2号墓，平面略呈凸字形，墓室长2.3米、宽1.2米。甬道长0.6米、宽0.9米（图二十二）。[2]有些墓室底部面大致呈正方形，约2.6×2.5米左右，正方形墓室甬道长1.9—2.7米、宽0.8—1.2米。如：保宁鸣川洞古坟群1号坟，平面呈凸字形，墓室长2.6米、宽2.5米。甬道长2.6米、宽0.8米（图二十三）。[3]百济石室墓所用石材依据墓主人的身份等级存在差别，王及贵族墓用精密加工石材，普通百姓墓葬用加工的石头，整个墓室的形制规模根据身份的高低存在区别。韩国百济晚期平民石室墓在墓室构造和选材上与连云港封土石室墓大致相当，时代上与连云港封土石室墓早期比较接近。

关于连云港封土石室墓与朝鲜半岛的关系，学者张学锋认为：连云港土墩石室是"新罗移民墓葬"。[4]然而连云港封土石室墓在形制上与百济晚期石室墓几乎一致，百济石室墓晚期时代与连云港封土石室墓早期时代大致相当，是否还存在百济移民至连云港地区而产生此封土石室墓，

［1］国家文物局主编：《中国文物地图集·江苏分册》下册，第666页。
［2］〔韩〕李弘钟：《莲芝里遗址》，高丽大学校考古环境研究所，1996年。
［3］〔韩〕李南奭、李勳：《保宁鸣川洞百济古坟群》，公州大学校博物馆，1996年。
［4］张学锋：《江苏连云港"土墩石室"遗存性质刍议——特别是其与新罗移民的关系》，《东南文化》2011年第4期。

值得进一步研究。

7世纪中叶，朝鲜半岛三国纷争不息，随着时间推移，同处朝鲜半岛的百济、高丽相继灭亡，新罗完成朝鲜半岛的统一。公元660年百济灭亡后，其王扶余义慈，太子及大臣、将领八十八人，百姓一万两千余人被迁移至唐朝。[1]现存入唐百济移民的文献资料有《旧唐书》卷3《高宗纪》、卷83《苏定方传》、卷84《刘仁轨传》、卷199上《东夷传》，《新唐书》卷3《高宗纪》、卷108《刘仁轨传》、卷110《黑齿常之传》、卷111《苏定方传》、卷111《薛仁贵传》、卷200《东夷传》，以及《资治通鉴》、《册府元龟》、《全唐书》等书的史料。如《旧唐书》卷199上《东夷传》载："虏义慈及太子隆，小王孝、演，伪将五十八人等，送于京师。"朝鲜史料《三国史记》、《三国遗事》也有记载。如《三国史记》卷28载曰："定方以王及王子孝，王子泰、隆、演及大臣将士八十八人，百姓一万二千八百七人送京师。"文献史料涉及更多的是百济义慈王、太子扶余隆、大将黑齿常之、沙吒忠义、勿部珣等人，至于入唐百济其他移民情况，文献资料没有记载。[2]

关于百济移民唐朝，近年来也有学者研究认为：显庆五年（660），百济被唐攻占后，百济贵族与部分百姓被迁至徐州、兖州。[3]

20世纪以来我国出土的几方墓志铭和石刻碑志资料，也为百济移民唐朝的问题，提供了重要实物资料。从现存的11方（件）石刻墓志出土地点看，主要集中在西安5件：黑齿常之墓志、黑齿俊墓志、扶余隆墓志、难庆元墓志、"一文"或"一丈"郎将妻扶余氏造像记；洛阳及其周边5件：祢寔进墓志、扶余氏墓志、祢素氏、祢仁秀父子墓志、祢军墓志；山西太原1件：《大唐□部将军功德记》[4]。如：黑齿常之墓志，1929年出土于洛阳北邙山南麓，现藏于南京博物院。墓志文首题"大周故左武卫大将军检校左羽林军赠左玉玲卫大将军燕国公黑齿府君墓志并序"。黑齿常之，百济西部人，曾担任百济达率官职。660年8月，唐将苏定方联合新罗，一举灭百济，俘获百济王。作为达率的黑齿常之投诚唐军，移民唐朝。[5]上述介绍的墓志所对应的墓主人皆是百济移民唐朝的王室、大臣，其中扶余隆、黑齿常之、勿部珣等人既见于文献史料记载，又有出土石刻墓志佐证。

连云港位于黄海之滨，与朝鲜半岛隔海相望，自古以来就处于中国大陆与朝鲜半岛联系的重要交通线的关键节点。连云港地区在南北朝期间呈属刘宋。自东晋以来，南朝刘宋政治中心仍在建康，但其统治地域的版图覆盖到了山东半岛。地处朝鲜半岛西南部的百济与南朝不断有海上交通往来，并开辟了新的海上交通路线。这条路线一般以建康为出发点，顺江而下，出长江口后即转向黄海，沿岸北航，到达山东半岛成山角附近向东驶，横渡黄海，直驱朝鲜半岛西海岸汇

［1］拜根兴：《唐代高丽百济移民研究·以西安洛阳出土墓志为中心》，中国社会科学出版社，2012年6月第一版，第107页。

［2］拜根兴：《唐代高丽百济移民研究·以西安洛阳出土墓志为中心》，中国社会科学出版社，2012年6月第一版，第84页。

［3］葛承雍：《唐代移民与社会变迁特征》，《中国经济史研究》2000年第4期。

［4］拜根兴：《唐代高丽百济移民研究·以西安洛阳出土墓志为中心》，中国社会科学出版社，2012年6月第一版，第115—142页。

［5］拜根兴：《唐代高丽百济移民研究·以西安洛阳出土墓志为中心》，中国社会科学出版社，2012年6月第一版，116—117页。

华湾沿岸,抵达百济。[1]在新航线中,连云港正处于关键的位置,其重要性不言而喻。这样的情况下,可能百济人经常寄往于连云港地区。百济灭亡后,押送百济移民至唐朝可能就选择这条路线,王室、大臣被移送至京师,一部分平民无法送至京师就迁徙到连云港地区并定居生活,他们去世之后仍沿用故土的丧葬习俗,长眠于连云港的山峦之中。因此我们推测认为,正是由于唐朝百济移民的到来,连云港地区才出现了与周边地区风格迥异的唐代墓葬。他们采用的是故土的墓葬形制,陪葬品却全部都是唐朝的器物,由此可以看出连云港封土石室墓是百济移民至唐朝,两种文化相互交融的产物。

---

[1]周裕兴:《从海上交通看中国与百济的关系》,《东南文化》2010年第1期。

第二章　连云港封土石室墓与
云南石棺墓比较研究

骆　琳

一　云南石棺墓研究概况

　　石棺墓是古人在挖成的竖穴土坑内,用石块(板)镶砌铺盖成箱型棺状,以埋死者的一种墓葬形式。石棺墓是云南地区常见的一种埋葬习俗,该地区已发现石棺墓达四百多座。从目前的考古资料来看,云南石棺墓分布在金沙江上游、中游和洱海地区,具体分布在永仁、元谋、武定、姚安、弥渡、祥云、宾川、大理、德钦、中甸和丽江十一个县(市)。根据他们的所处地理位置和文化的内涵,有学者将其分为三个文化类型,及滇中北部地区类型、洱海地区类型和滇西北地区类型[1]。

(一)云南石棺墓的分布与方向

　　滇中北部地区类型石棺墓主要分布在永仁菜园子[2]、维的[3],元谋大墩子[4]、虎溪[5]和武定田心[6]。墓葬多位于河流旁的山丘、缓坡或台地上,墓向依据地形,一般头向山坡顶部,脚朝河流。

　　洱海地区类型石棺墓主要分布在姚安[7]、宾川[8]、大理[9]、祥云[10]和弥渡[11]等地区。墓地位于山丘边沿或河流两岸的台地上或山坡上,墓葬分布不集中,相对稀疏。头骨主要放在苇山

[1] 杨德聪:《试论古代云南的石棺墓文化》,《南方文物》1997年第2期。

[2] 《云南永仁永定镇石板墓清理简报》,《文物》1986年第7期。

[3] 《云南永仁维的石棺墓地发掘纪略》,《云南文物》总第19期。

[4] 姜础:《元谋大墩子新石器时代遗址石棺墓清理简报》,《楚雄方志通讯》1985年第2期。

[5] 段志刚:《元谋县再次发现石棺墓》,《云南文物》总第35期,1993年6月。

[6] 张家华、李剑明:《云南武定田心乡石棺墓调查简报》,《云南文物》总第31期,1992年3月。

[7] 郭开云:《云南姚安西教场黄牛山石棺墓》,《考古》1984年第7期;郭开云:《姚安清理石墓一座》,《云南文物》总第19期,1986年6月。

[8] 《宾川县石棺墓、土坑墓调查简报》,《云南文物》总第31期,1992年3月;《宾川县古底乡石棺墓发掘简报》,《云南文物》总第41期,1995年6月。

[9] 杨德文:《大理洱海东岸石棺墓清理简报》,《云南文物》总第33期,1992年9月。

[10]《云南祥云检讨村石棺墓》,《文物》1983年第5期;《云南祥云检讨石棺墓》,《考古》1984年第12期。

[11] 张新宁:《弥渡苴力战国石墓》,《文物》1986年第7期。

一端。

滇西北地区类型石棺墓主要分布在德钦[1]、中甸[2]和丽江[3]。墓地多位于澜沧江、金沙江上游及其支流的河谷台地、缓坡上。墓葬分布密集,受地形限制,排列不太规整。

（二）云南石棺墓的形制

云南石棺墓分布区域广泛,墓葬形制多样,根据现有的考古资料,可将云南石棺墓的形制分为四型:

A型:挖一长方形竖穴土坑,两侧竖立石板4至11块不等,壁外填土,有的还填石块。前后两端各竖一块石板,头端略高,足端略低。石板一般长约0.4—0.6米,宽0.35—0.55米,厚约0.025—0.07米。多以石板为盖,盖板一至四块不等,有的无盖板。用石板平铺墓底。墓室平面作长条形,头端略宽,脚端略窄。个别墓有头厢和脚厢。本型墓主要见于滇中北部地区和洱海地区。

B型:先挖一个长方形浅坑,贴着坑壁用石块堆砌,石块大小不等,石块间空隙不作填塞。墓室较小,仅能容一人。一般长约1.5—1.95米,宽约0.44—0.7米,深约0.5—0.65米。棺壁与坑口基本齐平。此石棺墓主要见于滇西北地区。

C型:在地面上挖一长方形土坑,坑底四周挖出沟槽,紧靠坑壁砌有板状石块,石块下部插入沟槽。墓室结构复杂,有单室、双室、双层多室。墓室一般内长约1.9—2.53米,宽0.6—1.4米,深约0.77—2米。亦有部分墓葬规模较大,如祥云检讨村1号墓长约5.6米,宽0.9米、深1.8米。该型墓主要见于洱海地区的祥云、姚安、弥渡、宾川等县。

D型:墓室多选择在天然的石缝隙中,顺石缝状砌成墓坑。砌墓室所用石料多为未加工的石板或石块,亦有用石块围砌成长方形石矿,间或竖立一两块石板当作墓壁。无顶盖石板,墓室内填土。该型墓主要见于滇西北地区的德钦永芝墓地。

（三）云南石棺墓出土器物

滇中北部地区出土器物为石器和陶器两种。石器均为磨制,器类组合为斧、锛、箭镞。斧和锛为扁平梯形,大部分弧刃,少部分斜刃,个别平刃;箭镞则为扁平柳叶形。陶器大多为夹沙灰陶,制作粗糙,火候低。大部分素面无纹,少部分饰简单的蓝纹、旋纹或压印纹。器物组合为罐、瓶、壶和纺轮。罐和瓶皆敞口短颈,罐分双耳和无耳两种。鼓腹和小平底是罐、瓶和壶的共同特征。[4]

洱海地区石棺墓出土的随葬品数量多、种类多。按质地分,有铜器、铁器、陶器和石器等;按用途分,有兵器、生产工具、生活用具、装饰品和明器等。其中有铜剑、矛、钺、锄、铃、杖首以及陶

[1]《云南德钦永芝发现的古墓葬》,《考古》1975年第4期;《云南德钦纳古石棺墓》,《考古》1983年第3期。
[2] 王涵:《云南中甸的石棺墓》,《云南文物》总第36期,1993年12月。
[3] 木基元:《试论丽江金沙江河谷石棺葬文化》,《玉龙山》1986年第1期。
[4] 杨德聪:《试论古代云南石棺墓文化》,《南方文物》1997年第2期。

罐、陶碗、陶豆等常见器物,螺旋纹山字格铜剑、心叶形铜锄、鸟形杖首、各类牌饰、弧刃铜钺是洱海地区石棺墓中最具代表性的器物。[1]

滇西北地区类型石棺墓出土器物种类较多,有陶、铜、骨、石器及海贝等,以陶器为主。陶器以泥质灰陶为主,分三耳、双耳、单耳和无耳四种,皆敞口、鼓腹而形体矮胖。耳呈扁平宽带形,上接口沿,俗称大錾耳。出土青铜器数量相对较少,无农业生产工具,全为兵器和装饰品。兵器中以双环首铜剑、曲柄铜剑、弧背铜刀和带柄铜剑为代表性器物。出土少量石箭镞和陶纺轮。出土海贝、马衔、车马饰及银饰,这在其他类型石棺墓中不曾出现。[2]

（四）云南石棺墓的年代

滇中北部地区的石棺墓多分布在元谋大墩子、永仁菜园子、元谋下淇柳等新石器时代遗址的边缘,所出土随葬品只有陶、石器,时代应较早。从器型看,也与遗址中的同类器物一致,如永仁菜园子墓所出瓶、大口罐等陶器,与元谋大墩子新石器时代遗址所出土的同类器型形制相似。其绝对年代在中原的夏商时期。[3]

洱海地区石棺墓时代有早晚之分。剑川鳌凤山出土铜戈的早期墓葬,碳十四断代为2 420±80年,[4]约当战国早期。其下限可以通过该地区出土铁器来断定。洱海地区石棺墓出土铁器十分少见,当时铁器使用尚不普遍。学术界一般认为,云南在西汉中期时开始使用铁器,东汉时进入铁器时代。因此,洱海地区石棺墓,年代下限为西汉中期。[5]

滇西北地区石棺墓年代也有早晚之分。早期的石棺墓如德钦纳古墓葬,据碳十四断代为距今2 900±100年,[6]其年代上限为距今三千多年的西周初。德钦永芝出土的螺旋纹茎剑和山字形格剑与洱海地区出土者相同,则可知该地区石棺墓的年代下限与洱海地区同时,为西汉中期。[7]

因此我们发现云南石棺墓年代,其时代从当地新石器晚期,约相当于中原地区的夏商时期,延续至西汉中期。

（五）云南石棺墓的族属

据学者杨德聪考证:云南滇中北部地区的石棺墓与氐羌族有关,很可能是先期到达云南的羌人所创。洱海地区和滇西北地区乃至川西南地区的石棺墓,其主人都是氐羌族系民族。具体而言,川西南大石墓与"邛都夷"有关;滇西北地区类型石棺墓,主人为"徙、笮都"部落,其主体

［1］周志清:《云南洱海地区石棺墓初步研究》,《四川文物》2002年第5期。
［2］杨德聪:《试论古代云南石棺墓文化》,《南方文物》1997年第2期。
［3］郭继艳:《云南地区石棺葬的分区研究》,《四川文物》2002年第2期。
［4］元谋大墩子新石器时代遗址》,《考古学报》1977年第1期。
［5］杨德聪:《试论古代云南石棺墓文化》,《南方文物》1997年第2期。
［6］《放射性碳素测定年代报告》(八),《考古》1981年第4期。
［7］杨德聪:《试论古代云南石棺墓文化》,《南方文物》1997年第2期。

之后裔于东汉末年发展成为"摩沙夷",即今天纳西族祖先。[1]

二　连云港封土石室墓与云南石棺墓比较

（一）墓葬分布与方向比较

连云港封土石室墓分布在山脊浑圆、山坡平缓、周围视野开阔的山上。封土石室墓在山坡、山顶、山麓皆有分布,以山坡上为主。受山势的影响,连云港封土石室墓排列不太规整。云南石棺墓墓葬多位于河流旁的山丘、缓坡或台地上,墓葬受地形限制,排列不太规整。

连云港封土石室墓与云南石棺墓都是分布在山上,而云南的石棺墓主要是分布在河流旁的山体之上,连云港则少见此种分布。

连云港封土石室墓开口没有固定方向,以东南、西南、正南为主,其他各个方向也有少量分布。云南石棺墓的墓向依据地形,一般头向山坡顶部,脚朝河流。

（二）墓葬形制的比较

连云港封土石室墓总体呈缓坡馒头状,多数主体结构分为石室、甬道、封土三部分,有些封土石室墓不带甬道。石室左右两侧的石壁多自下向上逐渐内收,有些为直壁。石室后壁为直壁。石室顶部多采用体量较大的长条石平铺盖顶,极少数采用叠涩式顶部。石室多数有甬道。石室之外封以泥土,呈缓坡馒头状。石室墓底部平面有方形、梯形、刀形、凸字形、腰鼓形五种形式。

滇中北部石棺墓一般是长方形竖穴土坑,四壁挖槽,植入石板,底部铺石板,顶部盖石板。洱海地区石棺墓墓室结构多样,有单室、双室和双层多室。墓葬建造方法与滇中北部类型一样。洱海石棺墓有不少属于大石墓,墓穴宽长而深,常分多室。无墓门、墓道。滇西北地区石棺墓多数不规整,有椭圆形、圆角长方形乃至梯形。更有甚者,少数墓葬将墓室选择在天然石缝中。

连云港封土石室墓是用石块砌筑墓室,有墓门、甬道,在墓室内再放入棺材;云南石棺墓是用石块直接砌筑石棺,基本没有墓门、墓道。

（三）出土器物及年代的比较

连云港封土石室墓与云南石棺墓都有随葬品出土。连云港封土石室墓出土的器物种类有陶器、瓷器、料器、钱币、铁器等;云南石棺墓出土器物有石器、陶器、铜器、铁器、骨及海贝、银饰等。

通过比较,连云港封土石室墓与云南石棺墓仅有陶器和铁器两种共有的出土器物。

陶器方面,连云港封土石室墓出土陶器较少,仅出土1件陶罐和2件陶灯座,皆为泥质夹沙灰陶、素面。云南石棺墓出土的陶器以夹沙灰陶为主,另有少量泥质陶,颜色以灰色为主,另有褐

---

[1] 杨德聪:《试论古代云南石棺墓文化》,《南方文物》1997年第2期。

色、橙色、红色等。器物多素面,纹饰少。常见器类有罐、碗、壶、瓶、豆等,其中以罐为大宗。两者在使用陶器做随葬品方面存在明显区别,连云港封土石室墓使用陶器数量少、品种少;云南石棺墓出土的陶器种类丰富且数量众多。

铁器方面,连云港封土石室墓出土器物有剪刀和棺钉,均为实用器,其中棺钉出土量较大;云南石棺墓铁器出土极少,仅限于洱海地区出土的铜柄铁刃剑1件,铁镯3件。

另外,连云港石棺墓中的瓷器、料器、铜钱在云南石棺墓中没有呈现。连云港封土石室墓出土的瓷器数量较多,种类有碗、钵、罐等;出土的料器为白色和彩色琉璃珠;钱币为开元通宝铜钱。

云南石棺墓中的石器、铜器、骨及海贝在连云港封土石室墓中没有发现。在云南石棺墓中出土石器较少,多为生产工具,另有少量兵器,均为实用器;云南石棺墓出土的铜器主要有剑、矛、钺、斧等兵器,锄、卷经杆、卷布杆等生产工具,尊、豆等生活用具,以及铜镯、杖头、饰牌等;骨、海贝、银饰在云南滇西北地区出土较多。

通过对连云港封土石室墓的形制以及出土的文物,可以判断连云港封土石室墓应是唐代早期至中晚期的墓葬,存在时代仅限于唐代。而云南石棺墓的年代从当地的新石器时代晚期,约相当于中原地区夏商时期,延续至东汉晚期。存在时间长达近2000年之久。

(四)族属的比较

连云港封土石室墓的时代是在唐朝,这一时期连云港及其周边地区的墓葬都是以砖室墓作为主要墓葬形制,仅在连云港发现封土石室墓。这种封土石室墓与该地域流行的唐代墓葬在形制上截然不同。通过研究,连云港封土石室墓是朝鲜半岛百济移民至唐朝所留下的遗物。显庆五年(660),百济被唐攻占后,百济贵族与部分百姓被迁至唐朝。一部分平民无法送至京师,就迁徙到连云港地区并定居生活,他们去世之后仍沿用故土的丧葬习俗,长眠于连云港的山峦之中。正是由于唐朝百济移民的到来,连云港地区出现了与周边地区风格迥异的唐代墓葬。他们采用的是故土的墓葬形制,陪葬品却全部都是唐朝的器物。

据相关学者研究,云南滇中北部地区、洱海地区和滇西北地区石棺墓,其主人都是氐羌族系民族。具体而言,川西南大石墓与“邛都夷”有关;滇西北地区类型石棺墓,主人为“徙、笮都”部落,其主体之后裔于东汉末年发展成为“摩沙夷”,即今天纳西族祖先。[1]

通过比较,连云港封土石室墓与云南石棺墓在墓葬的形制、出土的器物、墓葬的年代皆不相同,两者不属于同一族属,无相关联系。

---

[1] 杨德聪:《试论古代云南石棺墓文化》,《南方文物》1997年第2期。

第三章　连云港封土石室墓与贵州 "石棺葬"比较研究

石　峰

一　贵州"石棺葬"综述

所谓"石棺葬",又被称为"石棺墓"、"石板墓"或"石板墓",是一种利用石块(石板)垒砌墓室,将死者放入其中,属于一种独特的墓葬形式,"石棺葬"在中国大陆西南地区有较为广泛的分布。1986年,童恩正先生撰写《试论我国从东北至西南的边地半月形文化传播带》一文。该文专辟章节论述石棺墓,着重提出"就现有资料而言,发现的石棺墓以西北地区最早,西南次之,东北又次之。"[1]

作为西南地区的重要省份之一——贵州省早在20世纪40年代就有所发现,"石棺葬"在贵州地区作为常见的埋葬习俗之一,近年来随着田野考古工作的广泛开展,此类墓葬又屡有发现,迄今已遍布全省20个以上地点。

(一)既往发现与研究简述

1. 贵州地区"石棺葬"的发现及其分布

目前发现"石棺葬"以考古发现的古代遗存居多,而据民族调查资料显示,迄今仍有部分少数民族沿用这种葬俗。考古发现的"石棺葬"主要分布在以下几个区域:

(1)以贵阳、安顺为中心的黔中地区[2]

(2)主要以兴义为中心的黔西南地区[3]

(3)主要以遵义市区和桐梓县为中心的黔北地区

目前已知道的地点主要有花溪洞洞坡[4]、林家山、清镇干河坝、平坝坟坝脚、平坝肖家庄、平

[1] 童恩正:《试述我国从东北至西南的边地半月形文化传播带》,《中国考古人类学百年文选》,知识产权出版社2009年,第199页。

[2] 李飞:《试论贵州地区"石棺葬"的分区与年代》,《考古与文物》2011年第4期。

[3] 李飞:《试论贵州地区"石棺葬"的分区与年代》,《考古与文物》2011年第4期。

[4] 中国考古学汇编:《中国考古学年鉴(2001)》,文物出版社2002年,第307页。

坝大寨、清镇琊珑坝、普定旧寨、紫云糖梨树、西秀罗陇、西秀大西桥、安顺歪寨、织金三塘、中山马坝、兴义坡山、兴义章磨、兴义殷家堡、普安小屯、贞丰浪更然山[1]等少量地点进行发掘。另外,在2014年在"习水县和赤水城区、官渡、长沙、元厚、旺隆和怀仁县发现大量'石棺墓'遗存"[2]。迄今仍在行用"石棺葬"的人群主要是惠水县城关镇新光村、斗底乡翁歹村、断杉乡、九龙乡等地区的白苗,大方县普底乡红丰村的苗族,以及安顺一带的回族[3],黔北仡佬族也在采用[4]。

2. 贵州地区"石棺葬"的方向与保存现状

根据不完全统计,黔中地区"石棺葬"集中分布于北盘江西侧与坝社河交汇处及周边地区,多坐落于缓坡上,顺坡从下至上分布,一般高出江面40米左右。墓向多南北向,头朝南,[5]由于长年水土流失,少量石板已暴露于地表之上,有些墓内可见葬具,即陶罐的底足部分,总而言之受损较严重;黔西南地区"石棺葬"集中分布于南盘江及周边地区,多坐落于缓坡上。墓向多南北向,头朝南,[6]由于长年水土流失及其他因素破坏,骨骼多已朽坏,葬具不存,墓室中仅见铁质棺钉,其余不存[7]。黔北地区"石棺葬"在遵义县、红花岗区、汇川区、桐梓县南北向沿21C国道这一中轴线的狭长区域的分布最为集中。[8]墓向多南北向,头朝南,由于盗毁严重,尸骨一般不存,受损较重。

（二）贵州地区"石棺葬"的类型学汇总

1. 墓葬形制

贵州地区"石棺葬"分布区域广泛,墓葬形制多样。根据现存的考古资料来看,这类墓葬绝大多数在地表下掘竖穴土坑,然后以石板砌筑墓室。根据墓室营建方式不同,可将其分作以下四种类型。

A型:用石板立砌四壁,呈长方形,无墓道,其上石板封盖,平顶,底铺石（石板）或生土,少数石板略加休整,多数仍保留自然状态,部分有封土,封土直径2—3.5米。墓室的修砌基本用"干砌法",未见有任何黏合料。贞丰浪更然山墓地清理墓葬65座,其中"石棺葬"47座,长方形墓室长1.6—2米、宽0.5—0.75米、高0.15—0.4米。人骨保存较差,未见葬具,随葬品有铜镯、指环和料珠等[9]。惠水苗族至今仍采用这种类型"石棺葬"。A型"石棺葬"多分布于以贵阳、安顺、普定为中

［1］杨洪:《试论贵州贞丰浪更燃山石板墓》,《中国国家博物馆馆刊》2011年第7期。
［2］王德埙:《鳛国及鳛文化考略》,《毕节学院学报》2014年第2期。
［3］席克定:《灵魂安息的地方——贵州民族安息的地方》,贵州人民出版社1990年,第38—45页。
［4］司霖霞:《仡族葬式刍议》,《贵州社会科学》2006年第5期。
［5］李飞:《试论贵州地区"石棺葬"的分区与年代》,《考古与文物》2011年第4期。
［6］杨洪:《试论贵州贞丰浪更燃山石板墓》,《中国国家博物馆馆刊》2011年第7期。
［7］李飞:《试论贵州地区"石棺葬"的分区与年代》,《考古与文物》2011年第4期。
［8］周必素:《贵州遵义的宋代石室墓》,《江汉考古》2008年第4期。
［9］贵州省博物馆:《贵州清镇宋墓清理简报》,《文物参考资料》1960年第6期;《贵州清镇、平坝穴墓发掘简报》,《考古》1961年第4期。

心的黔中地区；以习水县为中心的黔北地区；以兴义为中心的黔西南地区。

B型：用石板平铺叠砌成墓壁，石板封盖，平顶，墓底部铺生土（基本不见石板）。清镇干河坝清理84座，其中"石棺葬"60余座[1]，墓大部用11—15块天然石板拼合而成。大石板立砌作为四壁，呈长方形，无墓道，底铺薄石板，顶上以3—5块大石板为顶盖石。长方形墓室长2.6—5.6米、宽0.8—1.5米、高0.9—1.4米。人骨多已朽坏，随葬品发现铜发钗、铜铃、铁刀、料珠、钱币等。[2]B型"石棺葬"多分布于以清镇干河坝为中心的黔中地区和主要以兴义为中心的黔西南地区。

B型特殊形式：以石板平铺或叠涩砌壁，叠涩顶，墓室长1.3米、宽0.2—0.5米、高0.4米，由于没有清理，详情不明。该类型数量极少，目前仅在黔中平坝肖家庄发现一座[3]。

C型：墓室四壁用砂石堆砌，榫卯连接，前窄后宽，以双室为主（含三室和单室），墓室一般由墓门、前室和后室组成。除部分残损的以外，一般都装饰有丰富的雕刻图案。遵义发现这种类型的墓葬大约在45座以上，墓室一般通长2.3—8.5米、宽1—8米、高1—2.8米。墓室尸骨一般不存，随葬品发现铜鼓、铁釜、仙人白鹤有柄铜镜、影青瓷碗、铜钱等。[4]C型"石棺葬"多分布于以遵义市区和桐梓县为中心的黔北地区。

2. 随葬品

随葬品以墓主随身佩戴的装饰品为主，另外还有钱币和陶瓷器等。

（1）装饰品

根据装饰部位的不同，可分为头饰、耳饰、项饰、腰饰等。

1）头饰有梳、簪、钗等。梳均为木质，簪分骨、铜等质地，钗呈U形，铜质[5]。

2）耳饰有玉玦、玉璜等。玉玦有穿孔与无孔二种[6]。

3）项饰以黑、白、绿等各种色泽的料珠为主，形制有算珠形、花瓣形等[7]。

4）腰饰有铜和铁质带钩。铁质带钩形制简单，略呈S形。[8]

（2）钱币

数量较多，有五铢、开元通宝、宋通元宝、绍圣元宝、元祐通宝、皇宋通宝、元丰通宝、咸平元宝、元符通宝、嘉祐元宝等。汉代钱币数量较少，以晚期钱币为主，晚期钱币又以北宋钱为主。[9]

［1］贵州省博物馆：《贵州清镇宋墓清理简报》，《文物参考资料》1960年第6期；《贵州清镇、平坝宋墓发掘简报》，《考古》1961年第4期。
［2］何凤桐、李衍垣：《贵州清镇干河坝石棺葬》，《考古与文物》1982年第3期。
［3］何凤桐、李衍垣：《贵州清镇干河坝石棺葬》，《考古与文物》1982年第3期。
［4］周必素：《贵州遵义的宋代石室墓》，《江汉考古》2008年第4期。
［5］李飞：《试论贵州地区"石棺葬"的分区与年代》，《考古与文物》2011年第4期。
［6］李飞：《试论贵州地区"石棺葬"的分区与年代》，《考古与文物》2011年第4期。
［7］李飞：《试论贵州地区"石棺葬"的分区与年代》，《考古与文物》2011年第4期。
［8］李飞：《试论贵州地区"石棺葬"的分区与年代》，《考古与文物》2011年第4期。
［9］李飞：《试论贵州地区"石棺葬"的分区与年代》，《考古与文物》2011年第4期。

（3）其他

有铁刀、矛、镞等兵器和工具，以及罐、釜等陶瓷容器。所出的陶瓷器多为敞口、圆底，通体装饰方格纹的夹砂陶釜。[1]

（三）贵州地区"石棺葬"的年代

1. 黔中地区

清镇干河坝60余座"石棺葬"共出土钱币60余枚[2]，其中唐开元通宝5枚、明洪武通宝1枚，余下均为宋通元宝、绍圣元宝、元祐通宝、皇宋通宝、元丰通宝等北宋时期的钱币[3]；平坝马场坟坝脚出土熙宁元宝、政和通宝、景德元宝各1枚[4]；花溪林家山出土元符通宝、嘉祐元宝、皇宋通宝、元祐通宝等多枚北宋钱币[5]。此外，清镇干河坝、平坝坟坝脚等地点出土的陶釜，与平坝棺材洞[6]中发现的相同类型的器物基本一致，均为敞口、圆底，通体拍印方格纹，多为夹砂陶。根据以上分析，该区"石棺葬"年代基本判定为宋至明。

2. 黔西南地区

黔西南"石棺葬"中发现玉璜、玉玦、铜带钩等遗物，显示出较旦时代特征。从现有资料来看，玉璜、玉玦、铜带钩等遗物主要出现在贵州战国和秦汉时期的遗存中。根据2007年贵州省文物考古研究所贞丰浪更燃山清理的47座"石棺葬"，18座瓮棺葬。相比较而言虽然两者形制不同，但是所用材料、营造方式基本一致，均使用天然石板立砌为壁，底铺石或不铺，下葬后再用石板封盖。且两类墓葬在同一墓区范围内，相互共存。根据文献中称"仲家葬，以伞盖墓，期年发而火之，祭以枯鱼"[7]，这里所行的是先土葬，隔年（或若干年）掘取其骨火化再葬的二次葬习俗。文献中的"仲家"即今天的布依族。根据1990年，惠水的部分布依族仍有木棺土葬、陶瓷殓骨土葬和火化后陶瓷盛骨灰土葬三种葬俗并行[8]。上述材料提醒，燃更山"石棺墓"和瓮棺葬有可能是同一人群的两种并行的葬俗[9]。此外，根据贞丰浪更然山等多地发现，作为葬具的陶瓷平底、鼓腹，质地坚硬，接近瓷器，同贵州东汉晚期墓葬中所见者相同。据此，与之有密切联系的"石棺葬"年代初定汉晋时期。

---

[1]李飞：《试论贵州地区"石棺葬"的分区与年代》，《考古与文物》2011年第4期。

[2]贵州省博物馆：《贵州清镇宋墓清理简报》，《文物参考资料》1960年第6期；《贵州清镇、平坝宋墓发掘简报》，《考古》1961年第4期。

[3]贵州省博物馆：《贵州清镇宋墓清理简报》，《文物参考资料》1960年第6期；《贵州清镇、平坝宋墓发掘简报》，《考古》1961年第4期。

[4]贵州省博物馆：《贵州平坝县马场唐、宋墓》，《考古》1981年第2期。

[5]转引自《贵州省第三次全国文物普查新发现》，资料现存花溪区文物管理所。

[6]熊水富：《平坝"棺材洞"清理简报》，《贵州田野考古四十年》，贵州民族出版社1993年，第89页。

[7]田汝成：《炎徼纪闻（第四卷）》，《中国西南文献丛书（80）》，兰州大学出版社2004年，第106页。

[8]席克定：《灵魂安息的地方——贵州民族安息的地方》，贵州人民出版社1990年，第38—45页。

[9]李飞：《试论贵州地区"石棺葬"的分区与年代》，《考古与文物》2011年第4期。

3. 黔北地区

遵义 50 余座"石棺葬"出土铜鼓、铁釜和比较有时代特征的仙人白鹤有柄铜镜、影青瓷碗、彩绘陶瓶、崇宁通宝、崇宁重宝等以及墓葬中残碑有明确纪年"太岁丁未淳祐"（1247）和"太岁辛亥（1252）"[1]。由此推断时代为南宋时期。

（四）贵州地区"石棺葬"的族属推测

关于清镇和干河坝发现的"石棺葬"，从宋代延续到明代，而在墓葬形制和随葬品两方面没有太大变化。据此，研究相关族属除依据宋代文献外，也可借鉴明代文献的记载作为参考。除此以外还可以用"石棺葬"中的随葬品来反映。清镇、平坝封建社会属于南中地区，至宋代清镇为清州，平坝为令州，皆为羁縻州，领于绍庆府。唐、宋以来，此地属于罗殿国。元时，清镇、平坝两地皆属于八番顺元宣慰司。明洪武二十三年（1390），在清镇建威清卫，平坝建平坝卫，俱属贵州宣慰司。[2]罗殿国系彝族所建立，彝族人死后实行火葬。据《贵州图经新志》记载："州民居十二营者皆白罗罗，近水西者皆黑罗罗，凡死丧宰牛祭鬼……祭毕用牛皮裹尸焚之。"可见清镇、平坝的"石棺葬"的墓主不是彝族。另《贵州图经新志》第十一卷有载："境内东苗之夷……妇人盘髻，贯以长簪……杂缀海𧵅、铜铃、青白绿珠为饰"以上记载说明，东苗的生活习俗，比较接近清镇干河坝"石棺葬"出土的随葬品，因此，推测墓主族属应为"东苗"[3]。

"石棺葬"流行的黔西南区，一直是布依族及其先民仲家的重要聚居地，据《兴义府志·卷四十一》记载："狇苗居十之八九，猓苗十之一二。"狇苗即仲家，虽然该地区尚未发现可以明确明朝的"石棺葬"，却发现大量的时代稍早些的汉晋时期的"石棺葬"的分布。虽然葬俗有所不同，但墓葬形式和墓中随葬品均表明二者是有密切联系。因此，推测黔西南出现的"石棺葬"同仲家及其先民有联系[4]。

贵州北部的遵义，是贵州纳入中央统一管理较早的地区，属于巴蜀旧地。宋嘉熙三年（1239），置播州沿边安抚司，属夔路，隶四川制置司[5]；明万历二十九年（1601）改土归流，以波地分设遵义和平越二府，其中遵义隶属四川，平越隶属贵州。直到清雍正五年（1727）才改属贵州。宋代对遵义实行的是土流并治。从唐朝末年始，一直由杨氏家族世袭统治，直至明万历年间[6]，统治长达700余年。同时遵义地区墓葬的随葬品中出现铜鼓，就是典型的例证。铜鼓属于西南各少数民族普遍使用的乐器，各民族均视为神物和财富的象征。通过同四川地区相关墓葬比较后，据此得出"墓主同民族文化相交融，属于典型的'巴蜀文化'"的特点。

---

[1] 周必素：《贵州遵义的宋代石室墓》，《江汉考古》2008 年第 4 期。
[2] 席克定：《灵魂安息的地方——贵州民族安息的地方》，贵州人民出版社 1990 年，第 38—45 页。
[3] 席克定：《灵魂安息的地方——贵州民族安息的地方》，贵州人民出版社 1990 年，第 38—45 页。
[4] 李飞：《试论贵州地区"石棺葬"的族属与源流》，《四川文物》2010 年第 2 期。
[5]《遵义府志卷四十、四十一·年纪二、三》，第 1263、1286 页。
[6]《遵义府志卷四十、四十一·年纪二、三》，第 1263、1286 页。

二　连云港封土石室墓与贵州"石棺葬"比较

（一）墓葬分布与方向比较

连云港封土石室墓分布于山脊浑圆、山坡平缓、视野相对开阔的山上。据2011年初至2015年6月的调查发现，在山麓、山坡、山顶皆有分布，一般以山坡上分布为主。受山势影响，封土石室墓排列不甚规整；贵州"石棺葬"多分布于南、北盘江西侧与坝社河交汇处及周边地区，多坐落于缓坡或台地上，顺坡从下至上分布，一般高出江面40米左右，排列无规律可寻。

连云港封土石室墓与贵州"石棺葬"都有分布在山上这一特点，但是贵州"石棺葬"主要分布于河流两岸的山体上，截至2015年6月止，连云港区域调查没有发现这一情况。

连云港封土石室墓方向无固定，一般以东南、西南、正南方向为主，其余各方向也有少量分布；贵州"石棺葬"方向基本南北向，头朝南。

（二）墓葬型制比较

连云港封土石室墓呈缓坡馒头状，绝大多数可分为石室、甬道、封土三部分，部分石室墓甬道不见。石室墓多采用未经修整的天然石块砌筑，少数大型石室墓用料较考究。石室墓东西二壁多自下而上逐渐内收，部分直壁；石室墓后壁一般均为直壁；呈梯形，少数呈方形；石室墓顶部多采用尺寸较大的长条石平铺盖顶，极少数采用叠涩顶形式；石室墓大部分有甬道，少数不存；石室墓外大部分有封土，一般呈馒头状。根据墓室底部平面形状，将其分作以下五种基本类型：A型：长方形封土石室墓，B型：梯形封土石室墓，C型：刀型封土石室墓，D型：凸字形封土石室墓，E型：腰鼓型封土石室墓。

贵州地区"石棺葬"，绝大多数在地表下掘竖穴土坑，然后以石板砌筑墓室。根据墓室营建方式不同，可将其分作以下四种基本类型。A：用石板立砌四壁，呈长方形，无墓道，其上石板封盖，平顶，底铺石（石板）或生土，少数石板略加休整，多数仍保留自然状态，部分有封土。这种类型在黔中地区、黔北地区、黔西南地区都有大量的发现；B：用石板平铺叠砌成墓壁，石板封盖，平顶，墓底部铺生土（基本不见石板）。墓大部分用11—15块天然石板拼合而成。大石板立砌作为四壁，呈长方形，无墓道，底铺薄石板，顶上以3—5块大石板为顶盖石。多分布于黔中地区和黔西南地区；C：B型特殊样式。以石板平铺或叠涩砌壁，叠涩顶。该类型数量极少，目前仅在黔中平坝肖家庄发现一座；D型：墓室四壁用砂石堆砌，榫卯连接，前窄后宽，以双室为主（含三室和单室）。墓室一般由墓门、前室和后室组成。除部分残损的以外，一般都装饰有丰富的雕刻图案。多分布于以遵义市区和桐梓县为中心的黔北地区。

连云港封土石室墓多数用天然石块砌筑墓室，一般均有墓门、甬道，在墓室内再放置棺具；相比较而言，贵州地区利用未经加工的石板砌筑石棺，基本无墓门和甬道。

（三）随葬品比较

连云港封土石室墓进行清理后,出土陶器、瓷器、料珠、钱币、剪刀、棺钉、装饰等器物,这三座封土石室墓都位于连云港市花果山。其中一座封土石室位于石门口北山坡上,另外两座位于唐王洞顶西坡。

南云台山M231共出土遗物61件,其中瓷碗1件、钵1件、陶灯座2件、琉璃器13件、棺钉44件;南云台山M271共出土遗物28件,其中瓷碗2件、瓷罐1件、剪刀1件、棺钉24件;南云台山M271共出土遗物28件,其中瓷碗2件、瓷罐1件、剪刀1件、棺钉24件;南云台山M272出土遗物17件,其中瓷碗7件、瓷罐1件、陶罐1件、铜钱2枚、棺钉6件。[1]

贵州地区的"石棺葬"随葬品主要以墓主随身佩戴的装饰品为主,另外还有钱币和陶瓷器等。

装饰品可分为头饰、耳饰、项饰、腰饰等。

头饰:梳、簪、钗等。梳均为木质,簪分骨、铜等质地,钗呈U形,铜质;耳饰:玉玦、玉璜等。玉玦有穿孔与无孔二种;项饰:以黑、白、绿等各种色泽的料珠为主,形制有算珠形、花瓣形等;腰饰:有铜和铁质带钩。铁质带钩形制简单,略呈S形。

钱币数量较多,有五铢、开元通宝、宋通元宝、绍圣元宝、元祐通宝、皇宋通宝、元丰通宝、咸平元宝、元符通宝、嘉祐元宝等。汉代钱币数量较少,以晚期钱币为主,晚期钱币又以北宋钱为主。

其他有铁刀、矛、镞等兵器和工具,以及罐、釜等陶瓷容器。所出的陶瓷器多为敞口、圆底,通体装饰方格纹的夹砂陶釜。

（四）年代比较

连云港封土石室墓内清理出的瓷碗为唐代早期至唐代晚期的遗物。[2]如早期瓷碗腹部较深、壁弧直、饼足型底;中期敞口外撇、腹部较浅、饼足底或者微内凹;晚期敞口、弧腹、宽圈足。另外清理出的三座石室中出现大量棺钉;石室墓的墓门一般用块石封门,且少量未受破坏的墓门可见黄泥,由此判断连云港封土石室墓年代为唐代早期至唐代中晚期[3]。

贵州黔中地区的"石棺葬"出土的钱币60余枚,其中唐开元通宝5枚,明洪武通宝1枚,余下均为宋通元宝、绍圣元宝、元祐通宝、皇宋通宝、元丰通宝等北宋时期的钱币。此外,清河干河坝、平坝坟坝脚等地点出土的陶釜,与平坝棺材洞[4]中发现的相同类型的器物基本一致,均为敞口、圆底,通体拍印方格纹,多为夹砂陶。根据以上分析,该区"石棺葬"年代初定为唐代早期至明代早期;黔西南"石棺葬"中发现玉璜、玉玦、铜带钩等遗物,显示出较早时代特征。从现有资料来

---

[1] 连云港市重点文物保护研究所:《江苏连云港封土石室墓调查简报》,《东南文化》2015年第4期。

[2] 连云港市重点文物保护研究所:《江苏连云港封土石室墓调查简报》,《东南文化》2015年第4期。

[3] 连云港市重点文物保护研究所:《江苏连云港封土石室墓调查简报》,《东南文化》2015年第4期。

[4] 熊水富:《平坝"棺材洞"清理简报》,《贵州田野考古四十年》,贵州民族出版社1993年,第89页。

看，玉璜、玉玦、铜带钩等遗物主要出现在贵州战国和秦汉时期的遗存中。作为葬具的陶瓷平底、鼓腹，质地坚硬接近瓷器，同贵州东汉晚期墓葬中所见者相同。据此，与之有密切联系的"石棺葬"年代初定汉晋时期；黔北地区遵义50余座"石棺葬"，根据出土铜鼓、铁釜和比较有时代特征的仙人白鹤有柄铜镜、影青瓷碗、彩绘陶瓶、崇宁通宝、崇宁重宝等以及墓葬中残碑的明确纪年，推断时代为北宋晚期至南宋时期。

（五）族属比较

连云港位于黄海之滨，与朝鲜半岛隔海相望，自古以来就是中国大陆与朝鲜半岛联系的重要交通线的关键节点。连云港地区在南北朝期间呈属刘宋。自东晋以来，南朝刘宋政治中心仍在建康，此时刘宋政权所统治地域的版图覆盖到了山东半岛。地处朝鲜半岛西南部的百济与南朝不断有海上交通往来，并开辟了新的海上交通路线：这条路线一般以建康为出发点，顺江而下，出长江口后即转向黄海，沿岸北航，到达山东半岛成山角附近向东驶，横渡黄海，直驱朝鲜半岛西海岸江华湾沿岸，抵达百济。[1]在新航线中，连云港正处于关键的位置，其重要性不言而喻。这样的情况下，可能百济人经常寄往于连云港地区。百济灭亡后，押送百济移民至唐朝可能就选择这条路线，王室、大臣被移送至京师，一部分平民无法送至京师，就迁徙到连云港地区并定居生活，他们去世之后仍沿用故土的丧葬习俗，长眠于连云港的山峦之中。因此推测认为：正是由于唐朝百济移民的到来，连云港地区出现了与周边地区风格迥异的唐代墓葬。[2]他们采用的是故土的墓葬形制，陪葬品却全部都是唐朝的器物，由此可以看出连云港封土石室墓是百济移民至唐朝，两种文化相互交融的产物。

贵州"石棺葬"流行的黔西南地区，一直是布依族及其先民仲家的重要聚居地。根据咸丰《兴义府志·卷四十一》载：兴义府辖地内"狆苗居十之八九，猓苗十之一二"[3]。狆苗即是仲家。虽现在该地区尚未发现可确切定为明代前后的瓮棺葬和"石棺葬"的分布，甚至在贞丰浪更然山墓地发现两者共存现象。虽然葬俗有所不同，但是墓葬建造方式与墓中清理出的遗物均表明二者联系密切。根据20世纪80年代的部分布依族葬俗中三种葬式并存的现象，也可以给贞丰浪更然山墓地瓮棺葬和"石棺葬"共存的形式提供合乎情理的解释。假设认定黔西南区内普遍存在的瓮棺葬习俗与仲家有关联，那么该区内同瓮棺葬有密切联系的"石棺葬"也应与仲家或其先民有联系。

仡佬是贵州的世代居住的民族之一，分布范围较广泛，迄今仍遗存仡佬寨、仡佬坝、仡老山、仡佬坟、仡佬河等大量与之相关的地名。[4]其后仡佬逐渐融入其他民族之中，到民国时仅在金沙、黔西、平坝、安顺、贞丰、水城等地有仡佬族居住的记载。从风俗上看，部分仡佬族在发髻上贯长簪，以青白珠为项饰，与部分"石棺葬"中发现的遗物相同。根据前文中相关记载，黔北等地的

［1］周裕兴：《从海上交通看中国与百济的关系》，《东南文化》2010年第1期。
［2］连云港市重点文物保护研究所：《江苏连云港封土石室墓调查简报》，《东南文化》2015年第4期。
［3］《遵义府志卷四十、四十一·年纪二、三》，第1263、1286页。
［4］贵州省民族事务委员会、贵州省民族研究所：《贵州民族资料选编·仡佬族》，贵州民族出版社2008年2月，第216页。

"石棺葬"被当地人称为仡佬坟,表明其与仡佬极有联系。通过对仡佬族所进行的民族调查发现,黔北等地曾流行过"石棺葬",虽有些地区现在已改为木棺,但仍以石板砌筑坑壁。有些仡佬族自认为当地用石板砌筑的"仡佬坟"为其祖先的坟茔。[1]

民族材料表明,20世纪80年代,惠水和大方等地的部分苗族仍施行"石棺葬"。而其中惠水城关镇仍用"石棺葬"的苗族自称"蒙娄",当为"白苗"的一支。[2]

---

[1] 李飞:《试论贵州地区"石棺葬"的族属与源流》,《四川文物》2010年第2期。
[2] 李飞:《试论贵州地区"石棺葬"的族属与源流》,《四川文物》2010年第2期。

第四章　连云港封土石室墓与四川石棺墓比较研究

谢云峰

一　四川石棺墓研究

四川地区的石棺墓主要是一种在竖穴土坑内采用石板或者石块构筑石室的葬俗形式,通常称为"石棺葬"。四川地区是国内石棺墓最为丰富的地区之一。从目前的考古发掘资料看,除了岷江上游地区分布较为集中以外,在四川省西部的青衣江、大渡河、雅砻江、金沙江流域[1]、川西南山地、川西北地区、川西高原[2]等地均有发现;具体分布在茂县、汶川、理县、甘孜县、马尔康县、宝兴县、汉源县、巴塘县、雅江县、炉霍县、新龙县、丹巴县、昭觉县、盐边县、木里县、会理县、美姑县、越西县等地[3]。根据所处地理位置和文化的内涵,有学者将四川地区的石棺墓分为"萝卜寨文化"(岷江上游地区)、"吉里龙文化"(雅砻江中游地区)和"扎金顶文化"(横断山区)三种文化类型[4];而后有学者认为岷江上游的石棺墓应该分别属于三种不同的考古学文化,即卡花类型文化、撮箕山文化、佳山文化[5]。

(一)四川石棺墓的分布与方向

岷江上游地区的石棺墓主要分布在岷江上游沿岸的茂县、理县、汶川等地。石棺墓分布主要有两种情况:一种是依山势走向而建,分布在山脊上;一种是分布在河谷两岸的黄土台地上。前者如理县佳山石棺墓和茂县撮箕山石棺墓等。佳山石棺墓分布密集,排列整齐,墓向皆依山体走向,头向山顶脚向山麓,各墓之间的距离一般为0.5—3米左右,横向排列[6];茂县撮箕山石棺墓依山势而建,方向呈西北—东南,即头朝山体上方,脚朝山下。墓地选择在撮箕山山体较为平缓的位置,其

[1] 杨哲峰:《西南地区"石棺葬"的发现与研究》,《中国文物报》2001年7月22日第7版。
[2] 李水城:《石棺葬的起源与扩散——以中国为例》,《四川文物》2011年第6期。
[3] 罗二虎:《20世纪西南地区石棺葬发现研究的回顾与思考》,《中华文化论坛》2005年第4期。
[4] 陈祖军:《西南地区的石棺墓分期研究——关于"石棺葬文化"的新认识》,《四川考古论文集》 文物出版社1996年,第171—200页。
[5] 罗二虎:《论岷江上游石棺葬的文化性质》,《考古与文物》2008年第3期。
[6] 谢辉、章江华:《岷江上游的石棺墓》,《四川文物》2002年第1期。

上和其下地势均较为陡峭。撮箕山石棺墓的分布数量呈由下往上递增的趋势[1]。后者如茂坟营盘山的石棺墓、汶川大布瓦寨石棺墓和九龙县查尔村石棺墓等。茂坟营盘山的石棺墓地位于岷江东岸，西、北两面临江，东临深谷，背面是九顶山麓的山嘴形台地，高出岷江河床约100米。墓葬排列很有规律，未发现彼此叠压关系，墓与墓之间保持约1米的距离。其中成人墓的方向均在25°至45°之间，小孩墓在60°至70°之间[2]；汶川大布瓦寨石棺墓墓地呈东西向排列，依高度可以分为数列，墓葬背山面河[3]；九龙县查尔村石棺墓地处雅砻江下游一级支流九龙河的河谷地带，具体分布在九龙河东岸二级阶地的缓坡上，墓葬分布较为密集，间距约2米，墓葬方向基本为坐北朝南向[4]。另外，石棺墓的墓地与居址一般相邻分布，可能有活人与死去的亲人继续相伴的含义。

雅砻江中游地区的吉里龙石棺墓位于甘孜藏族自治州甘孜县城南的雅砻江南岸山麓第二级台地上。墓葬群坐落在一南北走向的凹地西侧山坡上，背风向阳。墓葬排列密集，方向基本一致，各墓之间相距0.5—2米。头朝西（墓的上端），脚朝东（墓的下端）[5]。

横断山区的扎金顶石棺墓位于巴塘县城以北巴曲河和小巴河汇合处，高出河面40—60米。墓葬方向甚有规律，头朝山坡脚朝河谷，即头朝东，脚朝西向[6]。

（二）四川石棺墓的形制

岷江上游地区的石棺墓形制特征可以概括为：主要结构以长方形竖穴土坑墓为主，即在地表挖一长方形竖穴土坑为墓坑，沿坑壁竖石板或堆砌石块为棺壁，棺上用若干块石作棺盖。石棺皆无底，棺盖用石板从足端到头端层层叠压而成，因此头端高于足端。按具体形制不同，可分为以下几个类型：

A型：以板岩或片麻岩为材，各取一块为前后挡板，左右两壁分别用2—3块石板沿坑壁竖立坑底。按具体形状不同可分为以下几式：

Ⅰ式：齐头式。前后挡板将壁板两端完全封闭而不内进，即从平面看，石棺两端的挡板与两侧的棺壁齐平，呈矩形。此为较早期的石棺葬类型。如茂县别立卡花石棺墓。

Ⅱ式：挡板内进式。整体形状如Ⅰ式，但不齐头，挡板内进。即从整体看，两侧的石板伸出两端的挡板。如理县佳山A型石棺墓。

Ⅲ式：有头箱、壁箱等附属结构，砌筑方式同于Ⅱ式。如茂汶营盘山M3石棺墓，棺内砌有内外两长方形头箱，系用石板将石棺头端隔成。

B型：基本砌筑方法同于A型，区别在于使用材料不同，此型石棺系用条石块竖砌而成。如

[1] 四川省文物考古研究院等：《1984年度茂县撮箕山石棺葬发掘报告》，《南方民族考古》（第九辑），科学出版社2013年，第295—364页。
[2] 茂汶羌族自治县文化馆：《四川茂坟营盘山的石棺葬》，《考古》1981年第5期。
[3] 汶川县文管所等：《四川汶川县布瓦石棺葬2009年的调查》，《成都考古发现》（2008），科学出版社2010年，第231—248页。
[4] 成都文物考古研究所等：《四川九龙县查尔村石棺葬墓地发掘简报》，《成都考古发现》（2006），科学出版社2009年，第63—66页。
[5] 四川省文物管理委员会等：《四川甘孜县吉里龙古墓葬》，《考古》1986年第1期。
[6] 甘孜考古队：《四川巴塘、雅江的石板墓》，《考古》1981年第3期。

茂汶营盘山 M7。

C 型：棺壁用石块、卵石垒砌，两边各用薄石板做挡板，用石板做盖。如理县佳山 84LJSⅡ□M2 石棺墓。

D 型：用石块、卵石砌筑石棺，类似于现代以砖块层层砌墙。按具体形制不同又可分为两式：

Ⅰ式：四壁用石块、卵石垒砌，上盖石板，棺内无附属部分。如理县佳山 84LJSⅥM1 石棺墓，该墓用石块垒砌四壁，上用大小不规则的薄石板数块盖顶。

Ⅱ式：盖板用数块长条青石铺就，棺内头端有十几厘米高的黄土台，为熟土二层台，用以放置随葬品。如茂汶城关Ⅲ类墓[1]。

雅砻江中游地区石棺墓形制与岷江上游地区 A 型石棺墓形制类似，即在地面挖长方形土坑为墓坑，土坑的两侧用数块石板砌成棺壁，棺上用若干块石作盖覆盖[2]；甘孜藏族自治州雅江石棺墓形制与岷江上游茂汶地区第一类石棺墓相同，区别是雅江石棺墓铺有底板；而九龙县查尔村石棺墓与岷江上游地区典型石棺墓的形制略有差别，有的墓葬四周采用大小不等的石块垒砌，底部铺有石板[3]。

横断山区的巴塘扎金顶的石棺墓属于金沙江中游地区，也是长方形的竖穴土坑墓。盖板厚薄不一，形状亦不规则，有的宽度还窄于墓坑[4]。

（三）四川石棺墓出土器物

岷江上游地区的石棺墓出土的器物多寡不均，有的无随葬品，有的只有一两件，有的则多达十几件、几十件甚至上百件。随葬品有陶器、铜器、骨器或石质器等。早期的墓葬都是以陶器入葬，以手制为主，器型粗糙，如茂县别立卡花石棺墓；随后茂汶营盘山石棺墓出土的随葬品除了大量陶器外，还有较多的铜器、骨器、石质品等。其中陶器主要为细泥黑陶、灰陶、夹砂红陶，制法有轮制、模制、手制，纹饰有漩涡纹、条纹等。铜器有铜剑、铜镜、铜管等。骨器有骨锥、骨管饰、牙制品等。石器有石刀、石条等；而茂县牟托一号石棺墓出土器物多达 170 余件，按质地可分为陶、铜、铜铁合制、玉石、琉璃、漆器、竹器、玛瑙、绿松石、丝毛织物等。其中陶器皆为磨光黑衣泥质灰陶，多为轮制，器型有簋、罐、杯等。铜器按功用可分为礼器、乐器、兵器、装饰品四类，器型有罍、鼎、敦、甬钟、钮钟、戈、剑、戟、盾、连珠纽、泡饰、护臂、杯、牌饰等。

雅砻江中游地区的九龙县查尔村石棺墓出土随葬品数量不多，包括陶器、青铜器等。其中陶器为夹细砂灰褐陶双耳罐，器表施陶衣并打磨光亮，有戳印纹。铜器为青铜臂钏；而甘孜县吉里龙石棺墓出土陶器为单耳罐、双耳罐、陶簋（残片），骨器有骨针、骨锥、骨笄、骨珠等。

横断山区的扎金顶石棺墓出土器物分为陶器、铜器、金器、玉石、象牙等。其中陶器有双耳罐、单耳罐、陶簋、陶杯等，均为夹砂陶，泥条盘制再用手磨平，大多为素面，亦有三角划纹、圆点

［1］李维维：《岷江上游地区石棺葬研究》[D]，中央民族大学，2007年。

［2］四川省文物管理委员会等：《四川甘孜县吉里龙古墓葬》，《考古》1986年第1期。

［3］成都文物考古研究所等：《四川九龙县查尔村石棺葬墓地发掘简报》，《成都考古发现》(2006)，科学出版社2009年，第63—66页。

［4］甘孜考古队：《四川巴塘、雅江的石板墓》，《考古》1981年第3期。

纹、附加堆纹等；铜器有剑、手镯、刀、饰物、锥等。

（四）四川石棺墓的年代

岷江上游地区的石棺墓的年代根据墓葬形制和出土器物判断有早晚之分。早在二十世纪六七十年代，冯汉骥、童恩正通过对岷江上游地区的石棺墓进行研究，将岷江上游石棺葬的年代限定在战国末期至西汉初期[1]。稍后，根据新发现的石棺墓中出土五铢钱的情况，童恩正补充认为岷江上游地区石棺墓的年代下限可能延续到了整个西汉时代，并影响到东汉[2]。到二十世纪八十年代，童恩正根据有关的测年数据认为，部分石棺墓的年代上限可能早到商代[3]。到二十世纪九十年代以后，石棺墓的年代研究大多采用分期年代法。如罗开玉把石棺墓的年代分为八期，时间跨度从"约当中原的夏商"的第一期到"唐至明时期"的第八期，前后"约历三千五六百年"[4]。而陈祖军则把岷江上游地区的石棺墓年代分成两期四段，年代约为战国中晚期至东汉晚期[5]。到二十一世纪以后，伴随着一些新的考古发掘成果的出现，一些学者运用类型学的比较方法以及科学测年等手段对岷江上游地区石棺墓进行了年代研究。如何锟宇在对岷江上游石棺葬随葬陶器进行类型学分析的基础上，将岷江上游地区的石棺葬分为三期八段，其年代范围为战国早期至西汉晚期[6]。而茂县撮箕山石棺墓，墓葬上限可至春秋晚期，下限可至东汉初期[7]。综上所述，主流观点认为岷江上游地区石棺墓的年代范围在商周时期至西汉晚期或东汉初期。

雅砻江中游地区的甘孜吉里龙石棺墓根据出土器物特征判断，其时代为战国至秦，最晚不过汉初[8]；炉霍县宴尔龙石棺墓根据出土器物以及出土人骨、木头样品的碳十四测年综合分析，其年代上限可到殷商早期，下限不晚于西周中期[9]；汉源县龙王庙遗址的石棺墓根据墓葬形制，初步推断其年代下限不晚于商代早中期[10]。

横断山区的扎金顶石棺墓根据出土器物特征判断，其年代大约在战国至秦汉之际[11]。

（五）四川石棺墓的族属

四川石棺墓的族属问题，一直是争论的焦点。目前的观点主要有戈人说、月氏人说、氐人说、

[1] 冯汉骥、童恩正：《岷江上游的石棺葬》，《考古学报》1973年第2期。
[2] 童恩正：《四川西北地区石棺葬族属试——探附谈有关古代氐族的几个问题》，《思想战线》，1978年第1期。
[3] 童恩正：《试论我国从东北至西南的边地半月形文化传播带》，《文物与考古论集》，文物出版社1987年，第1—39页。
[4] 罗开玉：《川滇西部及藏东石棺墓研究》，《考古学报》1992年第4期。
[5] 陈祖军：《西南地区的石棺墓分期研究——关于"石棺葬文化"的新认识》，《四川考古论文集》，文物出版社1996年，第171—200页。
[6] 何锟宇：《岷江上游石棺葬的分期与年代》，《四川文物》2009年第4期。
[7] 四川省文物考古研究院等：《1984年度茂县撮箕山石棺葬发掘报告》，《南方民族考古》（第九辑），科学出版社2013年，第295—364页。
[8] 四川省文物管理委员会等：《四川甘孜县吉里龙古墓葬》，《考古》1986年第1期。
[9] 四川省文物考古研究院等：《四川炉霍县宴尔龙石棺葬墓地发掘简报》，《四川文物》2012年第3期。
[10] 四川省文物考古研究院等：《四川汉源县龙王庙遗址2008年发掘简报》，《四川文物》2013年第5期。
[11] 甘孜考古队：《四川巴塘、雅江的石板墓》，《考古》1981年第3期。

羌人说、僰人说、多民族说、蜀人说、夷人说等[1]。其中有学者又提出石棺墓的族属应该是戈基人，即氐人族的一个分支[2]。还有学者把众说纷纭的观点归纳为两种，即一种观点认为石棺葬是甘青地区南下的氐羌民族文化遗存，另一种则对上述外来说持否定态度，可以看成是土著说[3]。但是，更多学者认为"冉駹夷"是四川石棺墓的族属族源[4—5]。

二　连云港封土石室墓与四川石棺墓比较

（一）墓葬分布与方向比较

连云港封土石室墓主要位于平缓的山坡或者视野开阔的山脊上，在山坡、山顶、山麓皆有分布，以山坡为主，多位于山的南坡、东坡和西坡，北坡少见。封土石室墓开口方向以东南、西南、正南为主，其他各个方向也有少量分布；四川石棺墓主要分布在山脊或者在河谷两岸的黄土台地上，墓向大多依山体走向，头向山顶脚向山麓。

连云港封土石室墓都是分布在山上，而四川的石棺墓在山上和河谷两岸的台地上皆有发现。连云港封土石室墓一般依山而建，开口没有固定方向，以东南、西南、正南为主，其他各个方向也有少量分布。四川石棺墓的墓向依据地形，一般头向山坡顶部，脚朝山麓或河流。

（二）墓葬形制的比较

连云港封土石室墓整体呈缓坡馒头状，多数主体结构分为石室、甬道、封土三部分，有些封土石室墓不带甬道，有些封土由于历史原因现已不存。石室多采用未经修整的石块砌筑，少数大型石室用料规整。石室左右两侧的石壁多自下向上逐渐内收，少数为直壁。石室后壁为直壁，多数呈梯形，少数呈方形。石室顶部多采用体量较大的长条石平铺盖顶，极少数采用叠涩式顶部。石室多数有甬道。石室之外封以泥土，呈缓坡馒头状。根据石室墓底部平面分布情况将封土石室墓分为方形封土石室墓、梯形封土石室墓、刀形封土石室墓、凸字形封土石室墓、腰鼓形封土石室墓五型。

四川石棺墓主要结构以长方形竖穴土坑墓为主，即在地表挖一长方形竖穴土坑为墓坑，沿坑壁竖石板或堆砌石块为棺壁，棺上用若干块石作棺盖。石棺大多数无底，部分有底板。棺盖用石板从足端到头端层层叠压而成，因此头端高于足端。

连云港封土石室墓是用石块砌筑墓室，有墓门、甬道，在墓室内再放入棺材；四川石棺墓是用石块直接砌筑石棺，基本没有墓门、墓道。

［1］罗二虎：《20世纪西南地区石棺葬发现研究的回顾与思考》，《中华文化论坛》2005年第4期。
［2］周正：《岷江上游石棺葬的族属探讨》，《河北民族师范学院学报》2012年8月第32卷第3期。
［3］杨哲峰：《西南地区"石棺葬"的发现与研究》，《中国文物报》2001年7月22日第7版。
［4］谢辉、章江华：《岷江上游的石棺墓》，《四川文物》2002年第1期。
［5］彭述贤：《岷江上游石棺葬族属考》，《西南大学学报》（社会科学版）2014年5月第40卷第3期。

（三）出土器物及年代的比较

连云港封土石室墓与云南石棺墓都有随葬品出土。连云港封土石室墓出土的器物种类有陶器、瓷器、料器、钱币、铁器、铜器等；四川石棺墓出土器物有随葬品有陶器、铜器、骨器、石质器、金器、玉石、象牙等。

通过比较，连云港封土石室墓与四川石棺墓仅有陶器、铁器铜器三种共有的出土器物。

陶器方面，连云港封土石室墓出土陶器较少，仅出土1件陶罐和2件陶灯座，皆为泥质夹沙灰陶、素面。四川石棺墓出土的陶器主要为细泥黑陶、灰陶、夹砂红陶等，制法有轮制、模制、手制，纹饰有素面、漩涡纹、条纹、三角划纹、圆点纹、附加堆纹等，器型主要有双耳罐、单耳罐、陶篮、陶杯等。

两者在使用陶器做随葬品方面存在明显区别，连云港封土石室墓使用陶器数量少，品种少。四川石棺墓出土的陶器种类丰富且数量众多，是随葬品里最主要的随葬类型。

铁器方面，连云港封土石室墓出土器物有剪刀和棺钉，均为实用器，其中棺钉出土量较大。四川石棺墓铁器出土极为少见，仅在茂县牟托一号石棺墓发现铜铁合制品2件，为铜柄铁剑。

铜器方面，连云港封土石室墓出土的铜器仅有铜钗1件。四川石棺墓的铜器则数量较大，种类繁多，有铜镜、管、臂钏、罍、鼎、敦、甬钟、钮钟、戈、剑、戟、盾、连珠组、泡饰、护臂、杯、牌饰等。

另外，连云港封土石室墓中的瓷器、料器、铜钱在四川石棺墓中没有发现。连云港封土石室墓出土的瓷器数量较多，种类有碗、钵、罐等；出土的料器为白色和彩色琉璃珠；出土的铜钱为开元通宝。四川石棺墓中的骨器、石质器、金器、玉石、象牙等在连云港封土石室墓中没有发现。

通过对连云港封土石室墓的形制以及出土的文物，可以判断连云港封土石室墓应是唐代早期至中晚期的墓葬；而四川石棺墓的年代跨度则在商周早期至东汉初期。

（四）族属的比较

根据考古资料，六朝至宋代期间连云港及周边地区的墓葬形制以砖室墓为主，其中绝大多数为券顶砖室墓，极少数为长方形砖壁石顶墓。而连云港封土石室墓的年代界定在唐代，其形制与该地域流行的唐代墓葬截然不同，推测其为一种外来的墓葬文化。经考证，应该是朝鲜半岛百济移民唐朝所留下的石室墓。

关于四川石棺墓的族属问题的研究资料较多，得出的结论也很多。主要观点有戈人说、月氏人说、氏人说、羌人说、僰人说、多民族说、蜀人说、夷人说等。目前，倾向性的观点认为四川石棺墓是以"冉駹"为代表的"夷"系民族的遗存。

通过比较：连云港封土石室墓是百济移民至唐朝所留下的墓葬，属于外来移民与我国文化相交融的产物；四川石棺墓是以"冉駹"为代表的"夷"系民族的遗存。

第五章　连云港封土石室墓与苏南地区石室土墩的比较研究

唐　欣

一　江苏南部石室土墩的研究

环太湖地区的石室土墩分布在环太湖周围的低山丘陵及太湖中的岛山上。在江南地区,有土墩石室墓和土墩墓两种类型,土墩墓先堆土成墩,然后在墩上或直接在山体的基岩上挖出墓坑(石穴),不带石室;而土墩石室墓则为封土之下用石块垒砌的墓室的墓葬(本文着重对石室土墩的研究)。这些地区包括苏州市、无锡市、常州市、镇江市以及所辖的吴县、无锡县、武进县、宜兴市、长兴县和吴兴县。在当地群众称之为"风水墩"[1]、"烽火墩"、宝宝墩[2]、炮墩等。根据统计,这一地区石室土墩的分布总数在2 700座左右。其中以太湖东北部苏州市及吴县范围内和太湖西南部长兴县范围内的石室土墩分布数量最多最密集。

(一)苏南地区石室土墩的分布和方向

苏南地区石室墓具体分布于江苏省江阴市、无锡、宜兴、常州市武进、苏州市及吴县、镇江市丹徒、句容、常熟等地,石室土墩一般建在山坡、山顶山麓上,沿山脊走向而分布,也有少数散布于山的坡垄之上[3],且大多分布于朝阳的山坡上或面朝水面一侧的山体上,面水一侧的山坡上,土墩十分密集,而背水一侧的山坡明显稀疏。分散在山脊主峰上的墩比较大,而在山坡上的土墩则比较小[4]。位于海拔150—170米的石室土墩,直径多在15—20米,高度则达2—5米。低于此海拔高度的土墩直径和高度明显小于前者,如海拔在25米左右的土墩直径多在6—10米,高度则在1—2米。[5]

---

[1] 朱江:《吴县五峰山烽燧墩清理简报》,《考古通讯》1955年第4期,第51页。
[2] 镇江市博物馆浮山果园古墓发掘组:《江苏句容浮山果园土墩墓》,《考古》第2期。
[3] 周大鸣:《略论江浙地区石室墓的几个问题》,《南方文物》1996年第3期。
[4] 苏州博物馆、常熟博物馆:《江苏常熟市虞山西岭石室土墩的发掘》,《考古》2001年第9期。
[5] 韩建立:《论太湖地区石室土墩的性质》,《东南文化》1996年第1期。

（二）苏南地区石室土墩的形制

苏南地区的石室墓形制略有不同，大体分为二种：

第一种土墩墓一般由石室、护坡、封土构成，石室呈长条形更常见。砌筑时，就地取自然风化的块石，或略加打琢。选择或开拓山体稍平整的石面或板实的土面，垒砌内为长方条形的石室，室口多朝向山的高处，方向与山脊、坡垄的走向一致。室内壁用石大小并不固定，有的用大至一米以上见方的石块整砌，也有的用较小的石块垒砌，石块间空隙较大，室壁的内向面都砌得较为工整平滑。室后壁均直立室顶留有狭长的槽口，一般只有0.2—0.4米宽，顶槽上口依次平铺较大块石，作为盖石。底面有以石片或小石块平铺，也有是板实的土面。口部有以块石垒门，或在室的中部垒砌封墙，有的在入口处并设一段台阶（吴县五峰山1号墩），在石室内的周围及上部都堆以土夹石，使之呈馒首形，表面有的铺以乱石，或墩底围砌石块。[1]此种形制的石室墓多分布于武进、宜兴、无锡、苏州等地。

第二种是形似馒头形的土墩，墩顶覆盖0.4—0.8米厚的黄土，土墩内有石室建筑，分通道、过道、石室三部分，通道与石室之间有一过道，其两壁用石块砌垒，从底部山体基岩往上逐渐内收，上窄下宽。过道、通道、石室上分别有盖顶石[2]。这种形制的石室墓多分布在常熟、句容等地[3]。

第三种是墓葬在封土墩的正中部，选择原山坡上一处天然低洼地，经平整后上砌"石床"，"石床"中间用板石顺缝平铺，南北两边采用较厚的石块和板石砌成高出"石床"面的边框，这种石床的砌筑方式，在江苏丹徒大港土墩墓、句容浮山果园一号墩M2也存在。

（三）苏南地区石室土墩的出土器物

苏南石室土墩出土的器物比较丰富，种类繁多。主要以印纹硬陶和原始瓷器为主，另有少量夹砂陶和泥质陶，有的还有玉石器[4]。原始青瓷器胎色呈灰白或灰花色，含有少量砂粒，釉色有姜黄、青绿和豆青三种，火候较高。[5]器种主要有坛、罐、瓶、簋、钵、盂、碗等。印纹硬陶火候一般较高，胎色和表面多呈紫褐色或青褐色，少数火候低而不匀，局部泛橘红色。所出印纹硬陶及部分原始瓷多拍几何形纹，共二十余种，其中折线纹、斜方格纹、席纹及折线纹与回纹的组合纹为主；另在部分器物的底部刻画有十余种陶文记号[6]。

（四）苏南地区石室土墩的时代

按照邹厚本将江苏南部的土墩墓分为三段五期的分期法，苏南地区武进、宜兴等地石室墓根

［1］刘建国：《论太湖越族石室墓》。
［2］苏州博物馆、常熟博物馆：《江苏常熟市虞山西岭石室土墩的发掘》，《考古》2001年第9期。
［3］《江苏句容浮山果园土墩墓》，《考古》1979年第2期。
［4］江苏苏州高新区通安镇鸡笼山D1石室土墩墓发掘简报，《东南文化》2014年第4期。
［5］刘建国：《江苏宜兴石室墓试掘简报》，《考古与文物》1983年第4期。
［6］刘建国：《论太湖越族石室墓》。

据出土的原始瓷豆、盉、泥质红陶罐等器物及回纹、套菱纹、平行线间套菱形田字纹等纹饰，具有土墩墓二至三期的特点，原始瓷盉、多种形式的碗等器特和菱形填线纹为主体的组合纹、窗格纹、叶脉纹、小席纹等纹饰为特征，与土墩墓三至四期大体相近。因此推断这批石室墓的早期约相当于西周中晚期，而晚期约相当于春秋中期[1]。

常熟市虞山西岭石室土墩与丹徒市华山、苏州上方山出土的原始青瓷的直口碗、折腹碗、原始青瓷罐为溜肩，最大径在中部或略偏上，印纹陶瓿底边外撇等，这些都是西周中、晚至春秋早期的器物特征，在饰纹方面原始瓷罐也具有两周之交的特征，因此这些石室土墩的时代应相当于中原西周晚期至春秋早期[2]。

无锡璨山土墩墓从该墓的器物造型和制作方法看，几何印纹陶器耳的做法与句容浮山果园西周墓的制作方法相同，都是在器表印纹完成以后再扶堆贴上去。从纹饰上看，该墓器物除保留西周时期流行的折线纹与回纹的组合印纹外，还出现了填线菱形与小方格纹的组合印纹以及平行线间套菱形与小方格纹或回纹的组合印纹，后者见于吴县五峰山第三号墩。因此推断无锡璨山土墩墓时代约为春秋早期[3]。

武进腰沿山M2的原始青瓷盅与句容浮山果园三期出土的Ⅲ式原始青瓷碗类似，应为春秋中期。

通过以上对比，可看出苏南的石室土墩是西周至春秋时期的遗存，其时代上限应在不早于西周时期，下限应不晚于战国时期[4]。

（五）苏南地区石室土墩的族属

刘建国认为：石室墓主人的族属是古越族的一支。从五个方面进行考证：1. 墓地选择与古越族崖墓的特征相近。崖墓是古代百越人在我国东南和西南广大地区流行的一种葬式。他们对死者遗体的处理，只置于高山悬岩的洞穴里或凿石椓钉置棺其上，而太湖地区葬地的选择同样也崇尚山的高处。2. 石室墓的结构与古越族的房屋造型相似。3. 随葬的陶瓷比例、纹饰与古越族崖墓一致。都以原始瓷和印纹硬陶为主，未见或极少见夹砂陶。4. 石室墓遗物的刻画文字、符号，属古越族的文化特点。5. 石室墓不设铜器陪葬，亦与崖墓的性质雷同。良渚文化的居民属古代越族，古越族的活动集中于太湖流域，时间较早，百越族的活动扩展到整个南方，时间一般稍晚。同一地区的石室墓、土坑墓和无穴土墓三种墓葬，既然他们的葬制与古越或后来百越族有着深刻联系，而且他们的内涵都以原始青瓷和印纹硬陶为主要特征，因此可认为这三种墓葬都是古越族的墓葬[5]。

［1］刘建国：《江苏武进、宜兴石室墓》，《文物》1983年11期。
［2］苏州博物馆、常熟博物馆：《江苏常熟市虞山西岭石室土墩的发掘》，《考古》2001年第9期。
［3］无锡市博物馆：《无锡璨山土墩墓》。
［4］韩建立：《论太湖地区石室土墩的性质》，《东南文化》1996年第1期。
［5］刘建国：《江苏宜兴石室墓试掘简报》，《考古与文物》1983年第4期。

二　连云港市封土石室墓与苏南石室土墩的比较

连云港地区封土石室分布广泛,数量较多,俗称古洞、唐王洞、古焖子、"藏军洞",主要分布在连云港市的南云台山、中云台山、北云台山、海州区的锦屏山和灌云县的伊芦山。1989—1990年南京博物院、连云港市博物馆、灌云县博物馆第二轮调查时的统计数据为总数编号200余座,并发掘了其中22座;2011—2015年连云港市文保所共调查封土石室474座,并对几座遭受破坏的封土石室进行清理。现已发表了连云港封土石室调查简报。

(一)墓葬分布与方向比较

连云港封土石室与环太湖地区土墩石室在形制上有相似之处,连云港封土石室从高矮上分山脚、半山腰和山顶三种,从位置上分有山南坡和山北坡两种。一般长度为3—5米、宽1.5—2米。封土石室的方向多朝正南、西南或东南,而江南地区的土墩石室也一般建在山坡、山顶山麓上,沿山脊走向而分布,也有少数散布于山的坡垄之上,只是土墩石室更为狭长,常见的是长7—11米、宽0.7—1.5米,有些长达20—30米、宽2米。

(二)墓葬形制的比较

连云港封土石室的封土绝大多数为馒头形。据调查显示,至今仍有231个封土石室还保留封土。现存封土平面形状主要有椭圆形、圆形、长方形三种。在主体结构由石室、封土、甬道组成。根据石室底面分布情况分为方形、梯形、刀形、梯形、"凸"形、腰鼓形五种类型。就地取材,大部分由大石块垒砌,也有用较小的石块垒砌而成。而江南地区的土墩石室总体结构上与我们连云港也相似,由石室、护坡、封土三者构成。石室直接建在地面,石室周围还用碎石和泥土筑成护坡。石室封顶后,护坡停止向上堆砌,在此基础上再用泥土铺垫建成土墩。石室平面呈长条形,也有"甲"字形、"凸"形、"刀"形。

(三)出土器物及年代的比较

在出土器物的比较上,江南地区的出土器物更为丰富,石室土墩墓中的随葬品较多,一般在10—30件之间,多的有60余件,少的仅4件。"以陶瓷器为主,其中原始瓷约占50%,硬陶约占40%,泥质陶和夹砂陶约占10%,几乎不见青铜器和石器。器类主要是豆或碗、坛或瓮、罐或缶之类盛器与食器,缺少鼎、釜之类炊器,从未发现过有陶鬲,除了陶纺轮和陶网坠外很少见到生产工具和武器。根据石室土墩墓中出土的陶瓷器判断,其时代大约相当于西周中期到战国前期。"[1]而连云港封土石室出土器物以瓷器、陶器为主,如南云山M231共出土遗物61件,其中瓷碗1,钵

---

[1] 叶文宪:《越人石室土墩墓与华南悬棺葬》,《浙江社会科学》2003年第5期,第162页。

1、陶灯座2、琉璃器13、棺钉44；南云台山M271共出土遗物28件，其中瓷碗2、瓷罐1、剪刀1、棺钉24；南云台山M272出土遗物17件，其中瓷碗7、瓷罐1、铜钱2、棺钉6。通过封土石室墓的形制及出土的文物看，连云港封土石室墓应是唐代早期至晚期的墓葬[1]，其时代玥显晚于江南地区土墩石室。

（四）性质、族属的比较

对于江南地区土墩石室的性质，基本上有三种意见：一、墓葬说，认为是吴国一种独特风格的墓葬；二、军事设施说，认为是"江苏长城"、烽燧墩、藏兵（军）洞说；三、居住说，认为是"窨"和山越族居住遗迹。[2] 在常熟市虞山西岭石室土墩进行抢救性发掘中，认为其同石室土墩的规模、所处的位置及其内涵有关，D1—D3的性质主要是墓葬和祭祀场所两种。[3] 而韩建立则认为石室土墩是墓葬，他从石室的形制；遗物多成组、成套放置；石室所处的地理环境等几个方面进行解释。[4] 刘建国认为：土墩石室墓主人的族属是古越族的一支，[5] 从好几个方面进行科学的论证。连云港封土石室墓从90年代初市博物馆进行考古调查时就认为是唐代墓，连云港市重点文物保护研究所经过几年的调查，也发表简报确认其是唐代的墓葬。张学锋认为连云港土墩石室是"新罗移民墓葬"[6]，在简报中已得到证实，连云港封土石室墓是百济移民至唐朝后两种文化相互交融的产物。[7]

［1］连云港市重点文物保护研究所：《江苏连云港封土石室墓调查简报》，《东南文化》2015年第5期，第52—53页。
［2］苏州博物馆考古部：《江苏苏州上方山六号墩的发掘》。
［3］苏州博物馆、常熟博物馆：《江苏常熟市虞山西岭石室土墩的发掘》，《考古》2001年第9期，第32页。
［4］韩建立：《论太湖地区石室土墩的性质》，《东南文化》1996年第1期，第45页。
［5］刘建国：《江苏宜兴石室墓试掘简报》，《考古与文物》1983年第4期。
［6］张学锋：《江苏连云港"土墩石室"存性质刍议——特别是其与新罗移民的关系》，《东南文化》2011年第4期。
［7］连云港市重点文物保护研究所：《江苏连云港封土石室墓调查简报》，《东南文化》2015年第5期，第54页。

第六章　连云港地区封土石室与浙江
石室土墩墓及支石墓之比较

孙　亮

一　关于连云港地区封土石室

（一）分布与形制

根据2011—2015年的实地调查数据,连云港地区封土石室的分布特点大致如下:

1. 连云港地区封土石室主要位于连云港市云台山地区,分布在南云台山、中云台山、北云台山、锦屏山、伊芦山的53个山岭、沟涧的山顶、山坡、山麓的107个地方。据1984年文物普查以后,连云港市县区文博工作者的首轮踏查数据为200余座,其中实际填写调查表的70余座。1989—1990年南京博物院、连云港市博物馆、灌云县博物馆第二轮调查时的统计数据为总数编号200余座,并发掘了其中22座(发掘资料未发表)。在《中国文物地图集·江苏分册》的连云港市部分条目中显示连云港地区封土石室的总数在480座以上[1]。连云港市重点文物保护研究所2011—2015年实地调查资料显示,已编号的连云港地区封土石室474座。[2]

2. 连云港地区封土石室多分布在山坡地段。据粗略统计,连云港地区封土石室一般多构筑于山坡(含坡岭)上,此类约有451座,约占总数的94.9%;位于山顶上的较少,约有18座,约占总数的3.8%;位于海拔50米以下山麓(含山麓台地)地带的极少,约有6座,约占总数的1.3%。

3. 连云港地区封土石室具有一定的组群性。通过查阅2011—2015年的实地调查资料,可以发现连云港地区有封土石室的地名约115个,其中只有1处封土石室的地名34个,只有2处封土石室的地名22个,只有3处封土石室的地名15个,有4—9处封土石室的地名30个,有10处以上封土石室的地名12个。而这12个有10处以上封土石室的地名分别是:位于南云台山的有海州区花果山街道办事处当路村狮子岭南坡(13处)、花果山街道办事处飞泉村狼窝(45处)、花果山街道办事处大圣湖北石婆山西北坡蛤蟆坑茶园(10处)、花果山街道办事处大圣湖东侧神山头茶园(10处)、花果山街道办事处当路村水关门上源头卧牛岭东坡(25处)、花果山街道办事处当路村卧牛岭东坡

---

[1] 国家文物局主编:《中国文物地图集·江苏分册》,中国地图出版社2008年5月第1版。
[2] 连云港市重点文物保护研究所:《江苏连云港封土石室墓调查简报》,《东南文化》2015年第5期,第46页。

（12处）、花果山街道办事处唐王洞（15处）；位于北云台山的连云区北固山小团山西南侧（10处）、位于锦屏山的海州区石棚山风景区尖椎山盘山路北（10处）、塔山防火道石台阶北（12处）、锦屏山九龙口西北，盘山路防火道西侧1米处（19处）、位于伊芦山的灌云县伊芦山南坡（11处）。根据上述资料并结合实地考察观测，本文分析认为，位于南云台山的狼窝、水关门上源头卧牛岭东坡、唐王洞、神山，位于锦屏山的塔山，九龙口西北、盘山路防火道西侧1米处，以及伊芦山为连云港地区封土石室密集分布区。而由于狼窝为相对面积较大的地名，因此，山坡地段绝对数量集中地为水关门上源头卧牛岭东坡（25处），孤山地段绝对数量集中地为塔山（36处）。除了孤立存在的封土石室，各封土石室之间相对距离或近或远，最近的两者之间的封土边际互有侵扰。

根据2011—2015年的实地调查数据，连云港地区封土石室的形制特点大致如下：

由于封土石室的地下部分未解剖，其形制大致可概括为：门向不定，多朝阳或面向于阔地。石室左右壁皆用本地自然或略经加工的石块垒砌，由下而上逐渐内收，最后用几块巨石封顶。后壁多用一块整石板或即以自然山体岩壁为之，前面留过道为进出口。室内空间成覆舟状，平面呈"凸"字形或"瓦刀"形。室外随意叠涩垒筑护坡，最后封以泥土，形成馒头状土墩。环墩边缘砌一圈矮石墙，以加固封土。具体说来主要是：

1. 连云港地区封土石室多朝南方。通过查阅2011—2015年的实地调查资料，可发现连云港地区有封土石室的门向大多向南方。据统计，门向南偏东的202个，南偏西的164个，正南的30个，西偏南的2个，北偏东的40个，北偏西的15个，东偏北的1个，正东的1个，正西的5个，无法测定方向的21个。因此可以得知，连云港地区有封土石室门向基本朝南的有392个，基本朝北的有56个。

2. 连云港地区封土石室的封土绝大多数为馒头形。据调查显示，至今仍有231个封土石室还保留有封土。现存封土平面形状主要有椭圆形、圆形、长方形三种。其中椭圆形的101个，圆形的79个，长方形的2个。封土边缘现存由块石垒砌护墙的封土石室尚有16个。

3. 连云港地区封土石室两侧立壁为毛块石垒砌，较大的石块置于基部，较小的石块置于上部，石块的垒砌方法有不用砂浆的干打垒法，也有使用黄泥沙浆的叠砌法。石块较光滑的一面向内。石块垒砌出的壁面相对平整，有弧度，略外鼓，近顶部处明显内收，以至于石室横截面十分近似于梯形。有的封土石室立壁用的石块较光滑的一面还有凿洗痕迹，较为平整。前壁留出门道位置，门道位置有置于中间和偏左、偏右三种情况。后壁以石块封死，其中多立砌一巨石，或利用自然岩壁为主要部分，其余部分辅以小块石填补而成。后壁多直壁，也有向内、向上渐弧内收的。四壁顶部覆以数块巨大的条石盖板，条石盖板的内面或略作平整。至于门楣上的条石盖板似经过精心选择，多显精良。条石盖板的铺设方法有前后等高的并排平行放置的平盖法，也有前后低、中间高的并排叠涩放置的叠涩法，笔者称后者为仿藻井式。封土石室内部四壁、顶部大小石块、条石盖板之间的隙缝处则填补以更小的石片、石块，从而形成石室内部一个相对密闭的空间。根据纪达凯、陈中《连云港地区土墩石室遗存时代性质新考》一文中所刊载的图片显示，封土石室四壁外侧周围也垒砌有毛石块，似为较随性的叠涩法垒筑而成覆钵状结构。

4. 连云港地区封土石室内部空间的底部平面有长方形、凸字形、刀形、梯形、腰鼓形、弧腹瓶形6种情况,其中大部分为长方形;顶部平面有长方形、凸字形、刀形3种情况,其中大部分为长方形,并见有少数顶部四角为委角的情况。据连云港市重点文物保护研究所2011—2015年对连云港地区封土石室的实地调查资料显示,连云港地区封土石室内部空间底部平面呈长方形的207个,呈凸字形的48个,呈梯形的33个(其中含对称梯形7个),呈刀形的29个(其中刀柄右置的23个、刀柄左置的6个),呈腰鼓形的1个,呈弧腹瓶形的1个。连云港地区封土石室内部空间顶部平面呈长方形的93个,呈凸字形的7个,呈刀形的3个。顶部四角为委角的情况未统计。

另外,连云港地区封土石室内部空间上还有个别特例,即带有龛室和耳室的情况。如:位于花果山街道当路村卧牛岭东坡的南云台山M100,底部平面呈长方形,形制较大,西墙壁后部至前3.87米处有耳室;如:位于海州区锦屏山南麓桃花涧景区内的锦屏山M6,底部平面呈梯形,顶部平面呈长方形,石室内共有9个龛室,均位于石壁底部,每壁各3个,龛宽0.35米、高0.44米、深0.26米;又如:位于花果山街道当路村东西红山西南坡里老套的南云台山M37,底部平面呈凸字形,东、西、北三墙面建有龛室,尺寸分别是:0.8×0.8×0.8米、0.9×0.9×0.9米、0.7×0.7×1米。纪达凯、陈中《连云港地区土墩石室遗存时代性质新考》一文中也记述了"花果行2号墩,地属云台区南云台乡关里村……室内于门道相接处有一对耳室,右耳室长0.05(疑应为1.05)米、宽0.84米、高1.30米;左耳室长1.70米、宽0.84米、高1.30米。"[1]

5. 连云港地区封土石室内部空间的横截面有近似梯形和梯形二种情况。由于两侧壁面呈弧面,并向上渐内收,所以其横截面近似梯形;由于两侧壁面呈斜直壁,并向上渐内收,所以其横截面呈梯形。据调查统计,目前横截面呈梯形的封土石室有11个,其中还有1个呈直角梯形。

6. 连云港地区封土石室形制上应具有甬道这一结构。据连云港市重点文物保护研究所2011—2015年对连云港地区封土石室的实地调查资料显示,目前现存带有甬道的封土石室尚有91个。现存甬道长度不等,形状多为直道,极少数为弧形甬道,如:南云台山M272。

7. 连云港地区封土石室在保存现状上还可分为地上式、地下式、半地上式、半地下式。据连云港市重点文物保护研究所2011—2015年对连云港地区封土石室实地调查的资料显示,连云港地区封土石室的内部空间处于地上的有78个,处于地下的有64个,处于半地上的有8个,处于半地下的有167个。

(二)出土遗物及遗迹

1. 遗物

自连云港地区封土石室被关注以来,截止到2015年12月,真正对封土石室进行过考古发掘清理的工作只有二次。第一次是1989—1990年南京博物院、连云港市博物馆、灌云县博物馆发掘了其中22座(发掘资料未发表[2])。第二次是在2011—2015年连云港市重点文物保护研究所对连云港地区封土石室的实地调查中,于2014—2015年间对其中数座封土石室内部进行了清理和采

[1] 纪达凯、陈中:《连云港地区土墩石室遗存时代性质新考》,《东南文化》1993年第1期,第147页。
[2] 部分资料见当时参与发掘的连云港市博物馆工人员纪达凯、陈中《连云港地区土墩石室遗存时代性质新考》一文中。

集[1]。因此，要研究连云港地区封土石室的出土遗物只能以这两次发掘和清理采集的为依据。[2]

据《连云港地区土墩石室遗存时代性质新考》所记，1989—1990年发掘清理的22座封土石室内"共出土完整的或可以修复的器物40余件，其中以陶制品为主，还有少量金属器皿。出土物排列有序，一般放置于石室前、后部位，有的放置门道之中"[3]。出土的"陶瓷制品，完整器和已修复器物共37件，其中瓷器35件，陶制品2件。还有众多瓷片"[4]。其中，"出土的瓷器，大部分胎质较粗松，釉色为青色和酱黄色。釉面厚薄不均，脱落严重，器形不规整，有起泡、火候不均的现象。有的器形偏小，直径仅几厘米，毫无使用价值。从器物的形体、釉色、胎质判断，这批瓷器主要为安徽寿州窑产品，也有两件为浙江越窑系产品。瓷片中还有河南巩县窑的三彩瓷片。器类有碗、罐等。陶制品仅2件，为陶插座，泥质灰陶，模制。（梧桐沟24 ：6），正中有一直径为3厘米的通孔，围绕圆孔有12瓣花叶组成的莲花图案，其花瓣肥厚、圆润，充分显露了他的时代特征。器为扁方形，边长17.2厘米、高6.4厘米。（金苏村3 ：12），泥质灰陶、模制、扁方形，正中有3厘米直径的通孔，边长19厘米、高6厘米，边长9厘米。金属制品二件，（金苏3 ：5），铜勺，模制，胎厚0.1厘米。勺为船形，有翘起的勺尖，柄为条形，长11厘米，勺长9.5、深3厘米。（花果行18 ：1），'开元通宝'钱1枚。"[5]

据《江苏连云港封土石室墓调查简报》载，2014—2015年间"对三座不完整的封土石室墓进行了清理，出土陶器、瓷器、料珠、钱币、剪刀、棺钉等器物"[6]。其中，"南云台山M231共出土遗物61件，其中瓷碗1、钵1、陶灯座2、琉璃器13、棺钉44；南云台山M271共出土遗物28件，其中瓷碗2、瓷罐1、剪刀1、棺钉24；南云台山M272出土遗物17件，其中瓷碗7、瓷罐1、陶罐1、铜钱2、棺钉6。……封土石室墓内出土的瓷碗为唐早期至唐晚期的遗物。早期瓷碗深腹、壁弧直、饼足底；中期身浅、敞口外撇、饼足或饼足微凹；晚期，敞口、弧腹、碗底内凹向宽圈足发展。另外在清理的三座封土石室墓内都出土了大量铁质棺钉。"[7]

然而，上述两篇文章中关于出土遗物的断代问题存在可商榷处。

首先，上述两篇文章并没有公布完整的发掘清理或清理采集资料。如《连云港地区土墩石室遗存时代性质新考》一文只是发掘参与者根据发掘经历对连云港地区土墩石室的时代性质作出的考证，并不是发掘单位正式发表的发掘报告或简报，而且只公布了39件出土器物资料，而文中所述已修复的器物达40余件。又如《江苏连云港封土石室墓调查简报》中仅公布了在2014—2015年连云港市重点文保所清理采集的数座封土石室的其中三座的出土遗物资料，而南云台山M267、南云台山M269等封土石室的清理采集出土遗物资料就没有公布。而且，清理采集过程中在一些封土石室中曾发现晚清人骨、宋代、清代钱币、宋代至民国时期器物的现象均未在简报中提及。

［1］其中3个单位的出土文物资料见连云港市重点文物保护研究所《江苏连云港封土石室墓调查简报》，《东南文化》2015年第5期。

［2］中国地图出版社出版的国家文物局主编《中国文物地图集·江苏分册（下）》条目中也有关于连云港地区封土石室出土遗物的记载。其中多个条目中的相关记述是省文化厅最后统稿人依据《连云港地区土墩石室遗存时代性质新考》一文中的相关资料想当然而为之。

［3］纪达凯、陈中：《连云港地区土墩石室遗存时代性质新考》，《东南文化》1993年第1期，第148页。

［4］纪达凯、陈中：《连云港地区土墩石室遗存时代性质新考》，《东南文化》1993年第1期，第148页。

［5］纪达凯、陈中：《连云港地区土墩石室遗存时代性质新考》，《东南文化》1993年第1期，第148—149页。

［6］连云港市重点文物保护研究所：《江苏连云港封土石室墓调查简报》，《东南文化》2015年第5期，第50页。

［7］连云港市重点文物保护研究所：《江苏连云港封土石室墓调查简报》，《东南文化》2015年第5期，第50—52页。

其次，由于没有亲见1989—1990年发掘清理的出土器物，所以不能确定《连云港地区土墩石室遗存时代性质新考》一文中是否存在器物断代出入的问题。然而在新近召开的"中日韩连云港封土石室墓学术研讨会"上，曾于1989—1990年领队发掘清理连云港封土石室的南京博物院邹厚本研究员认为："1990年11月27日至12月23日清理发掘连云港市及灌云县石室土墩23座。……出土器物位置无规律可循，数量极少且多破碎，器物包括盏、碗、罐、壶等，其特征当为南朝—唐遗存。"

2. 遗迹

在2011—2015年的调查中，在个别封土石室中发现了文字题刻。主要有海州区锦屏山南麓桃花涧景区内的锦屏山M6，其石室后壁中部位置有"龚记"二字，楷体，字径0.35×0.40米；有海州区锦屏山老龙涧盘山路防火道北侧约18米处的锦屏山M70，其西壁发现文字，刻面宽0.77米，高0.53米，字径9×8厘米，文："此洞东乃庠生王槐泉公墓公名纶字理之配殷氏全窆于万历廿二年季冬廿四日"；有海州区锦屏山老龙涧盘山路防火道北侧约18米处、M70西侧约6米处的锦屏山M71，其底部的整石上竖刻"大吉"二字，字径0.07×0.08米，楷体；有花果山街道当路村卧牛岭东坡第二峰、水关门茶场西岭头的南云台山M52，其北壁一石有一行文字，竖排，文："大【名】州滕德【轸】【右】【令】名堂"，行书，字径6—12厘米；有花果山街道当路村水关门上源头卧牛岭东坡、M52北侧15米处的南云台山M80，其门石上刻有一"滕"字，行书，字径约15厘米；有花果山街道当路村卧牛岭顶峰的南云台山M109，其顶石残存4块，其中一块顶石上刻有"公介"二字；有花果山街道大南顶顶部偏南处的南云台山M221，其后壁整石上刻有"天下太平"4字，刻面宽0.07米，高0.17米，字径0.03米，楷书。

二　关于浙江石室土墩墓及支石墓

浙江石室土墩墓是分布于浙江地区的一种特殊的墓葬形式，属于江南石室土墩墓的范畴。浙江支石墓是分布于浙江境内的一种特殊墓葬形式。由于上述二者墓葬建筑在分布特点、构筑形制方面与连云港地区封土石室存在可比之处，因此，本文将对浙江石室土墩墓及支石墓研究成果的汇集、梳理，以探求二者间的联系，进而之于得出他们与连云港地区封土石室之间的关联。

（一）浙江石室土墩墓

1. 概念

江苏学者将石室土墩墓和土墩墓似视为两种类型的墓葬[1]，而浙江学者却将石室土墩墓和土墩墓视为土墩墓这一种类型墓葬中的二种形式[2]。本文中讨论的石室土墩墓是江苏学者界定

---

[1] 邹厚本主编：《江苏考古五十年》，南京出版社2000年第1版。
[2] http://blog.sina.com.cn/s/blog_62daf01a01014hz9.html《雪泥鸿爪的博客》之《探秘德清土墩墓》；另见杨楠《土墩墓及其相关概念之辨析》，《东南文化》2013年第5期，第35页。

的有别于土墩墓的石室土墩墓以及浙江学者界定的土墩墓墓葬形制中的石室土墩墓。

江苏学者认为:"石室土墩是西周至春秋时期广泛分布于太湖周围的一种特殊的青铜文化遗存。石室土墩又被称为'烽燧墩'、'藏军洞'、'古战堡'、'炮墩'、'石构建筑'等。随着大量新考古材料的出现,关于石室土墩的性质等问题引起了学术界的广泛的讨论和争鸣。有军事设施说、墓葬说、居住遗址说、祭天遗迹说、多元说等。其中影响最大的为军事设施说和墓葬说。80年代末90年代初,通过遥感技术,对环太湖地区石室土墩进行了广泛的调查。到目前为止,基本上搞清了石室土墩的分布规律、营造结构、文化内涵、年代分期。对其族属、性质和用途等问题也作了有益的探索。"[1]浙江学者认为:"石室土墩墓顾名思义是用石块垒成一石室,石室作用类似于后世的棺椁。"[2]"苏南浙北一带的许多低矮丘陵顶部顺着山脊分布着或多或少内部筑有长方形石室的馒头形土墩。这种有石室的土墩在民间和方志里被称为'风水墩'、'藏兵洞'、'古战堡'、'炮墩'、'烽火墩'等。自1954年以来,江浙两省的考古工作者已发掘了几百座这类石室土墩,认识到他并不是什么军事设施,而是一种特殊的墓葬。"[3]

2. 分布

"石室土墩的分布,主要于环太湖周围和杭州湾沿岸的丘陵山地。以苏南、浙北地区最为密集。北抵长江南岸的江阴、张家港,甚至沿海岸线相北延伸至连云港一带。南到钱塘江南岸的宁绍平原,舟山群岛一带也有发现。西至安徽广德一带。江苏苏州、吴县、无锡、武进、江阴、常熟、浙江的长兴、吴兴、安吉、海宁、绍兴、余姚、上虞、慈溪、舟山、奉化、鄞县、东阳等地都有发现。分布面积约4 800平方公里,总数有2 700座之多。从其分布范围来看,大体上与历史上吴越两国的疆域相符。"

浙江石室土墩大多建造在环太湖周围的山上。"在太湖西南的长兴一带,这里的山地是皖南丘陵和天目山分别向东、向北的余脉。山体在濒临太湖处呈指状分布。长兴片内石室土墩是整个太湖地区范围最大、分布最密集的区域。本区的石室土墩分布有两种现象:一种是在宜兴和长兴的牛角山和麒麟山以及长兴和吴兴交接的便山上,沿山脊呈珠状密集排列分布,以小型石室土墩为主,200米以下的山脊上分布最密集。200—300米的低山丘陵上分布较零星。另一种现象是在长兴县城西北的架子山和观音山上。石室土墩则以团状散布在山顶、山脊、山坡上。这一区域内,以小型石室土墩为最多,中型次之,大型石室土墩只有20座。"[4]

其分布规律是:

"一、石室土墩主要分布在50—200米的低山丘陵上,200—300米以上的山上分布较疏,300米以上的山上稀见。越是濒临太湖或其他水面的山上分布越密集。在几条山脉交汇的高处或突起较显著的地方,石室土墩往往比其他地方的要高大。……二、一般选择山脊浑圆、山

[1] 邹厚本主编:《江苏考古五十年》,南京出版社出版2000年第1版,第183页。
[2] http://blog.sina.com.cn/s/blog_62daf01a01014hz9.html《雪泥鸿爪的博客》之《探秘德清土墩墓》。
[3] 叶文宪:《越人石室土墩墓与华南悬棺葬》,《浙江社会科学》2003年第5期,第162页。
[4] 邹厚本主编:《江苏考古五十年》,南京出版社2000年第1版,第183—184页。

坡平缓、周围视野开阔的山上,没有特定的朝向和布局。……三、石室土墩在山顶、山坡、山麓皆有分布,以山脊线上分布最多,也有处于朝阳的山坡上。呈珠状排列为其主要分布特征。多沿山脊走向作单项排列,间距大小不等。近的几乎两墩相接,远的相隔有数十米。墩与墩之间没有叠压打破关系。但有明显成组关系。大中小型石室土墩的排列间距具有大疏小密的现象,大型往往占据山顶高处,中小型石室土墩排在侧翼较低处。四、石室土墩分布有着明显的集群现象,造成这种现象的原因与山体的岩性有着密切的关系。建造石室土墩的石料一般为片状和条状的岩石,其岩性一般为具有层理性构造的砂岩、页岩和石灰岩。石室土墩的分布与基岩的性质有着直接的关系,绝大多数的石室土墩均分布在泥盆纪、石炭纪和二叠纪的砂岩、页岩和石灰岩组成的低山丘陵上。在不适合建筑用材的基岩山上,石室土墩分布很少或根本没有。"[1]

"① 众多资料表明,石室土墩一般分布在山脊上或朝阳的山坡上,阳光照射不到的地方基本上没有石室土墩。② 石室土墩位于面水一侧的山体居多,而背水的地方十分少见。③ 位于较高海拔的石室其规模都较大,位于低矮丘陵的石室规模就小。在长兴便山一条山脊上有29座石室土墩,随着其所处高度的增加,石室长度亦从9米、14米、18米、21米……不断增加,位于山顶的一座石室(海拔262米)长度达到32米。……有的在山头上一个接一个,呈'一字形'排开;有的三五成组,互为犄角,成'品'字形组合;有的在两座之间有石墙相连;还有的和纯土墩交错分布,单个出现也不乏其例。"[2]

"石室土墩墓主要分布在太湖周围的……长兴、吴兴、德清、安吉、余杭、临安、海宁等地,在浙东的萧山、绍兴、上虞以及富阳、桐庐等地也有发现,其中太湖周围地区最为密集,据航空遥感技术调查,仅太湖周围的……长兴县和吴兴县境内就发现约2 700座之多。石室土墩墓筑于山坡与平地的极少,绝大部分都筑在山顶,顺着山脊或远或近一字排列。"[3]

"蜈蚣山土墩墓位于浙江省杭州市萧山区西部柴岭山至蜈蚣山之间的山脊和山坡处,……D19位于萧山柴岭山西南延伸线的山脊上,东北临D22,西南临D21。整体大致呈西南—东北走向,与山脊走向一致。"[4]

"东阳土墩墓群……这些墓葬均坐落于小山之巅,作东西向。"[5]

"近日,由浙江省文物考古研究所、嵊州市文物管理处联合组成的考古队在我市三江街道缸山村发现一处春秋时期的土墩石室墓。墓葬位于外山头半坡上"[6]。

[1] 邹厚本主编:《江苏考古五十年》,南京出版社2000年第1版,第184—185页。

[2] http://blog.sina.com.cn/s/blog_62daf01a01014hz9.html《雪泥鸿爪的博客》之王凡《太湖流域石室土墩的性质与用途——兼论良渚文化消失之谜》。

[3] 叶文宪:《越人石室土墩墓与华南悬棺葬》,《浙江社会科学》2003年第5期,第162页。

[4] 杨金东、崔太金:《杭州市萧山区蜈蚣山土墩墓D19发掘简报》,《东南文化》2012年第4期,第51页。

[5] http://www.zjww.gov.cn/unit/2006-05-19/57364986.shtml浙江省文物局网站之《东阳土墩墓群》。

[6] http://blog.sina.com.cn/s/blog_62daf01a01014htr.html《雪泥鸿爪的博客》之王鑫君、马亚祥《嵊州市发现一处春秋时期土墩石室墓》。

3. 形制

"石室土墩一般由石室、护坡和封土三部分组成。石室的平面多为长方形，少见椭圆形、腰鼓形，石室一般由甬道和内室组成，石室由两面侧墙、后墙、前墙（封门）、顶盖石和铺底石共同构筑而形成封闭的空间。石块都未见明显的加工痕迹，都选择较平整的一面作为石室的内壁，石室断面大多呈梯形，两侧壁向上渐收，底部大多铺小块石或石片，顶部以大石块或条石覆盖，有的在石室周围用石块垒砌成圆形或长方形的护坡，然后，堆土和石块形成椭圆形或圆形封土墩。根据现有的考古材料，石室的结构大致可分为两类。

甲类：四壁用石块垒砌成长方形石室。有的两端略宽，中部较狭小，平面呈束腰状长条形。壁面较平整，用石块交错叠压垒筑，石块之间的空隙填以小石片。两侧墙稍向内倾，80度左右。前后墙直立，并随两侧墙的内倾而向上逐渐斜收，最终为下宽上窄。底部基本平整，如果处于山坡之上，底部则随山坡的地势而略有倾斜。顶部盖大石块，其外用小石块和泥土堆筑成圆形土墩。这类石室一般较小。

乙类：三面垒筑石壁，略呈巷道状长条形石室，前端或石室中部处垒筑封门墙，将整个石室隔成内室和甬道两部分。两侧壁向上斜收，顶部覆盖石块或条石。横截面呈梯形。长8—16米，高约2—3米，有的高达6.15米。甬道长短不一，短者仅几十厘米，长者可达10米，少数甬道口略敞，呈喇叭形，在内室与甬道间用大小石块封门。有的在甬道中全部填以碎石块，有的在内室和甬道交界处的两侧壁垒筑向内突出的石垛，在石垛间垒砌规整的封门墙，其上用大条石封盖，而甬道部分则不盖顶，或不全部盖没，两侧墙自封门处向外渐次降低，成斜坡状。有的规模较大的石室则在甬道中设有两道封门墙，如长兴便山429号墩就设有两道封门。

乙类石室土墩的外部结构比甲类复杂，一般都在土墩底部边缘全部用大小石块垒筑成长方形石围墙，排列整齐，并在石室外用石块堆筑圆形或长方形的石护坡或护墙一至二道，用以加固石室，内外两道石护墙渐次下降，落差约50—90厘米。"[1]

"① 石室结构分为内室和通道两部分。内室由左右墙和后墙加盖顶石组成，盖顶石往往留有空隙，通道处有封门。大多石室呈长条形，也有少数呈'甲'字形、'凸'字形和'刀'字形的。② 石室正面有门，有通道，石室的左、右、后三墙之外均有梯形或馒首形的护坡，护坡由碎石和泥土堆筑而成。③ 在石室护坡的四周筑有一道或两道石墙，也有学者称他为石茔、石坝或石坎，这显然是为了巩固石室的整体安全所为。"[2]

"筑墓时选择山顶平整的石面或板实的土面就地取材用石块垒成长条形石室，室口大多朝向山的高处，方向与山脊走向一致。石室内壁砌得很平整，后壁直立，两面侧壁上部逐渐内收，上面用大石盖顶，墓口用石块垒砌封门墙，墙外有长短不一的墓道。石室外面用土石堆成馒头形土墩，有的土墩底部周围还有用石块砌出的护坡。石室土墩墓的规模大小相差悬殊，小的

[1] 邹厚本主编：《江苏考古五十年》，南京出版社2000年第1版，第185页。
[2] http://blog.sina.com.cn/s/blog_62daf01a01014hz9.html《雪泥鸿爪的博客》之王凡《太湖流域石室土墩的性质与用途——兼论良渚文化消失之谜》。

石室长3米、宽0.45米、土墩高2.5米、底径8.5米;大的石室长20米、宽1.8米、土墩高7米、底径21.5米。"[1]

"石角山、派园、银角山三座石室土墩墓墓室均由巨大的石块构筑而成,选用巨石多为板状、条状或方形,有的巨石长及数米,重达数吨,为其他地方石室土墩墓所罕见。现已清楚的墓室平面有"凹"字形、"凸"字形和长条形三种。前山土墩墓2003年配合甬金高速公路建设曾经发掘,是一座长方形浅土坑木椁墓,但甬道部分却用石块构筑成石室形状,形制结构相当特殊。"[2]

"土墩中部发现一座石室墓,墓道方向220度,由墓门、墓道、墓室、挡土墙和护坡组成。整体呈长方形,长12.83米、宽8米。石室两端经过平整,由大小不一的石块堆砌而成。墓门位于墓道外侧,用两个石块封堵,石块距墓道底约50厘米。墓葬内平面呈刀把型,分为墓道、墓室。墓道位于最西南部,长2.5米、宽约0.8米、深约0.95—1.42米,底为泥底,局部发现少量碎石块,较为平整。两侧为石块垒砌的墓壁,石块大小不一,较光滑的一面朝内,靠近墓室的石块较大。墓壁保存较为完整,由下向上略内收。墓室略呈长方形长约6.2米、宽1.5—1.66米、深约0.93—1.66米,墓底中部有一块巨大的基岩将墓室分为前后两个部分。基岩长2.6米、宽约1.5米,最高处高出墓底0.5米,基岩两侧墓底较平整,为熟土堆积,其内夹杂大量碎小石子。墓壁为石块垒砌而成,垒砌十分规整考究,一般选用大石块光滑的一面作为内壁,分层错缝垒砌,由下向上略内收。两侧壁下部保存较完整,上部因挤压变形,两侧壁厚约0.6米。墓葬外围挡土墙不是很明显,仅西南侧的前挡墙和东北部的侧挡墙有少量保存。挡土墙由大小不一的石块垒砌而成,石块较光滑的一面向外,较竖直,残高约0.5米。挡土墙与墓壁之间为土、石混筑,护坡较为明显,石块大小不一,堆放较为杂乱。护坡呈斜坡状,内高外底。墓室顶部尚存一块巨大的盖顶石,长1.3米、宽0.65米、厚0.5米。呈倾斜状,西北端均限于墓室内。墓内填土呈黄褐色,较疏松,其内涵大量石块,近底部填土夹杂大量碎小石块。填土中仅发现少量印纹硬陶残片,为见人骨、葬具痕迹。……

根据发掘和解剖情况,我们判断D19的营建过程应为:在山脊平整处平整地表,两侧缓坡处推土垫平,用大小不一的石块垒砌石室壁,石块较光滑的一面向内,三侧封堵,一侧留门,石壁的下部石块一般较大,起到稳定基础的作用。垒砌石壁的过程中,其外侧用土、石材料加固形成护坡,最外围用石块垒砌石挡墙,石块较光滑的一面向外,前端封门,用长条形大石块封顶形成盖顶石,最后封土成墩。D19墓底中间有一块巨大的基岩,且D19前后两侧各有一个早期土墩墓,二者之间的空间仅够营建D19。D19石壁的垒砌充分利用了基岩的走势,发掘发现下层器物底部距离墓底尚有20厘米的熟土堆积,我们认为这是为了减少基岩堆墓内空间的影响而特意垫高的。石室内部发现3座墓葬,西周晚期最早开始使用,沿用至春秋早中期。由此我们可以判断,D19在营建完成后应该可以直接经过墓门进入石室。这3座墓葬的发现也说明D19当时是可以通过打开墓门的方式进行多次埋葬的。这种石室土墩墓多次埋葬的情况与浙江长兴便山、德清独苍山的石室土墩墓的使用情况相似。……

[1] 叶文宪:《越人石室土墩墓与华南悬棺葬》,《浙江社会科学》2003年第5期,第162页。
[2] http://www.zjww.gov.cn/unit/2006-05-19/57364986.shtml 浙江省文物局网站之《东阳土墩墓群》。

D19的墓室形状为刀把形,这种结构与慈溪东安青山Ⅰ墩M4的结构类似,所不同的是慈溪M4的封门位于墓道与墓室的交接处,而D19的封门位于墓道口前端。"[1]

"从石室的建造结构来看,都是先选择或开拓山体较为平整部分,就地取用山上不规整的石块,选用较平整的一面作为石室内壁,垒筑成狭长方形的石室,顶部以大石块或条石覆盖,然后在石室周围堆土和石块,筑成略呈圆形的馒头形土墩。有的规模较大的石室,先垒筑三面石壁,待死者入葬后,再在另一端用石块填塞封门。一般土墩直径15米左右,石室长8米左右,底部宽1米左右。现存规模最大的石室,要算江阴周庄的墩。"[2]

4. 出土遗物

"石室土墩中的遗物以及几何印纹硬陶和原始青瓷器为主,两者约占出土遗物总数的80%,……长兴便山D495,印纹硬陶占37%,原始青瓷占28%。另有少量的泥质陶和夹砂陶器。除小件器外基本不见青铜器。出土遗物的数量与石室的规模不成正比,多少不等,少则三件,多则近百件,以一、二十件居多。陶瓷器的目数一般为单数,印纹陶罐、瓶一般为3件,原始青瓷一般为1、3、5、7、9、11件。器物之间有一定的组合关系,其基本组合以印纹陶坛、罐、瓶等盛器和原始青瓷豆、碗、盂等石器为主,除个别石室发现夹砂陶鼎、釜外,基本不见炊器。另有泥质陶罐、盆、钵、盘等。出土遗物大多排列有序,较大的器物集中放置于石室的后部,器物与器物之间有上下叠压现象。"[3]

"① 石室土墩的出土遗物中,以印纹硬陶、印纹软陶和原始青瓷为多,也有泥质陶和夹沙陶,陶色有黑皮、灰陶、红陶等。另有石器、玉器及青铜小件出土。② 器物有成组成套的,也有单件的。有生活用具和生产工具,也有冥器和祭祀器。"[4]

"石室土墩墓都是一墩一室,随葬品一般放在石室后部。在不少石室中还发现有两组或多组时代不同的器物放置在前后不同部位或被淤泥间隔而上下叠压的现象。这些现象显然是由于人们在不同时期利用同一石室来埋葬死者而造成的。这种特殊的葬俗既不是殉葬,也不是合葬,而是一种一墩多墓的特殊葬俗。

石室土墩墓中的随葬品较多,一般在10—30件之间,多的有60余件,少的仅4件。以陶瓷器为主,其中原始瓷约占50%,硬陶约占40%,泥质陶和夹砂陶约占10%,几乎不见青铜器和石器。器类主要是豆或碗,坛或瓮,罐或缶之类盛器与食器,缺少鼎、釜之类炊器,从未发现过有陶鬲,除了陶纺轮和陶网坠外很少见到生产工具和武器。根据石室土墩墓中出土的陶瓷器判断,其时代大约相当于西周中期到战国前期。"[5]

[1] 杨金东、崔太金:《杭州市萧山区蜈蚣山土墩墓D19发掘简报》,《东南文化》2012年第4期,第2、57—58页。
[2] http://blog.sina.com.cn/s/blog_62daf01a01014hzj.html《雪泥鸿爪的博客》之《江南石室土墩之谜》,来源:《江苏文化周讯》总155期。
[3] 邹厚本主编:《江苏考古五十年》,南京出版社2000年第1版,第185—186页。
[4] http://blog.sina.com.cn/s/blog_62daf01a01014hz9.html《雪泥鸿爪的博客》之王凡《太湖流域石室土墩的性质与用途——兼论良渚文化消失之谜》。
[5] 叶文宪:《越人石室土墩墓与华南悬棺葬》,《浙江社会科学》2003年第5期,第162页。

"墓内随葬品十分丰富,共分两层,两层之间的间距为6—30厘米,上层器物分布于脊沿两侧,东北侧较多;下层器物集中分布于基岩西北侧和墓室西南侧。出土器物编号74件。实有器物71件。但是,这组器物时代差异较大。清理时,随葬品与石块同出,有的随葬品甚至被小石块叠压,有的一件器物残片分别出土于上、下两层(D19∶11和D19∶64),可知一部分随葬品在下葬时已经破碎。根据器物分布情况和时代特征,这组器物可分为三组。应分别对应三座墓葬。第一组(D19M1)器物共二十一件,包括D19∶1—21,为上层器物,分布于基岩两侧;第二组(D19M2)器物共二十五件,包括D19∶22—D19∶37、40、53、59、61—68、74,为下层器物,多分布于基岩东北侧;第三组(D19M3)器物共二十五件,包括D19∶38、39、41—52、54—58、60、69—73,为下层器物,集中分布于墓室西南部墓道口附近。"[1]

5. 年代

根据太湖地区石室土墩出土遗物的造型、纹饰及其组合关系。可将石室土墩分为早、中、晚三期。

早期年代"与句容浮山果园第一期相近。据苏州上方山6号墩出土的木牍碳C14测定,距今年代2 910±75年,树轮校正年代为2 945±110年,约当西周中晚期"。中期遗物与金坛鳌墩、句容浮山果园2号墩M1出土遗物相似,时代约在春秋早期。晚期"以……吴兴苍山2号墩为代表。……本期出土遗物与无锡墙门镇M5、句容浮山果园1号墩出土器物相同,年代属春秋中晚期,至迟到春秋战国之交。"[2]

"从已发现的土墩墓资料来看,土墩墓涵盖的历史,最早可达商代,最晚可至战国初期。"[3]

"从出土器物的年代看,大多出自商代、西周中期、晚期到春秋战国、西汉等各个时代。但从红陶、灰陶、黑皮陶来看,时间上要上溯至史前文化。"[4]

"根据石室土墩墓中出土的陶瓷器判断,其时代大约相当于西周中期到战国前期。"[5]

"D19M3出土器物以原始瓷为大宗,出土大量原始瓷碗、盂。这种器物组合及器形特征见于江苏丹徒横山馒儿墩墓、华山大笆斗土墩墓、德清独苍山D10M1、南王山D1M1、淳安左口M5、长兴石狮D3M1、长兴便山土墩墓二期、慈溪东安青山Ⅰ墩M5、义乌平畴西周墓、东阳六石西周墓、江山石门大麦山M1,他们在浙江土墩墓分期中与第五期的器物类似,且不见德清火烧山窑址中第一期春秋早期早段的原始瓷碗,因此,D19M3的年代应为西周晚期。

D19M1和D19M2虽然分为上下层,但二者出土器物较为相似,均出土原始青瓷碗、盂、杯、盅和器盖,二者出土的深腹碗、杯和盅都极为相似,且分属二墓的D19∶11与D19∶64本身就是一件器物分置上下层,因此二墓应属同一时代。原始瓷深腹碗为折沿、深腹、上腹略直、下腹收为

[1] 杨金东、崔太金:《杭州市萧山区蜈蚣山土墩墓D19发掘简报》,《东南文化》2012年第4期,第52—53页。
[2] 邹厚本主编:《江苏考古五十年》,南京出版社2000年第1版,第186页。
[3] http://blog.sina.com.cn/s/blog_62daf01a01014hz9.html《雪泥鸿爪的博客》之《探秘德清土墩墓》。
[4] http://blog.sina.com.cn/s/blog_62daf01a01014hz9.html《雪泥鸿爪的博客》之王凡《太湖流域石室土墩的性质与用途——兼论良渚文化消失之谜》。
[5] 叶文宪:《越人石室土墩墓与华南悬棺葬》,《浙江社会科学》2003年第5期,第162页。

平底,与德清火烧山B型2式、3式碗类似;原始瓷盘器形为圆唇、敞口、折沿向上、浅弧腹、平底与德清火烧山A型3式碗类似。因此D19M1和D19M2的年代应为春秋早中期。……

蜈蚣山土墩墓是杭州地区首次揭露的土墩墓,37座土墩墓类型丰富多样,时代跨度较大,从商代末期延续到春秋末期。[1]

6. 性质、渊源与族属

关于石室土墩的性质、渊源与族属,目前学术界主要存在以下几种观点:

"① 烽燧墩——吴兵先生认为:太湖地区的石室土墩是一种军事设施,他类似古代的烽燧墩,和中国北方的长城一样,应该是我国古代的军事建筑。② 藏军洞——廖志豪先生认为:春秋战国之时,吴越、吴楚、楚越之间战争频频,太湖流域的石室土墩是一种用于军事目的的藏军洞。③ 居住遗址——张英霖先生认为:根据石室出土的实物例证,应该是一种古代人类的居住遗址。④ 祭祀遗址——钱正、陈军等先生认为:石室处于山脊,与天相近,石室中有些遗物未经使用,并伴有玦、璜、镯、璧等祭祀器物出土,因此是古代人类的祭祀性建筑。⑤ 墓葬——陈元甫、林华东、冯普仁、韩建立、刘建国、张照根等先生认为:综合石室土墩各方面的特点,包括其中留下的随葬物品,应是西周至春秋战国时期的墓葬。"[2]其中,"影响最大的为军事设施说和墓葬说。军事设施说认为,从石室土墩分布范围来看,大体上与历史上吴越两国的疆域相符。从分布规律看处于太湖周围山脊之上,形势险要,越是面向水面的山脊,越是密集。另外,沿长江沿岸和连云港一带的沿海低山上也有石室土墩的分布,这些地方都与吴越争霸活动有关。从时间上看,早中晚三期从西周中晚期到春秋战国,也与吴越的历史吻合。一些石室土墩之间有连成线和片的特点,有些石室土墩之间有石墙相连。具有明显的军事防御性质。从文化背景上看,构造大量的石室土墩要耗费大量的人力物力,从当时的生产力水平看,只有关系到国家存亡的战争和军事上的需要才有可能动员和集中各方面的力量来构筑石室土墩。而且石室土墩的出现比较突然,似缺乏一定的文化渊源。从石室土墩的结构看,其长条形狭长式石室显然与一般墓葬结构不同。一些石室的规模非常大,如苏州上方山6号墩,其石室高达6.15米、长9.6米、宽1.84米,通道长达10米;江阴缴墩长达30米。苏州五峰山、借尼山发掘的24座石室土墩的结构均是由石壁、门柱、门楣、石盖板、封口石、护墙、护坡和覆土组成。位于通道和石室口部的封口石均不及顶。苏州上方山、五峰山、七子山和安山的中发现了较多的木炭屑、红烧土,甚至发现厚达40厘米的草木灰烬,经火烤红的石块,石壁上的烟炱、陶灶和兽骨等。在常熟虞山维摩寺石室土墩中期后部厚达40厘米的草木灰烬中有上中下三层器物出土。从文化内涵看,石室土墩中的器物组合之中缺少炊器,也没有发现过任何人骨或其残迹,也没有发现过葬具。而苏州真山墓地的墓葬之中确有彩绘漆片和葬具痕迹的发现。从文献记载上也可找到'藏兵洞'为吴王防兵所凿的记载等。《史记·吴太伯世家》载公子光使专诸刺王僚,'光伏甲士于窟室中',《吴越春秋》记载勾践执于吴时,曾囚于石

---

[1] 杨金东、崔太金:《杭州市萧山区蜈蚣山土墩墓D19发掘简报》,《东南文化》2012年第4期,第57—58页。
[2] http://blog.sina.com.cn/s/blog_62daf01a01014hz9.html《雪泥鸿爪的博客》之王凡《太湖流域石室土墩的性质与用途——兼论良渚文化消失之谜》。

室,'吴王起入宫室,越王、范蠡趋入石室'。墓葬说认为,石室土墩为封闭式结构,是吴越两国的一种特殊的墓葬形式。大多有封门,有的带有甬道。有的石室非常狭小,不适宜人的活动。石室所处的位置,符合墓葬择高而葬的特点。择高而葬可以防潮,也可能与古人的升天思想有关。除了山脊之外,山坡和平地之上也有石室土墩的分布。石室中所出的器物大多数制造得都很粗糙,不是实用器,应是随葬的冥器。而且有的石室中存在着器物的叠压和打破关系。从器物类型上看,也没有发现兵器。至于人骨,那是因为江南地区气候潮湿、土壤呈酸性,人骨不易保存。江南地区广为分布的红壤,是在湿润气候和常绿阔叶林作用下发育而成的土壤,其主要成分为三水铝矿,并含氧化铁,具有极强的酸性。红壤地区气温高、雨量多,一方面有利于各类作物的生成,另一方面又促进了那些失去生命力的有机物地快速分解。石室土墩作为一种墓葬形式,与东北地区、西南地区的积石墓、石棺葬、石板墓一样,都属于一种就地取材的特殊墓葬形式,并将他们的异同作了比较。随着浙南地区考古工作的开展,石室土墩的渊源也渐渐明朗,有学者提出石室土墩是由浙南地区的土墩墓演变而来的,并把石室土墩与土墩墓归入到同一个文化系统中。总之,石室土墩性质比较复杂,如果将其定为墓葬,和定其为军事设施一样,都有许多说不清的东西。必须将石室土墩放置到西周至春秋战国之际的历史文化背景中去考察,必须从吴越两国的政治、军事、文化、经济、历史等方面对其作宏观的分析,从吴越地区民族活动和变迁而形成的区域文化的角度去考察石室土墩这种特殊遗存。关于石室土墩的族属问题,也存在不同的争议。冯普仁在《试论吴国石室墓》中认为:根据现有考察资料,太湖地区西部自常州以西的宁镇地区至皖南屯溪一线,不见石室墓葬制。而成形土墩墓,在埋葬习俗以至随葬器物组合方面,存在着明显的差别。土墩墓是吴国的主要葬俗,从西周晚期开始,石室墓也成为吴国的一种主要葬制。石室土墩分布的区域是吴越两国的统治地区。根据文献记载,苏南、浙闽、皖南和赣东北地区,都属古越族生活的地区,古越族支系多,活动范围广,总称'百越'。太湖周围和杭嘉湖地区,是古代百越族中于越族的一支。这里分著吴越两国,但'吴、越二邦,同气同俗',在物质文化面貌方面,包括埋葬习俗在内,属于同一个文化系统。董楚平在《吴越文化新探》中根据是从辽西、辽东和山东、苏北等地为古代东夷文化区,在这个区域内先后出现过各种石构建筑,太湖地区的石室土墩明显要晚于他们,因而认为石室土墩是夷人文化南迁的结果。其中大多数学者持石室土墩同时为吴越两国的主要葬俗的观点,从《越绝书》《吴越春秋》《郡国志》等分别有'山有数石室'、'山有仲雍、齐女冢'、'死必葬我虞山之巅'、'文石为椁'等与石室土墩有关的记载,表明吴越地区确实存在着石室土墩这类墓葬遗存。"[1]

　　"太湖地区的石室土墩墓和宁镇地区的土墩墓外形都有高大的土墩,出土的陶瓷器造型、纹饰也都相近,但是他们仍有极为明显的差别,主要表现为:(1)葬地不同。石室土墩墓大都筑在石山的山脊或坡垄上;而土墩墓都分布在山坡或平地上。(2)墓葬结构不同。石室土墩墓中砌有长条形石室;而土墩墓一般为平地堆土掩埋而成,最多在平地上用石块铺砌一层石床。(3)出土器物的陶系不同,石室土墩墓中硬陶与原始瓷占90%左右,夹砂陶几乎没有;而土墩墓中硬

---

[1] 邹厚本主编:《江苏考古五十年》,南京出版社2000年第1版,第186—187页。

陶、原始瓷、泥质陶和夹砂陶大约始终各占1/4。(4)陶器组合不同。石室土墩墓中没有炊器;而土墩墓中有鼎、鬲、釜、甗之类炊器。(5)石室土墩墓中不用铜器陪葬;而少数土墩墓中出土大量青铜器。(6)石室土墩墓中出土的陶器上已发现有十多个陶文,其字形与上海马桥、江西吴城等地发现的陶文相似,具有南方陶文的共同特征;而在土墩墓中没有发现过这类陶文。(7)延续年代不同。宁镇地区的土墩墓到春秋末随着吴国的灭亡就消失了;而太湖—杭州湾地区的石室土墩墓要晚到战国时期越国灭亡以后才逐渐被楚式的土坑墓和木椁墓所取代。(8)分布区域不同。石室土墩墓主要分布在武进、宜兴一线以东;而土墩墓则主要分布在武进、宜兴一线以西。

上述种种差别表明,石室土墩墓和土墩墓是属于两种不同文化的两个族属的墓葬,根据其分布的区域、存在的年代和包含的内涵来分析,土墩墓应是吴人的墓葬,石室土墩墓应是越人的墓葬。石室土墩墓源于本地区的土墩墓。在衢州、义乌、江山、淳安、慈溪、海宁等地都发现过西周早期的土墩墓,这些墓中常常用卵石铺底或挖一浅坑,坑内用石块砌筑坑壁,这些墓中也主要出土硬陶和原始瓷,陶瓷器的形制与石室土墩墓中的陶瓷器也可以衔接。在长兴便山、海宁夹山、德清独仓山和慈溪彭东、东安等地还发现这类土墩墓和石室土墩墓错杂分布在山脊上的现象,证明两者确有渊源关系。在浙江的江山、遂昌、淳安和福建的光泽一带还发现了早到夏商时期的土墩墓,据研究他们就是石室土墩墓的源头。"[1]

(二) 支石墓

1. 概念

"支石墓,或称石棚或石棚墓,是巨石文化中的一种墓葬形式。其分布范围很广,西欧、中近东、南印度、东南亚及东亚都有发现。在东亚,支石墓数量最多的地方是朝鲜半岛,特别是韩国南部。据调查,仅仅在全罗南道,就有支石墓11 102座,整个朝鲜半岛的支石墓超过2万座。其次是日本的九州,总数在300至400座左右。中国的支石墓主要集中在辽宁和吉林两省,其中辽东半岛已发现101座,吉林省西南部约70座。除了辽宁和吉林之外,地处中国东南沿海的浙江省也发现了一些支石墓。"[2]

"支石墓是巨石文化(Megalithic culture)中的一种墓葬形式,欧洲称之为Dolmen,我国考古界称之为石棚墓或石棚,浙南民间称为抬石墓,日本和朝鲜则称之为支石墓。我觉得'支石墓'的名称比'石棚墓'或'石棚'妥当。因支石墓除了墓葬内部地面和葬坑之外,主要由两大部分构成:一是盖石,二是支石。盖石多是未经加工的巨大石块,形状有板状、团块状和板块混合状。支石是在盖石下面支撑盖石的石头。这种石头有的是巨大的石板,竖立着支撑盖石,有的是多块竖立的条石,有的则是大小不等的块石。由石板支撑的支石墓,形状确实像石棚,而由块石支撑

[1] 叶文宪:《越人石室土墩墓与华南悬棺葬》,《浙江社会科学》2003年第5期,第162—163页。
[2] 毛昭晰:《浙江支石墓的形制与朝鲜半岛支石墓的比较》,(韩国研究丛书之八),杭州大学韩国研究所编:《中国江南社会与中韩文化交流》,杭州出版社1997年6月第1版,第6—7页。

的支石墓,并不像石棚,这种支石墓的数量很多,其中最大的一座在韩国全罗南道的和顺郡大薪里,盖石呈团块状,重达一百吨以上,盖石下的支石只有透过地面与盖石底部的一点点缝隙才能看到。这样的形状,无论如何也难以用'棚'字来形容的。据此,我认为'支石墓'一词可以涵盖'石棚墓',而'石棚墓'则不能包括所有的支石墓。在巨大的盖石下用支石来支撑,是这种墓葬的共同特点,这是没有问题的。如果盖石下面只有土坑而没有支撑盖石的支石,这样的墓只能称为'石盖墓'或'大石盖墓'。"[1]

本文所探讨的支石墓,是指浙江地区发现的支石墓。

2. 分布

"浙江的支石墓主要分布在温州地区的瑞安市。……1956年以来,……到目前为止,浙江全省发现的支石墓已达47座,不包括3座盖石墓。如果像韩国的有些学者主张的那样把没有支石的盖石墓也计入的话,那么其总数达到50座。……棋盘山距瑞安市约18公里。山的中部有东西两座山冈。西山岗1号墓保存较完整,墓门朝南,盖石最大长宽为4.5×3米,形状不规整,厚约0.6—0.7米,其下用不规整的条石支撑,条石之间用石块和泥土填塞。室内空间约深1.2米、宽2.5米、高1.2米。西山岗1号墓南侧约5.5米处有一小支石墓,东侧支石已缺,仅剩一朝南小洞。……在瑞安市东北约12公里的塘下区凤山乡沙渎村杨梅山,1989年也发现一座支石墓。据瑞安市文物馆俞天舒报道,这座支石墓用块石垒成墙体以支撑盖石,墓门朝南,发现时左半已毁坏。……东阳的支石墓位于东阳市东北约15公里的六石镇祥湖村东。整个支石墓长约13米、宽2.8米。南北两侧用垒砌的块石或石板作墙体以支撑盖石。东西两端均有封口石。墓门朝西,略偏南。盖石共7块,多为扁平的不规则的长方形或长卵形石板,墓门盖石略呈长方形,长2.20米、宽1.80米、厚约0.30米。墓门左墙石露出地面部分高约1米、厚约0.5米、宽约0.85米。墓门右墙石露出地面部分高约1.15米、厚约0.60米、宽约0.75米。这座长形的支石墓建筑在一个人工堆砌的土墩上,土墩高约6米,东西长约23米,宽约10米。由于其形制很像土墩石室墓,所以很可能是从支石墓到土墩石室的一种过渡形态。……1987年浙江东部台州地区三门县的满山岛发现支石墓5座。5座支石墓都在南岛海拔约50米的山巅上,顶盖已无存,但支石明显可见,石体多偏长,略呈环形竖立,高出地表约0.7至1.2米。……最近,在浙江南部瑞安市附近的平阳市钱仓镇龙山头(垂杨山)也发现了支石墓群,分布在海拔高约145米的山巅上。……总计浙江的支石墓,已发现的(包括已毁的)只有一座在浙江中部的东阳市,其他均在浙南沿海地区和浙东的海岛上。支石墓附近都有海或江河,如瑞安的支石墓都分布在飞云江两岸,平阳的支石墓位于鳌江南岸,东阳的支石墓距东阳江不到400米。支石墓附近还有古村落遗址。这些地形上的特点,和韩国的支石墓很相像。此外,除东阳祥湖村的支石墓外,其他的支石墓大多呈群集的状态分布在比较平缓的山坡或山巅上,这也和韩国南部支石墓的分布特点有相似之处,但浙江至今还没有发现过位于平

---

[1] http://blog.sina.com.cn/s/blog_4904ce73010004ty.html《physics的博客》之毛昭晰《先秦时代中国江南和朝鲜半岛海上交通初探》。

地的支石墓。"[1]

"中国支石墓较集中的地方是东北地区的辽东半岛和吉林省西南部,前者已发现支石墓101座(6),后者发现约70座(7)。使人非常感兴趣的是在中国江南地区的浙江省也发现了支石墓。1956年浙江省文物管理委员会(1983年改名为浙江省文物局)的考古工作人员在温州瑞安县莘塍区岱石山发现了两座支石墓,其中一座当时保存较完好,但'文革'期间这两座支石墓均被毁。1983年浙江省文物局在全省开展文物普查,在温州瑞安县莘塍区的岱石山、马屿区的棋盘山、塘下区的杨梅山又发现了一些支石墓,以后在温州平阳市的龙山头,苍南县钱库镇的洞桥村,台州三门县的满山岛以及东阳市六石镇的祥湖村又先后发现了一些支石墓。据我目前的统计,浙江全省共有支石墓54座,其中瑞安市岱石山33座,棋盘山东山岗2座,棋盘山西山岗2座,杨梅山1座;平阳县龙山头3座;苍南县洞桥村7座(3座盖石已毁);三门县满山岛5座(均无盖石);东阳祥湖村1座。此外岱石山还有3座无支石的石盖墓。"[2]

3. 形制

"1990年俞天舒在《瑞安石棚墓初探》一文中把瑞安的支石墓分为两种类型。(1)桌式石棚或被方式支石墓。在地表四角各立一石条作支石,前面支石比后面略高,上架扁平的盖石。左、右、后三面支石与支石间都用块石拌泥土填塞,成为墓室的墓壁。盖石侧视都向后倾斜。墓室空间较大。(2)棋盘式石棚或南方式支石墓。其结构是在地表左、右、后三面用不大的块石垒成墙体,墙体不高,高度相似,其上架盖石,盖石侧视甚平。墓室低矮。

1994年温州市文物处的金柏东在《居室建筑系列中的浙南石棚》一文中把瑞安的支石墓分为四种类型。(1)用大石板做盖,下支以多根条石。(2)用大石板为盖,石板薄处支以条石,厚处仅用块石垫高。(3)由支撑石和砾石组成墙体,上承盖石。(4)以支撑石和石板组成三面墙体,上承盖石。

陈元甫认为金柏东提出的四种类型,实际上是同一种类型。这种类型的支石墓,其构筑的方式是用不规整的长条石或石板,竖立排成三面墙壁,其上盖以大石。条石下部,或埋入事先挖好的沟槽,或在内外加上填土使其巩固。有的支石墓也有不用条石而用较大的石块的。

支石墓的形制,是由盖石和支撑盖石的支石这两个部分组成的。盖石有大小厚薄的不同,所以有的学者根据盖石的形状,提出'板状盖石型'、'块状盖石型'和'板块混合型'等称呼。

根据历年对浙江省支石墓的调查,并结合1993年浙江省考古研究所对瑞安岱石山支石墓的发掘情况,我认为浙江的支石墓可以分为下面几种类型。(1)岱石山Ⅰ型,以不规整的长条石竖立排成三面墓壁,条石下端埋入土中,上端承以盖石,条石与盖石连接。岱石山发掘的支石墓大多属于这一类型。(2)岱石山Ⅱ型,以较大的块石(高1米左右)排列于地面沟构成三面墓壁,块石下端不埋入土中,上端承以盖石,条石与盖石连接。岱石山28号墓属于这一类型。(3)岱石山Ⅲ

———————

[1] 毛昭晰:《浙江支石墓的形制与朝鲜半岛支石墓的比较》,(韩国研究丛书之八),杭州大学韩国研究所编:《中国江南社会与中韩文化交流》,杭州出版社1997年6月第1版,第8—9页。

[2] http://blog.sina.com.cn/s/blog_4904ce73010004ty.html《physics的博客》之毛昭晰《先秦时代中国江南和朝鲜半岛海上交通初探》。

型,四隅各用一块不规整的石条作柱,上承盖石,盖石前高后低,两边和后面用几块大石作围墙,围墙与石棚盖不相连接。1956年岱石山发现的东面一座支石墓属这一类型,发现时北边有三块大石围成围墙,围石间的空隙用石块填塞,围墙与盖石间留有空隙,南边无围墙,只用砾石围了一圈。(4)龙山头型,支石墓的墓门处都有一根较高的支石支撑着盖石。平阳市龙山头1号、2号支石墓及瑞安棋盘山东山冈1号支石墓可归属于这一类型。(5)祥湖型(长条形支石墓),两边用垒筑的石块作壁,上承多块盖石。前后有封口石。浙江仅东阳一例。"[1]

"这些支石墓的形制,除了东阳祥湖村的那一座可能是从支石墓到土墩石室墓的过渡形态。其余的(无盖石的除外)我曾把他们区分为四种类型。这些类型和我国东北发现的北方式支石墓不一样,而与朝鲜半岛(特别是济州岛)的南方式支石墓有许多相似之处。高丽大学教授金贞培认为浙江省的支石墓是'变形支石墓(所谓南方式支石墓)',与'典型支石墓'不同。他在《韩国和辽东半岛的支石墓》一文中说:'辽东半岛的支石墓主要是典型支石墓,与韩国的北方式支石墓有相通之处',这一意见很重要。如果辽东半岛和吉林西南部的'典型支石墓'和韩国北方式支石墓属于同一个文化圈,即秽貊族遗留下来的文化的话,那么在韩国西南部以及浙江发现的'变形支石墓'(南方式支石墓)是不是也可以视为另一种文化圈,或者相互之间存在着文化的交流呢?特别值得注意的是济州岛光令型的支石墓,这种支石墓的一个明显特点是在其前端有一块比较高的支石支撑着巨大的盖石,这是济州岛特有的。而在浙江的平阳市龙山头也发现了具有这种特点的支石墓(龙山头1号墓、龙山头2号墓),这似乎很难用偶然的巧合来作解释。"[2]

4. 年代

"关于浙江支石墓的年代,还没有经过测定。拿岱石山出土的器物的器形剂纹饰与江浙一带土墩墓出土的器物相比较,其年代约在西周早期到春秋晚期。不过俞天舒根据岱石山出土的原始黑瓷尊进行考证,认为其年代上限可能达到晚商。"[3]

"浙江支石墓的年代,从温州地区支石墓中发现的少量器物来推断,大约在西周早期至春秋晚期。朝鲜半岛的支石墓,石光曾根据西北地方沈村型和五德型的情况定了一个编年,从沈村1型开始到五德3型,大致是公元前20世纪中叶到公元前6世纪。但是在朝鲜半岛的南部,公元前3世纪还有五德1型存在,所以朝鲜半岛支石墓延续的时间大约还要晚。由于我所见到的韩国支石墓的资料从整个韩国支石墓的数量来说仅仅是一小部分,所以不敢妄下断语。但不管怎么说,浙江支石墓和韩国支石墓的比较是一个十分有意义的问题。正如金贞培教授在1997年7月考察了浙江支石墓之后给我的信中所说的:'韩半岛有二万余个支石墓,而在浙江省也发现了这种支

[1] 毛昭晰:《浙江支石墓的形制与朝鲜半岛支石墓的比较》,(韩国研究丛书之八),杭州大学韩国研究所编:《中国江南社会与中韩文化交流》,杭州出版社1997年6月第1版,第10—11页。

[2] http://blog.sina.com.cn/s/blog_4904ce73010004ty.html《physics的博客》之毛昭晰《先秦时代中国江南和朝鲜半岛海上交通初探》。

[3] 毛昭晰:《浙江支石墓的形制与朝鲜半岛支石墓的比较》,(韩国研究丛书之八),杭州大学韩国研究所编:《中国江南社会与中韩文化交流》,杭州出版社1997年6月第1版,第12页。

石墓,证实了两地在史前时代确实有过文化交流.'我深信他的意见是正确的。"[1]

三　连云港地区封土石室与浙江石室土墩墓及支石墓之间的关系

（一）在概念上

1. 相同点

第一,连云港地区封土石室、浙江石室土墩墓及支石墓都是利用石块、石板建造的人工构筑物。而且该类构筑物均有一个较为整体的内部空间——石室（或石棚）。所以在名称的概念上较为相似。特别是连云港地区封土石室和浙江石室土墩墓的称谓中均有"石室"二字。有学者更直谓之"土墩石室"[2]。而有学者在讨论石室土墩墓的称谓时认为,用"土墩石室墓"的命名夏为准确[3]。

第二,在老百姓的口碑中,连云港地区封土石室有"古洞"、"唐王洞"、"藏军洞"、"古焖子"等俗名；江南石室土墩墓则有"烽燧墩"、"风水墩"、"藏军洞"、"古战堡"、"炮墩"、"石构建筑"等俗称。可见他们均被俗称过"藏军洞"。

2. 不同点

第一,封土石室、浙江石室土墩墓都被称为"石室",而浙江地区支石墓又被明确称为"石棚"、"抬石墓"。因此是否可以这样理解:"石室"是以墙壁为支力点的,"石棚"是以立柱为支力点的。"抬石"一词更加形象地强调了主体和支力点之间的主从关系。

第二,正因为他们之间存在不同点,所以目前无论是学者还是老百姓对他们都没有一个统一的称呼。

（二）在分布上

1. 相同点

第一,连云港地区封土石室、浙江石室土墩墓及支石墓都分布在中国东南沿海的山地、丘陵、甚至海岛地区,海拔高度均低于300米。

第二,连云港地区封土石室、浙江石室土墩墓及支石墓都被建造在山坡、山脊、山顶、山麓上、

---

[1] http://blog.sina.com.cn/s/blog_4904ce73010004ty.html《physics 的博客》之毛昭晰《先秦时代中国江南和朝鲜半岛海上交通初探》。

[2] 纪达凯、陈中:《连云港地区土墩石室遗存时代性质新考》,《东南文化》1993年第1期；张学锋:《江苏连云港土墩石室遗存性质刍议》,《东南文化》2011年第4期。

[3] 杨楠:《土墩墓及其相关概念之辨析》,《东南文化》2013年第5期,第40页。

只有浙江东阳祥湖村支石墓一个除外。他们的建造者一般选择山脊浑圆、山坡平缓、周围视野开阔的地带而为之。

第三,连云港地区封土石室、浙江石室土墩墓及支石墓都具有一定的组群性。有的三五成群,有的一聚数十个,有的孤零零的相距较远。在每一个有上述遗迹的地区,都有遗迹个体绝对数量相对密集的地点,如:连云港地区的塔山(36处)和水关门上源头卧牛岭东坡(25处),封土石室绝对数量相对密集;浙江石室土墩墓"……长兴片内石室土墩是整个太湖地区范围最大、分布最密集的区域"[1],"在长兴便山一条山脊上有29座石室土墩"[2];浙江支石墓以瑞安市岱石山33座[3]的绝对数量为最多。另外,除了孤立存在的个体以外,成组成群的各个个体之间相对距离或近或远。

2. 不同点

第一,连云港地区封土石室多分布在山坡地段,位于山顶上的较少,位于海拔50米以下的山麓(含山麓台地)地带的极少。浙江石室土墩墓在山顶、山坡、山麓皆有分布,以山脊线上分布最多。浙江支石墓"除东阳祥湖村的支石墓(建筑在一个人工堆砌的土墩上)外,其他的支石墓大多呈群集的状态分布在比较平缓的山坡或山巅上,……浙江至今还没有发现过位于平地的支石墓"[4],以山巅上为多。

第二,连云港地区封土石室若成组成群分布,则多是以团状分布的;浙江石室土墩墓则多"呈珠状排列为其主要分布特征,多沿山脊走向作单项排列"[5],但"在长兴县城西北的架子山和观音山上。石室土墩则以团状散布在山顶、山脊、山坡上。"[6]目前尚未找到浙江支石墓成组群分布的具体特点的详细描述,但从毛昭晰所述"支石墓大多呈群集的状态分布在比较平缓的山坡或山巅上",可知其大致也是以团状分布的。

第三,连云港地区封土石室和浙江支石墓在分布上没有大小之分,而浙江石室土墩墓"大中小型石室土墩的排列间距具有大疏小密的现象,大型往往占据山顶高处,中小型石室土墩排在侧翼较低处。"[7]

第四,连云港地区封土石室两两个体之间最近者,其封土有叠压打破关系;浙江石室土墩墓"近的几乎两墩相接,远的相隔有数十米。墩与墩之间没有叠压打破关系。"[8]浙江支石墓两两个体之间有否叠压打破关系则不得而知。

[1] 邹厚本主编:《江苏考古五十年》,南京出版社2000年第1版,第184页。
[2] http://blog.sina.com.cn/s/blog_62daf01a01014hz9.html《雪泥鸿爪的博客》之王凡《太湖流域石室土墩的性质与用途——兼论良渚文化消失之谜》。
[3] 毛昭晰:《浙江支石墓的形制与朝鲜半岛支石墓的比较》,(韩国研究丛书之八),杭州大学韩国研究所编:《中国江南社会与中韩文化交流》,杭州出版社1997年6月第1版,第7页。
[4] 毛昭晰:《浙江支石墓的形制与朝鲜半岛支石墓的比较》,(韩国研究丛书之八),杭州大学韩国研究所编:《中国江南社会与中韩文化交流》,杭州出版社1997年6月第1版,第9页。
[5] 邹厚本主编:《江苏考古五十年》,南京出版社2000年第1版,第184—185页。
[6] 邹厚本主编:《江苏考古五十年》,南京出版社2000年第1版,第184页。
[7] 邹厚本主编:《江苏考古五十年》,南京出版社2000年第1版,第185页。
[8] 邹厚本主编:《江苏考古五十年》,南京出版社2000年第1版,第185页。

（三）在形制上

1. 相同点

第一，连云港地区封土石室、浙江石室土墩墓的石室及支石墓的墓室都是利用石块、石板、条石建造的。其顶部都是用数块巨型石板、条石作为盖石的。这些石块、石板、条石都是就地取材的，都是稍作加工的，或者直接就是自然石块、石板、条石。

第二，连云港地区封土石室、浙江石室土墩墓的石室及支石墓的岱石山Ⅲ型、龙山头型、祥湖型的墓室的构筑方法大致相同。即：都是在山上选定的地点平整好地面，用大小不一的石块垒砌出石室墙壁。或者先于四隅转角处立、砌石柱，再于四柱之间用大小不一的石块垒筑墙壁。定好门向的一侧留出门道位置，其他三侧砌成封闭式墙壁，石块较光滑的一面向内，各墙壁的下部石块一般较大，起到稳定基础的作用，较小的石块则置于上部。在垒筑墙壁的过程中，可能就在其外侧以块石、泥土随意叠涩砌出护坡。待墙壁垒筑成功后，利用护坡运送巨型石板或条石在其上盖顶。然后覆土成馒头状封土墩，并在封土墩外围边缘垒砌石护墙，石块较光滑的一面向外。门道前端砌筑甬道，并置封门石。石室内部四壁、顶壁之间石隙缝用石块、石片进行填补，大者填以小石块，小者填以小石片。由于目前所见浙江支石墓均已残损，其原貌不得而知，所以其外侧是否有封土墩亦未可知。

第三，连云港地区封土石室中的塔山封土石室的石室和浙江支石墓的岱石山Ⅰ型、岱石山Ⅱ型的墓室的构筑方法有类似之处，即均是以巨型条石、块石置于平地或略埋入土中，构成石室或墓室三侧墙壁，其中一侧留门，并以块石砌出门道。然后再在墙壁顶上置盖顶石板、条石。只是塔山封土石室的石室外是有封土墩和石护墙的。

第四，连云港地区封土石室和浙江石室土墩墓一般都是由石室、护坡和封土三部分组成，都是一墩一室。石室的平面多为长方形、"凸"字形和"刀"字形，少见腰鼓形的。石室一般由甬道和内室组成。石室由两面侧墙、后墙、前墙（封门）、盖顶石构成封闭的空间。石室断面大多呈梯形，两侧壁向上渐内收，有的两侧壁呈弧状内斜。顶部以大石块、石板或条石覆盖，有的在石室周围用石块垒砌成护坡，然后，堆土和石块形成椭圆形或圆形封土墩。最后在封土墩底部边缘再砌筑石护矮墙。

第五，连云港地区封土石室、浙江石室土墩墓及支石墓的盖顶石都相当巨大。如：蜈蚣山土墩墓 D19 "墓室顶部尚存一块巨大的盖顶石，长 1.3 米、宽 0.65 米、厚 0.5 米"；[1] 又如：瑞安市棋盘山"西山岗 1 号墓……盖石最大长宽为 4.5 × 3 米，形状不规整，厚约 0.6—0.7 米"[2] 东阳市六石镇祥湖村的支石墓"盖石共 7 块，多为扁平的不规则的长方形或长卵形石板，墓门盖石略呈长方形，

---

［1］杨金东、崔太金：《杭州市萧山区蜈蚣山土墩墓 D19 发掘简报》，《东南文化》2012 年第 4 期，第 52 页。

［2］毛昭晰：《浙江支石墓的形制与朝鲜半岛支石墓的比较》，（韩国研究丛书之八），杭州大学韩国研究所编：《中国江南社会与中韩文化交流》，杭州出版社 1997 年 6 月第 1 版，第 7—8 页。

长2.20米、1.80米、厚约0.30米。"[1]由于连云港地区封土石室的顶部宽度在1—2.6米左右,所以其盖顶石尺寸也应在1.2—3米左右。

2. 不同点

第一,连云港地区封土石室、浙江石室土墩墓及支石墓的朝向不同。连云港地区封土石室的总体朝向是朝南;浙江石室土墩墓总体朝向是东西向;浙江支石墓的总体朝向则是朝南。

第二,连云港地区封土石室、浙江石室土墩墓的石室及支石墓的墓室在规模上不同。连云港地区封土石室现存最大的石室之一是南云台山M267,封土直径约19.5米、高4.3米,石室底部平面长5.5米、宽2.6米,顶部平面长5.4米、宽1.4米,石室高2.2米。浙江石室土墩墓的规模相对较大,如:"长兴便山一条山脊上有29座石室土墩,随着其所处高度的增加,石室长度亦从9米、14米、18米、21米……不断增加,位于山顶的一座石室(海拔262米)长度达到32米。"[2]如:"石室土墩墓的规模大小相差悬殊,小的石室长3米、宽0.45米,土墩高2.5米、底径8.5米,大的石室长20米、宽1.8米,土墩高7米、底径21.5米。"[3]浙江支石墓小的"室内空间约深1.2米、宽2.5米、高1.2米。"[4]大的如"东阳的支石墓……长约13米、宽2.8米。"[5]由此可见,连云港地区封土石室相对江南石室土墩墓的石室(早期的除外)及支石墓的墓室在规模上略小。

第三,连云港地区封土石室、浙江石室土墩墓的石室及支石墓的墓室在形状上有区别。连云港地区封土石室内部空间的底部平面有长方形、凸字形、刀形、梯形、腰鼓形、弧腹瓶形6种情况,其中大部分为长方形;顶部平面有长方形、凸字形、刀形3种情况,其中大部分为长方形,并见有少数顶部四角为委角的情况。其长宽比大多约为1.5∶1、2∶1或3∶1,少见长条形的。浙江石室土墩墓石室的平面多为长方形,少见椭圆形、腰鼓形。其甲类的四壁用石块垒砌成长方形石室,有的两端略宽,中部较狭小,平面呈束腰状长条形。其乙类三面垒筑石壁,略呈巷道状长条形。从石室土墩的结构看,其长条形狭长式石室显然与一般墓葬结构不同。一些石室的规模非常大,其长宽比大多约在4∶1、5∶1、6∶1,甚至11∶1,多为长条形狭长式的。从现有资料分析,浙江支石墓长宽比大多与连云港地区封土石室的长宽比相近,只有东阳市六石镇祥湖村东的支石墓的长宽比为4.6∶1,故而毛昭晰把这座支石墓又定为长条形支石墓。

第四,连云港地区封土石室、浙江石室土墩墓的石室及支石墓的墓室的甬道长短及形状有区别。连云港地区封土石室现存带甬道的尚有91座。因多残损,难见其原始面貌,现只能通过尚存的甬道两侧边排列有序的石块来判断甬道的形制。现存甬道长度不等,最短的不到1米,最长

[1] 毛昭晰:《浙江支石墓的形制与朝鲜半岛支石墓的比较》,(韩国研究丛书之八),杭州大学韩国研究所编:《中国江南社会与中韩文化交流》,杭州出版社1997年6月第1版,第8页。
[2] http://blog.sina.com.cn/s/blog_62daf01a01014hz9.html《雪泥鸿爪的博客》之王凡《太湖流域石室土墩的性质与用途——兼论良渚文化消失之谜》。
[3] 叶文宪:《越人石室土墩墓与华南悬棺葬》,《浙江社会科学》2003年第5期,第162页。
[4] 毛昭晰:《浙江支石墓的形制与朝鲜半岛支石墓的比较》,(韩国研究丛书之八),杭州大学韩国研究所编:《中国江南社会与中韩文化交流》,杭州出版社1997年6月第1版,第8页。
[5] 毛昭晰:《浙江支石墓的形制与朝鲜半岛支石墓的比较》,(韩国研究丛书之八),杭州大学韩国研究所编:《中国江南社会与中韩文化交流》,杭州出版社1997年6月第1版,第8页。

的约5米。甬道的形状多为直道,只有极少数为弧形甬道,如:南云台山M272。有的封土石室的甬道入口处还保留一块方形立石,或立于甬道入口左侧,或立于甬道入口右侧,与甬道一侧边构成"L"形状,正好起到封挡石室入口的作用,就好像中国传统民居院门外的"L"形影壁似的。江南石室土墩墓的石室"甬道长短不一,短者仅几十厘米,长者可达10米,少数甬道口略敞,呈喇叭形,在内室与甬道间用大小石块封门。有的在甬道中全部填以碎石块,有的在内室和甬道交界处的两侧壁垒筑向内突出的石垛,在石垛间垒砌规整的封门墙,其上用大条石封盖,而甬道部分则不盖顶,或不全部盖没,两侧墙自封门处向外渐次降低,成斜坡状。有的规模较大的石室则在甬道中设有两道封门墙,如长兴便山429号墩就设有两道封门。"现存的浙江支石墓多已残毁,所以未见有提及甬道者。

第五,连云港地区封土石室有带龛室的,更有带耳室结构的例子。浙江石室土墩墓及支石墓中尚未发现有带龛室或耳室者。

第六,连云港地区封土石室、浙江石室土墩墓的石室及支石墓的墓室内部地面不同。连云港地区封土石室的地面为平整的土质地面,极少有石铺地面。在灌云县伊芦山有一个石室内部靠一侧墙壁有一个用块石围成的长方形石框结构,其用途不明。值得注意的是该石室地面土质较硬且相当平整。浙江石室土墩墓中则有不少石室内部具有石铺地的例子。浙江支石墓的内部情况不得而知。

(四)在出土遗物遗迹上

1. 相同点

第一,连云港地区封土石室、浙江石室土墩墓及支石墓中均出土了历史时期遗物。
第二,连云港地区封土石室、浙江石室土墩墓及支石墓中均极少有人骨出土。

2. 不同点

第一,连云港地区封土石室、浙江石室土墩墓及支石墓的封土和内部堆积不同。连云港地区封土石室的封土为黄色沙土,不分层,土质较纯净,极少有包含物。由于1989—1990年发据资料未发表,以及2014—2015年清理采集工作未注意控制土质土色,因而石室内部堆积情况不明朗。但南云台山M267石室内中心位置有一个尺寸约40×50的石框小坑,坑内出土了一只完整的灰色小陶罐。浙江石室土墩墓石室内部堆积有分层现象[1]。浙江支石墓的内部堆积情况不得而知。

第二,连云港地区封土石室、浙江石室土墩墓及支石墓中出土物的年代不同。连云港地区封土石室出土的遗物时代有南北朝晚期、隋唐时期、北宋时期、明清时期以及民国时期。主要有南北朝晚期小瓷盏、隋唐时期瓷碗、瓷罐、唐代中期瓷碗、瓷钵、唐代"开元通宝"铜钱,北宋时期钱币、明清时期瓷片、清代钱币以及清代人骨等遗物。同时还有一些器物年代尚待考订。浙江石室

---

[1] 杨金东、崔太金:《杭州市萧山区蜈蚣山土墩墓D19发掘简报》,《东南文化》2012年第4期,第53页。

土墩墓中的遗物以几何印纹硬陶和原始青瓷器为主,也有少量的泥质陶和夹砂陶器,另有石器、玉器及青铜小件出土。"陶瓷器的目数一般为单数,印纹陶罐、瓿一般为3件,原始青瓷一般为1、3、5、7、9、11件。器物之间有一定的组合关系,其基本组合以印纹陶坛、罐、瓿等盛器和原始青瓷豆、碗、盂等石器为主,除个别石室发现夹砂陶鼎、釜外,基本不见炊器。另有泥质陶罐、盆、钵、盘等。……根据太湖地区石室土墩出土遗物的造型、纹饰及其组合关系。可将石室土墩分为早、中、晚三期。"[1]即早期——约当西周中晚期、中期——时代约在春秋早期、晚期——属春秋中晚期,至迟到春秋战国之交。"关于浙江支石墓的年代,还没有经过测定。拿岱石山出土的器物的器形纹饰与江浙一带土墩墓出土的器物相比较,其年代约在西周早期到春秋晚期。不过俞天舒根据岱石山出土的原始黑瓷尊进行考证,认为其年代上限可能达到晚商。"[2]

第三,连云港地区封土石室发现有石刻文字,江南石室土墩墓及支石墓未有发现石刻文字的记载。

四 余 论

(一)根据现有考古调查工作中取得的出土遗物判断,连云港地区封土石室的相对年代不晚于南北朝晚期

也就是说,有人至迟在南北朝晚期就已经建造了连云港地区封土石室。其后的隋唐时期、北宋时期、明清时期、民国时期直至现代,则有人多次利用了连云港地区封土石室。

(二)通过对连云港地区封土石室、浙江石室土墩墓及支石墓特征之间的相互比较,可以初步得出他们三者之间存在着一定承续关系的认识

1. 虽然在连云港地区封土石室、浙江石室土墩墓及支石墓中出土遗物年代上有着明显的差异,但是我们还是可以从三者的比较中发现浙江石室土墩墓和支石墓之间的可比性更近些。特别是支石墓中的出土遗物可以和当地发现的土墩墓中的出土遗物相比对,说明这二者之间关联密切。特别是东阳市六石镇祥湖村的支石墓,从其所在位置、建筑在大土墩上、长条形结构、大条石盖顶等特征看,更像是一座石室土墩墓。因此,浙江石室土墩墓及浙江支石墓之间关联密切。如支石墓出土遗物年代确切,那么,浙江支石墓要略早于江南石室土墩墓,或者大致处于相同的一个时间段。

2. 从连云港地区封土石室的地理环境、分布状况、建筑形制、构筑方法等特征看,他与浙江石室土墩墓及浙江支石墓之间存在着直接和间接的承续关系。

第一,他处在中国东南沿海地区。清康熙五十年(1711)以前此地仍处于大海中,为海中山

---

[1] 邹厚本主编:《江苏考古五十年》,南京出版社2000年第1版,第186页。

[2] 毛昭晰:《浙江支石墓的形制与朝鲜半岛支石墓的比较》,(韩国研究丛书之八),杭州大学韩国研究所编:《中国江南社会与中韩文化交流》,杭州出版社1997年6月第1版,第12页。

岛。《山海经》名其为都州,晋郭璞注其为郁州,东晋称其为郁州岛,唐人考其为田横岛。其地处近海,为南北襟要,属于历史上的南北争夺、群雄据战之地。春秋战国时期吴越争霸北及琅琊,此地为必经之地;秦末田横五百人可能避居此地;两汉时期海曲吕母也可能在此屯驻;东晋孙恩、卢循曾北上以此为根据地,并在此大破刘牢之,生擒高雅之;南北朝时期刘宋曾于此侨置青、冀二州;梁、魏在此曾展开多次缠斗,民乱不断;隋末唐初辅公祐、臧君相盘踞在此起义,徐敬业所在的涟水也只距此100公里;北宋末年曾有张叔夜在此擒宋江的记载;两宋之际宋金交战,此地又成四战之地;明清倭患,此地海警不断。所以,在古代连云港地区中国南北方政治、经济、军事、文化等多方面交流和冲突相当频繁。而在浙江石室土墩墓及浙江支石墓盛行的历史时期内,连云港地区一度或几度属于南方吴越文化及其孑遗的控制、波及地带,特别是在东晋南北朝到隋唐之际,此种情况更加突出。因此,作为南方文化江南石室土墩墓范畴下的浙江石室土墩墓及浙江支石墓及其孑遗具有波及连云港地区的可能。同时由于连云港地区的特殊地理位置,在南北文化的交流和冲突中,连云港地区封土石室也存在着被多次利用的可能性。

第二,从形制上和构筑技法上可以发现连云港地区封土石室较浙江石室土墩墓及浙江支石墓具有一定的进步性。

因为连云港地区封土石室的石料上存在较多的金属工具修凿的痕迹。当然,这也有可能是再次利用时留下的。但有一点可以证明,连云港地区封土石室的盖顶石是已经解决了运送难题的。这就是为什么连云港地区封土石室的长宽比要远远小于浙江石室土墩墓及浙江支石墓长宽比。浙江石室土墩墓及浙江支石墓石室的长条形造型可能是为了方便向墙顶运送巨石,因而浙江石室土墩墓(江南石室土墩墓)的石室要砌成长条状。这样在顶上铺设盖顶石时,石室的前后两端先不封堵,以便在两侧墙壁顶部横置滚木并在石室内外以绳牵引盖顶石到位。

再就是笔者通过将连云港地区封土石室的平剖面结构与东汉以来直至唐宋时期的墓葬平剖面结构进行比较发现,连云港地区封土石室的平面结构直接受到了六朝时期砖室墓的影响。所以笔者认为连云港地区封土石室很有可能是浙江石室土墩墓(江南石室土墩墓)及浙江支石墓在南北朝晚期至隋唐之际在连云港地区的孑遗。

2015年12月6日凌晨稿成于守拖斋
2016年3月1日下午第一次修改
2016年10月17日下午第二次修改
2016年11月30日下午第三次修改

第七章　连云港封土石室墓与集安高句丽封土石室墓的比较研究

骆　琳　高　伟

一　集安高句丽墓研究概况

集安市位于吉林省南部,东南与朝鲜民主主义人民共和国隔鸭绿江相望。集安是高句丽中前期的政治、经济、文化的中心,都城遗迹至今犹存。迄今为止仅在集安已经调查发现高句丽墓葬一万多座。高句丽墓葬可分为积石墓和封土墓两大类,积石墓的总体时代早于封土墓,按出现时间早晚的顺序,积石墓又经历了"无坛→有坛→阶坛(方坛阶梯)"三个发展阶段;内部构造上,石圹墓的出现早于石室墓。石圹墓流行于高句丽政权建立之前到公元5世纪,积石墓则流行于公元3世纪末4世纪初至5世纪;封土墓中的中小型无壁画封土石室墓的上限与积石墓出现的时间相当,其下限可到高句丽政权灭亡之后,而大中型有壁画封土石室墓的时代在公元4世纪中叶至7世纪初。[1]

(一)集安高句丽墓的分布与方向

集安境内多大山深谷,蜿蜒起伏的老岭山脉纵贯南北,把集安分成东西两部,东称岭前,西称岭后。岭前、岭后共发现高句丽时代墓群32处,其中岭前23处,岭后9处。共有高句丽墓一万余处。集安高句丽墓群大多分布在河谷一级阶地上,如大路公社高地墓群和太平公社太平沟墓群;也有不少分布在山麓地带,如黄柏公社长川墓群,良民墓群;还有个别的分布在河漫滩上,如榆树林公社地沟门子墓群。高句丽墓有积石墓和封土墓,一般都是参差错落地混在一起,但是大体还可以看出靠山麓多积石墓,封土墓则多在河阶地上。这种现象在洞沟墓群尤为明显。[2]

集安高句丽墓葬并未有统一的墓向,但总体上来看以西南、东南方向为主,正南、正北、东北、西北向比较少见。

---

[1] 魏存成:《高句丽遗迹》,文物出版社2002年,第203页。

[2] 李殿福:《集安高句丽墓研究》,《考古学报》1980年第2期。

（二）集安句丽墓的形制

集安高句丽墓葬有的有墓室，有的只作简单椁室。就其外部结构大体可分为两大类：一类以石为封，称为积石墓；一类以土为封，称为封土石室墓。

1. 积石墓。即"积石为封"。又可称为封石墓，根据至今发表的资料，高句丽积石墓又可划分为无坛石矿墓、方坛石圹墓、方坛阶梯石圹墓，以及方坛石室墓、方坛阶梯石室墓几种类型[1]

A式：无坛石矿墓。该类型墓皆用河卵石在地面上堆积方形或长方形墓基，中间构筑石矿。石矿底多与地表平，有的略高地表。石矿上面封以碎石。该类型墓主要发表的墓葬有：集安良民M168[2]、集安上和龙三座、下和龙Ⅰ式二十九座，Ⅱ式5座[3]等。

B式：方坛石矿墓。基本与A式相同，只是在四角或四周底边用修琢的巨型石块或长方形石条垒砌一层方坛。该类型墓发表的主要有：集安良民M73[4]和集安七星山M879等[5]。

C式：方坛阶梯石矿墓。该类型墓的内部结构与方坛石圹墓相同，不同的是方坛之上又加方坛，通常为三层，逐成内收，呈阶梯状，故称方坛阶梯石矿墓。该类型墓发表的主要有：桓仁M11、15、19、23、32[6]，集安万宝汀M242[7]，良民M74[8]，集安上和龙M3、5、10—12[9]等。

D式：方坛石室墓。该类型墓四周为方坛结构，墓室筑于方坛中部地表，四壁或用规则的石块、石条砌成，或用整板石板竖立而成，上面覆盖巨石，作为平顶，也有抹角叠涩顶。墓道多偏向一侧，使整个墓室、墓道平面呈现为刀形。同一墓葬，有单室的，也有双室、三室，并列排列，各设墓道，多不相通，最后用卵石和碎石将所有墓室一起封包起来。方坛石室墓主要发表资料有：桓仁M1[10]、集安榆林河M21、31[11]等。

E式：方坛阶梯石室墓。该类型墓的内部结构与方坛石室墓基本相同，只是外部为方坛阶梯结构。方坛阶梯石室墓主要发表资料有：万宝汀M242—2、3、4[12]、桓仁M21[13]、七星山M96[14]、禹山下M41[15]和太王陵、将军坟皆属此类型。

［1］魏存成：《高句丽积石墓的类型和演变》，《考古学报》1987年第3期。
［2］李殿福：《集安高句丽墓研究》，《考古学报》1980年第2期。
［3］集安文物管理所：《集安上、下和龙村高句丽墓清理简报》，《文物》1984年第1期。
［4］李殿福：《集安高句丽墓研究》，《考古学报》1980年第2期。
［5］吉林省文物工作队、集安县文管所：《1976年集安洞沟高句丽墓清理》，《考古》1984年第1期。
［6］陈大为：《桓仁县考古调查发掘报告》，《考古》1960年第1期；《试论桓仁高句丽积石墓的类型、年代及其演变》，《辽宁省考古、博物馆学会成立大会会刊》，1981年。
［7］吉林集安县文物管理所：《集安万宝汀墓区242古墓清理简报》，《考古与文物》1982年第6期。
［8］李殿福：《集安高句丽墓研究》，《考古学报》1980年第2期。
［9］集安文物管理所：《集安上、下和龙村高句丽墓清理简报》，《文物》1984年第1期。
［10］陈大为：《桓仁县考古调查发掘报告》，《考古》1960年第1期。
［11］曹正榕、朱涵康：《吉林辑安榆林河流域高句丽古墓调查》，《考古》1962年第11期。
［12］吉林集安县文物管理所：《集安万宝汀墓区242古墓清理简报》，《考古与文物》1982年第6期。
［13］陈大为：《桓仁县考古调查发掘报告》，《考古》1960年第1期。
［14］集安县文物管理所：《集安县两座高句丽积石墓的清理》，《考古》1979年第1期。
［15］吉林省博物馆文物工作队：《集林集安的两座高句丽墓》，《考古》1977年第2期。

2. 封土石室墓。就其构筑特点可以分为四式

A式：方坛封土石室墓。墓室四周作方坛，中有墓室砌筑地表，上加封土。

B式：方坛阶梯封土石室墓。墓室四周作方坛二、三级，中有墓室砌筑地表，上加封土。

A、B两式数量极少，目前资料仅限于李殿福所著的《集安高句丽研究》一文之中。[1]

C式：土石混封土石室墓。用石材筑造墓室，墓室筑于地表，整个是以石块和土混封，多呈截尖方锥形。土石混封土石室墓主要发表资料有：集安长川二号封土墓[2]、山城下墓区332号封土石室墓[3]等。

D式：封土石室墓。用石材筑造墓室，墓室筑于地表，以纯黄土为封。石室多为单室，少有两室、三室。封土石室墓由石室、甬道、封土三部分组成，也有不设甬道。石室底部平面有"刀"形、"凸"形、方形等形式；石室顶部结构有平盖顶、平行叠涩式、抹角叠涩式、穹隆式。此式墓葬在高句丽封土石室墓中最为常见。发表资料主要有：吉林集安五盔坟四号墓[4]、山城下1141号古墓[5]、集安县老虎哨古墓[6]、集安东大坡高句丽墓[7]、集安禹山墓区集锡公路墓葬[8]等。

（三）集安句丽墓出土的文物

1. 积石墓

集安高句丽积石墓出土文物主要有陶器、铁器、铜器、鎏金器、金器、银器、钱币、玛瑙、动物骨骸等。

（1）陶器。集安高句丽积石墓出土陶器的主要器型有罐、壶、甑、钵、釜、耳杯、瓦当、板瓦、网坠、淘珠等。

（2）铁器。可以分为生产工具、马具、兵器、装饰品、葬具等种类。具体主要器物有釜、镰、锛、钁、凿、錾、马衔、马镳、扒锅、带卡、刀、镞、帐钩、鱼钩、锁卡、棺钉、棺环、饰片、甲片、簪等。

（3）鎏金器。器型主要是装饰品和马具。有铜质鎏金和铁质鎏金。具体主要器物有：叶形饰片、圆形鎏金饰、莲花镂空饰件、梅花形饰件、圆形泡饰、步摇饰、桃形马饰、杏叶带饰，镳、耳环、铜圈、带帽带卡、铃、铜扣、冠饰、环饰、角形饰、珠饰、簪、手镯、镜饰、铊尾、鞋钉、铆钉、带卡、马鞍桥、马镫、马衔、盔片、压条等。

（4）铜器。积石墓主要出土铜器有：鼎、盒、镶斗、甑、釜、洗、铜镜、铜钉、铜铃、步摇饰、泡形

［1］李殿福：《集安高句丽墓研究》，《考古学报》1980年第2期。

［2］吉林省文物工作队：《吉林集安长川二号封土墓发掘纪要》，《考古与文物》1983年第1期。

［3］李殿福：《集安洞沟三座壁画墓》，《考古》1983年第4期。

［4］吉林省文物工作队：《吉林集安五盔坟四号墓》，《考古学报》1984年第1期。

［5］方起东、林至德：《集安洞沟两座树立石碑的高句丽古墓》，《考古与文物》1983年第2期。

［6］集安县文物保管所：《集安县老虎哨古墓》，《文物》1984年第1期。

［7］张雪岩：《吉林集安东大坡高句丽墓葬发掘简报》，《考古》1991年第7期。

［8］吉林省文物考古研究所、集安市文物保管所：《集安洞沟古墓群禹山墓区集锡公路墓葬发掘》，《高句丽研究文集》，延边大学出版社，1993年，第21—79页。

饰、花形饰、心形饰、桃形摇叶等。

（5）金器。积石墓主要出土金器有：金针、金丝、金耳饰、金环饰、金泡饰、莲花金叶饰等。

（6）银器：积石墓主要出土金器有：银环、银头钗、银箍饰、银坠饰、银泡饰等。

（7）钱币。非常少见，目前资料发现有剪郭五铢、半两等。

（8）动物骨骸。目前资料仅见《03JYM0540出土的动物骨骸遗存研究》。该墓葬内共发现动物骨骸261件。其中碎骨102件，鱼骨1件，鸟骨69件，哺乳动物骨骸89件。

（9）其他。玛瑙珠、绿松石珠、白石管、灰石管等。

2. 封土石室墓

集安高句丽封土石室墓出土文物主要有陶器、铁器、鎏金器、铜器、金器、银器、石器、骨器等。

（1）陶器。集安高句丽封土石室墓出土陶器的主要器型有盆、罐、钵、釜、长颈瓶、鸭形虎子、四耳壶、灶、耳杯、板瓦等。

（2）铁器。可以分为生产工具、马具、兵器、装饰品、葬具等种类。具体主要器物有斧、锤、鞍桥、马镫、鞍板、带卡、甲片、矛、刀、镞、削、门镣、门环、铁钩、圆帽钉、圆片挡头、铁钉、棺环、饰片、帐钩、头簪、锻铁枢碗等。

（3）鎏金器。器型主要是装饰品和马具。具体主要器物有：铜扣、桃形片、带扣、珠饰、提手、环首、圆形片、圆形十字形带具、花饰、圆帽钉、半圆形帽钉、桃形甲饰物、带卡、长方饰片、盅形器、梅花棺饰物、挂钩、钉、环、泡钉、马饰等。

（4）金、银器。封土石室墓出土金、银器非常少，仅有金耳杯、银指环等。

（5）石质器物。封土石室墓石质器物有：石刀、石镞、石碑等。

（6）其他。封土石室墓其他器物有：漆皮残片、木灵牌残片、麻布残片、丝织物残片等。

（四）集安高句丽墓的年代

1. 积石墓

（1）无坛石圹墓。学者李殿福认为无坛石圹墓是"最早的一种式别，可能在高句丽建国前就有的墓葬形制之一"[1]。下活龙无坛石圹墓中出土的铁锛、铁刀、铁镰刀等与河南新安铁门镇汉墓、洛阳烧沟汉墓及河北满城汉墓出土的铁器基本相同，出土的直口长颈陶罐等陶器，均为手制，火候不匀，表现了高句丽早期陶器的风格。从墓葬形制及出土器物推断，下活龙古墓群的年代均在东汉时期，下限不晚于汉魏之交[2]。至于无坛石圹墓的下限，学者魏存成认为：上和龙M2随葬陶器多为轮制，火候较高，特别是其中有一件钵形陶甗，子母口，桥型横耳，子母口的下边，阴刻一周垂幔纹饰。这种纹饰在高句丽陶器中主要流行于5世纪前后。由此可见无坛石圹墓，下限可至

---

[1] 李殿福：《集安高句丽墓研究》，《考古学报》1980年第2期。
[2] 集安县文物保管所：《集安县上、下活龙村高句丽古墓清理简报》，《文物》1984年第1期。

5世纪。[1]

（2）方坛石圹墓。方坛石圹墓出现的时间相对来说比无坛石圹墓要晚，根据学者李殿福研究：在这种墓里曾出土过"明化""半两"、"五铢"、"大泉五十"、"货泉"等战国至东汉时期的货币……他的上限最迟不晚于东汉末年[2]。

（3）方坛阶梯石圹墓。方坛阶梯石圹墓桓仁M19出土的马衔造型，两端为圆环，但圆环较大，估计原是角形镳或S形镳。S形镳西周时已出现，流行于秦汉。因此，方坛阶梯石圹墓的出现时间，很可能与方坛石圹墓基本同时[3]。关于方坛阶梯石圹墓的年代下限，集安禹山墓区3319号方坛阶梯石圹墓所出"丁巳"铭卷云纹瓦当，学者李殿福推测其年代在4世纪上半叶；另外，该墓还出土过一件东晋青瓷盘口壶，同样可以作为方坛阶梯石圹墓下限年代的例证。

（4）方坛石室墓。由于发表资料很少，证据欠缺。

（5）方坛阶梯石室墓。方坛阶梯石室墓的上限根据学者魏存成研究：集安万宝汀M242，墓中不仅出土汉代流行的镂空卷云式的S形马镳，而且出土鎏金鞍桥包边。这种马鞍广泛流行于晋代，但是墓中又不出现马镫，因此推测该墓的时代大约在3世纪末至4世纪初。方坛阶梯石室墓的下限比较清楚，比如七星山M96，墓中出土饰有弦纹、垂幔纹和交叉篦点纹或折齿篦点纹的釉陶，出土配有圆形板状马镳、垂直高鞍桥和双镫的成套鎏金马具，证明其年代可到5世纪。

综上所述可以发现高句丽积石墓的上限高句丽建国前后，下限为5世纪。

2. 封土石室墓

（1）方坛封土石室墓。由于发表资料极少，证据欠缺。

（2）方坛阶梯封土石室墓。由于发表资料极少，证据欠缺。

（3）土石混封土石室墓。集安山城下墓区332号封土石室壁画墓，为截尖方锥形的封土石室墓，是黄色黏土间杂少许石块的土石混封墓。M332的墓室藻井作九层平行叠涩，总体呈四阿式。四壁绘的云纹王字织锦图案与朝鲜龛神塚前室龛室正壁所绘云纹王字织锦图案以及集安黄柏公社长川二号墓耳室四壁所绘的极为相似。骑射图位于甬道两壁的次要地位，比墓室四壁以人物风俗画为主题的要晚，比以四神图像为主题要早，可能是二者中间。此墓结构和甬道两壁所画的射骑形象、风格与洞沟12号墓及其北室所绘的骑射图极为相似。相对年代大约在4世纪末。[4]集安长川二号墓为一座单室土石混封土墓，墓葬可分墓道、南北耳室、甬道和墓室五部分。集安长川二号墓的壁画侍女所采用的技法与通沟十二号墓有很多相似处，所绘莲花也都是红色莲瓣，花瓣尖廋。从其墓葬结构以及壁画内容、风格推测其年代相当于公元5世纪中叶或稍后。[5]

封土石室墓。集安万宝汀墓区1368号封土石室墓，为封土石室壁画墓，由墓道、甬道和墓室

［1］魏存成：《高句丽积石墓的类型和演变》，《考古学报》1987年第3期。
［2］李殿福：《集安高句丽墓研究》，《考古学报》1980年第2期。
［3］魏存成：《高句丽积石墓的类型和演变》，《考古学报》1987年第3期。
［4］李殿福：《集安洞沟三座壁画墓》，《考古》1983年第4期。
［5］吉林省文物工作队：《吉林集安长川二号封土墓发掘纪要》，《考古与文物》1983年第1期。

组成。M1368平面作刀形，藻井是早期四阿式，壁画只作简单的墨色影，作梁立柱，以及砌筑白灰灶为随葬的冥器，都是早期做法。他的相对年代大约相当于3世纪中叶至4世纪中叶。1976年，吉林省文物工作队、集安文管所对集安洞沟高句丽墓清理的一批封土石室墓，其年代约在两晋到南北朝时期[6]。1984年、1985年吉林省文物考古研究所、集安市文物保管所两次对集安洞沟古墓群禹山墓区集锡公路墓葬进行考古发掘，其中发掘封土石室墓73座。JYM1339墓中出土的泥质红陶展沿罐，器型上具有高句丽中期陶器特点，其年代大约相当于5世纪。JYM1443墓中出土的陶釜，腹部内收，体瘦长，这是高句丽晚期的陶器特点，其年代大约进入7世纪。

综上所述，集安高句丽封土石室墓的年代大约从3世纪中叶开始，至7世纪。

（五）集安高句丽墓的族属

集安是高句丽中前期的政治、经济、文化的中心，遗留在集安的数以万计的高句丽墓是否只是高句丽一个民族，学者耿铁华研究认为：高句丽民族是多民族的融合，公元前37—668年，这是高句丽国家存在的705年。融入高句丽民族的有中原汉人、辽东汉人、乐浪汉人、扶余人、秽貊人、新罗人、百济人、契丹人、鲜卑人、靺鞨人等。需要说明的是，高句丽好太王和长寿王统治时期的5世纪，高句丽国内居民以高句丽人和汉人居多，其次则是扶余人、秽貊人、新罗人、百济人、契丹人、鲜卑人、靺鞨人等。[7]从高句丽墓积石墓和封土石室墓的时间和空间来看，积石墓集中在高句丽前期活动的地域，是高句丽前期的墓制，应体现高句丽固有葬式；而封土石室墓在高句丽毗邻地区早已流行。一般认为：高句丽地区的封土石室墓，特别是外部的封土应当是借鉴自汉人的墓制。而4世纪后叶以来高句丽对于乐浪、带方故地汉人集团的收编与统合才是其墓葬形制转变的根本原因所在[8]。因此，集安地区高句丽墓应是高句丽本民族与汉族在内的其他民族文化（主要是汉族文化）相互融合和发展的产物。

二　连云港封土石室墓与集安高句丽墓的比较

（一）墓葬分布与方向比较

连云港封土石室墓主要分布在山脊浑圆、山坡平缓、周围视野开阔的山坡、山顶和山麓上，以山坡上分布为主。受自然山势的影响，连云港封土石室墓排列不太规整。

集安高句丽墓群大多分布在河谷一级台地上，也有不少分布在山麓地带。集安高句丽墓的积石墓和封土石室墓一般都是参差错落地混在一起，但大体上积石墓多分布在山麓处，封土石室墓多分布在河谷阶地和平川地带。

连云港封土石室墓全部分布在山体的山顶、山坡、山麓等部位，集安高句丽墓有些位于山麓，

[6] 吉林省文物工作队、集安文管所：《1976年集安洞沟高句丽墓清理》，《考古》1984年第1期。
[7] 耿铁华：《高句丽民族起源与民族融合》，《社会科学辑刊》2006年第1期。
[8] 赵俊杰、马健：《试论集安地区高句丽新旧墓制的过度时段》，《东南文化》2012年第1期。

而大量墓位于河谷阶地和平川地带,这在连云港几乎未见。

连云港封土石室墓开口没有固定方向,以东南、西南、正南为主,其他各个方向也有少量分布。集安高句丽墓葬并未有统一的墓向,但总体上来看以西南、东南方向为主,正南、正北、东北、西北向比较少见。

(二)墓葬形制的比较

连云港封土石室墓总体呈缓坡馒头状,多数主体结构分为石室、甬道、封土三部分,有些封土石室墓不带甬道。石室左右两侧的石壁多自下向上逐渐内收,有些为直壁。石室后壁为直壁。石室顶部多采用体量较大的长条石平铺盖顶,极少数采用叠涩式顶部。石室多数有甬道。石室之外封以泥土,呈缓坡馒头状。石室墓底部平面有方形、梯形、刀形、凸字形、腰鼓形五种形式。

集安高句丽墓就其外部结构大体可分为两大类:一类为积石墓,一类为封土石室墓。积石墓,其名称来源于历史文献中"积石为封"的记载。根据积石墓内外结构的不同将高句丽积石墓划分为无坛石圹墓、方坛石圹墓、方坛阶梯石圹墓,以及方坛石室墓、方坛阶梯石室墓几种类型。

封土墓则比较简单,外部结构是封土,内部结构是石室,所以全称应是封土石室墓。高等级的贵族墓葬,不仅封土与石室规模高大、石室所用石材加工精细,而且石室四壁和室顶多绘有精美的壁画。数量众多的中小型封土石室墓,不仅封土与石室规模低矮,石材加工和砌筑技术随之降低,而且也不见壁画,个别室壁以白灰勾缝或涂以白灰。石室多为单室,少有两室、三室。封土石室墓由石室、甬道、封土三部分组成,也有不设甬道。石室底部平面有"刀"形、"凸"形、方形等形式;石室顶部结构有平盖顶、平行叠涩式、抹角叠涩式,穹隆式。

集安高句丽墓的墓葬形制可以分为积石墓和封土石室墓两大类,连云港封土石室墓仅有封土石室墓一种墓葬形制;集安高句丽封土石室墓既有高规格的壁画封土石室墓,也有中小型三室、两室、单室墓,连云港封土石室墓仅有单室墓。集安封土石室墓单室墓平面有"刀"形、"凸"形、方形,石室顶部结构有平盖顶、平行叠涩式、抹角叠涩式、穹隆式。连云港封土石室平面呈方形、梯形、刀形、凸字形、鼓形等,顶部绝大部分为平盖顶,极少数为平行叠涩顶。

通过比较连云港封土石室墓与集安高句丽积石墓,无论是外部结构还是内部结构都存在较大差异。连云港封土石室墓与集安高句丽封土石室墓在规模、等级上无法与其大型封土壁画墓作比较,绝大多数只是与集安中小型单室平盖顶封土石室墓形制比较相似,体量大致相当。

(三)出土器物及年代的比较

连云港封土石室墓与云南石棺墓都有随葬品出土。连云港封土石室墓出土的器物种类有陶器、瓷器、料器、钱币、铁器等;集安高句丽积石墓出土文物主要有陶器、铁器、铜器、鎏金器、金器、银器、钱币、玛瑙、动物骨骸等;集安高句丽封土石室墓出土文物主要有陶器、铁器、鎏金器、铜器、金器、银器、石器、骨器等。

通过比较连云港封土石室墓与高句丽墓,有陶器、铁器和瓷器三种共有的出土器物。

陶器方面,连云港封土石室墓出土陶器较少,仅出土1件陶罐和2件陶灯座,皆为泥质夹沙灰陶、素面。高句丽墓出土的陶器以夹沙、泥质、釉陶为主。泥质陶多呈灰色、红色、黄色、红褐色、黄褐色等,主要器型有:罐、壶、灶、盆、釜、钵、虎子、网坠、瓦当等。夹沙陶的主要器型有:罐、壶、瓿、瓶、纺轮、陶珠、板瓦等。釉陶陶胎多为泥质,釉色为黄色、青绿为主,主要器型有:钵、釜、瓿、壶、灶等。通过比较,连云港封土石室墓和集安高句丽墓在使用陶器做随葬品方面存在明显区别,连云港封土石室墓使用陶器数量相对较少,器型品种少,高句丽墓出土的陶器种类丰富且数量众多。

铁器方面,连云港封土石室墓出土器物有剪刀和棺钉,均为实用器,其中棺钉出土量较大。集安高句丽墓出土铁器可以分为生产工具、马具、兵器、装饰品、葬具等种类。具体主要器物有釜、镰、锛、镬、凿、錾、锤、马衔、马辔、鞍桥、马镫、鞍板、刀、镞、甲片、矛、削、扒锔、带卡、帐钩、锁卡、棺钉、棺环、饰片、门铙、门环、铁钩、圆帽钉、圆片挡头、头簪、锻铁枢碗等。通过比较连云港封土石室墓铁器器型较少,主要是棺钉,少有剪刀等实用器,集安高句丽墓出土铁器数量众多品种丰富。

瓷器方面,连云港封土石室墓出土瓷器主要有:碗、钵、罐等,其中碗的出土数量较多。集安高句丽墓出土瓷器数量较少,目前在积石墓和封土石室墓中仅有集安禹山540号墓出土1件瓷碗。[1]

另外,连云港石棺墓中的料器在集安高句丽墓中没有出现。集安高句丽墓中的铜器、鎏金器、金器、银器、玛瑙、动物骨骸等在连云港封土石室墓中没有发现。

根据连云港封土石室墓的形制以及出土的文物,可以判断连云港封土石室墓应是唐代早期至中晚期的墓葬[2]。而高句丽积石墓的上限为高句丽建国(公元前37年)前后,下限为5世纪,集安高句丽封土石室墓的年代大约从3世纪中叶开始,至7世纪。通过比较,连云港封土石室墓的年代从整体上明显晚于集安高句丽墓,连云港封土石室墓早期的年代和高句丽封土石室墓晚期年代大致接近。

（四）族属的比较

从考古资料上看,六朝至宋代连云港以及周边地区墓葬都是以砖室墓为主要墓葬形制。而连云港地区大量出现唐代石室墓,确实显得比较突然。这种墓葬形制很可能是一种外来墓葬文化的传入,也就是朝鲜半岛百济移民唐朝所留下的石室墓。(具体论述前文已有详细叙述。)正是由于唐朝百济移民的到来,连云港地区出现了与周边地区风格迥异的唐代墓葬。他们采用的是故土的墓葬形制,陪葬品却全部都是唐朝的器物,由此可以看出连云港封土石室墓是百济移民至唐朝,两种文化相互交融的产物。[3]

集安高句丽积石墓是高句丽前期的墓制,采用的是火葬的丧葬习俗,体现高句丽固有葬式和葬俗。高句丽地区的封土石室墓,特别是外部的封土应当是借鉴自汉人的墓制,采用的是土

[1] 吉林省文物考古研究所:《吉林集安高句丽墓葬报告集》,科学出版社,2009年第1版,第318页。
[2] 连云港市重点文物保护研究所:《江苏连云港封土石室墓调查简报》,《东南文化》2015年第5期。
[3] 连云港市重点文物保护研究所:《江苏连云港封土石室墓调查简报》,《东南文化》2015年第5期。

葬的丧葬习俗。集安地区高句丽墓特别是封土石室墓应除了高句丽民族外还存在汉族等其他
民族。

　　通过比较，连云港封土石室墓与集安高句丽墓在墓葬形制上只是与其中小型单室平盖顶封
土石室墓形制比较相似，体量大致相当；在出土器物上虽有陶器、铁器、瓷器三种共同器物，但器
型、种类很少有共通之处；年代上连云港封土石室墓早期墓葬与集安封土石室墓晚期墓葬较为
接近。

第八章 我国东北地区的高句丽封土石室墓及连云港封土石室墓墓主人之考察

魏存成

一

　　高句丽,又称高句骊,简称句丽或句骊,5世纪后逐渐改称高丽。高句丽族原活动于浑江流域和鸭绿江中游地区,据高句丽创始传说记载,公元前37年夫余族王子朱蒙南奔至今辽宁省桓仁建立高句丽政权[1]。由此开始到公元668年,高句丽政权在历史上存在了705年之久。其王城三治两迁,初治辽宁省桓仁,公元3年一迁今吉林省集安,公元427年再迁朝鲜半岛平壤。迄今,在我国境内以桓仁、集安两地为中心的广大地区仍保留着大量的高句丽遗迹,其中最常见的则是墓葬。曾有调查统计,就集安一地分布的高句丽墓葬就达万座以上。

　　高句丽墓葬的类型结构,总体上分为积石墓和封土墓两大类。前者早,后者晚,两者的数量大致相当,他们的交叉更替时间在四五世纪。

　　积石墓,其名称来源于历史文献中"积石为封"的记载[2]。其外部结构是用不同的石块和石材堆砌而成,主要是因其规模大小不同,又堆砌出无坛、方坛和方坛阶梯三种;其内部结构则因其时代早晚区别砌筑成石圹和石室两种。内外结合,墓葬具体类型和名称就可分出无坛石圹、方坛石圹、方坛阶梯石圹和无坛石室、方坛石室、方坛阶梯石室几种。如果外部结构统称为积石的话,那么内部为石圹的又可称为积石石圹墓,内部为石室的又可称为积石石室墓,积石石室墓的数量远少于积石石圹墓。

　　高句丽政权以集安为都的时间最长,计420多年,此时期正是积石墓流行的时间。迄今在集安保留的数千座积石墓中,有数十座规模巨大,砌造考究,属于高句丽王的陵墓和贵族的墓葬。

[1] 方起东:《〈好太王碑碑文〉释读》,见"中国著名碑帖选集"27《好太王碑》,吉林文史出版社,1999年;《魏书》卷一百《高句丽传》,中华书局,1974年版,第2213—2214页;金富轼:《三国史记·高句丽本纪》第一,吉林文史出版社,2003年,第173—175页。
[2]《三国志》卷三十《乌桓鲜卑东夷传》:"(高句丽)男女已嫁娶,便稍做送终之衣。厚葬,金银财币,尽于送死,积石为封,列种松柏。"中华书局,1959年,第844页。

这些大型积石墓的结构，外部多为方坛阶梯，内部则为石圹或石室，现存状况较好、时代较晚的太王陵和将军坟，内部就是石室结构。其中太王陵，学术界多认为是高句丽第十九位王好太王的陵墓，将军坟则被推定为高句丽第二十位王长寿王的陵墓。

封土墓则比较简单，外部结构是封土，内部结构是石室，所以全称则是封土石室墓。

高句丽本民族墓葬的类型结构是积石石圹墓，后来受到中原文化的影响，并保留本民族石结构建筑的传统，外部积石变成封土，内部石圹变成石室，则成为封土石室墓。积石石室墓则是前后两者交叉更替时期出现的一种过渡类型。由于石室是由石圹演变而来，所以其位置多在地表之上或半地上，墓道则和石室处于同一水平位置。

和积石墓一样，封土石室墓也有等级高低、规模大小之分。高等级的贵族墓葬，不仅封土与石室规模高大、石室所用石材加工精细，而且石室四壁和室顶多绘有精美的壁画。据统计，我国境内现已发现的高句丽壁画墓，集安36座，桓仁1座，抚顺1座，计38座，其中壁画保存较好的有十几座。壁画的内容从家内、出行、狩猎等日常生活开始，逐步增加莲花、拜佛等佛教题材，最后过渡到以四神图像为主。

数量众多的中小型封土石室墓，不仅封土与石室规模低矮，石材加工和砌筑技术随之降低，而且也不见壁画，个别室壁以白灰勾缝或涂以白灰。石室多为单室，少部分双室，个别三室，另外还有个别石棺或石椁。石室和墓道合成的平面有长条形、刀形和铲形（又称"凸"字形）几种，也有不设墓道的长方形。长条形和长方形的数量少，而且长方形的与石棺或石椁很接近，有时不易区分。室顶结构，分为平盖顶、叠涩顶（类似平行叠涩）、抹角顶（类似抹角叠涩）三种，但并不规整。

石棺和石椁，皆是石砌四壁，上平铺盖顶石，个别内置木棺，称石椁，多数不置木棺，称石棺，其规模很小。其他石室墓，长条形的，墓室与墓道连通为一体，明显长于其他墓室，但宽度不大，略宽于石棺，室顶结构为平盖顶，属于小型墓葬。刀形平面的，规模有大有小，所以其顶部结构有平盖顶，也有叠涩顶和抹角顶。铲形平面的，一般规模较大，墓顶结构绝大部分是叠涩顶或抹角顶。从随葬品统计，使用叠涩顶和抹角顶的石室墓中出土的数量和品种要多一些。由此可见，同是中小型的封土石室墓，细部的形制结构、规模大小，以及所反映的身份高低或其他葬俗等问题，还是有区别的。（图一—图四）

高句丽于4世纪初相继攻占中原政权设在平壤地区及其南侧的乐浪郡和带方郡，并于427年将王城迁到平壤，开始与朝鲜半岛南部的百济和新罗政权相争雄。因此，不仅平壤地区的高句丽墓葬绝大部分是封土石室墓，而且也影响了百济和新罗，使封土石室墓这种墓葬在百济和新罗也流行起来，其基本特征还是一致的。

二

2015年11月14—15日，由南京博物院和连云港市文化广电新闻出版局主办、连云港市重点

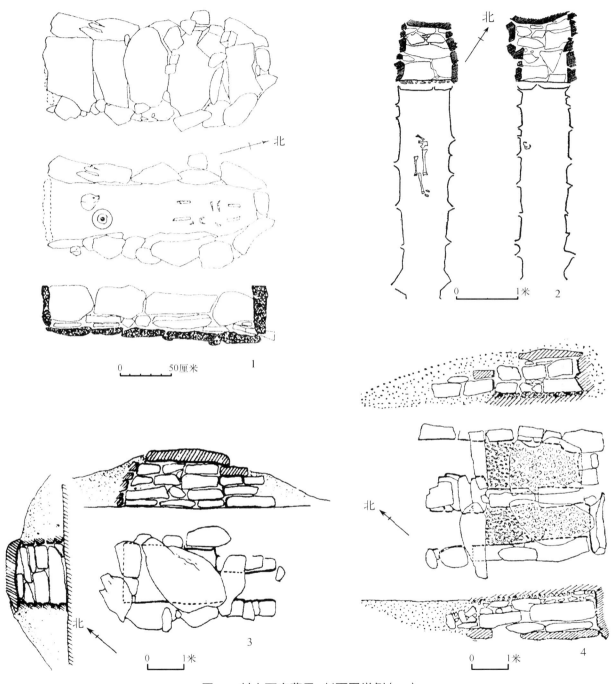

图一　封土石室墓平、剖面图举例（一）

1. 石棺（抚顺前屯M18）
2. 长条形平盖顶双室（集安禹山M678）
3. 刀形平盖顶单室（集安禹山M328）
4. 刀形平盖顶双室（集安老虎哨M7）

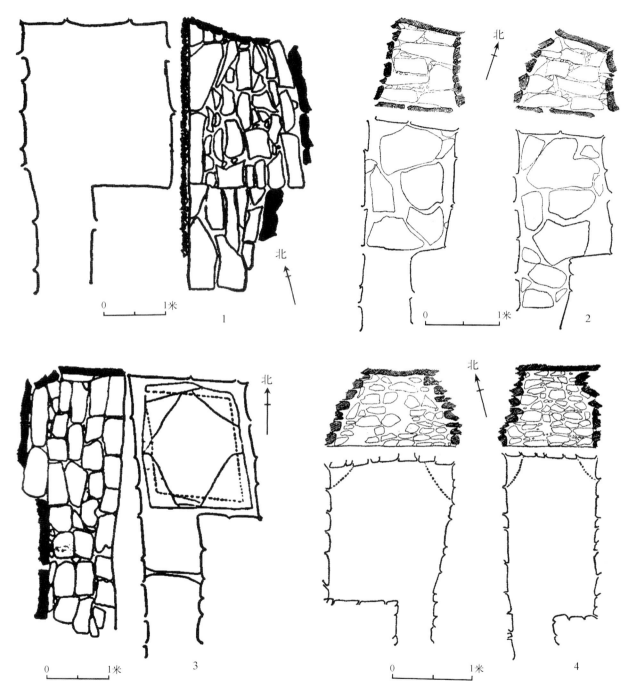

图二　封土石室墓平、剖面图举例（二）

1. 刀形叠涩顶单室（集安麻线M1479）
2. 刀形叠涩顶双室（集安禹山M711）
3. 刀形抹角顶单室（集安山城下M325）
4. 刀形抹角顶双室（集安麻线M1437）

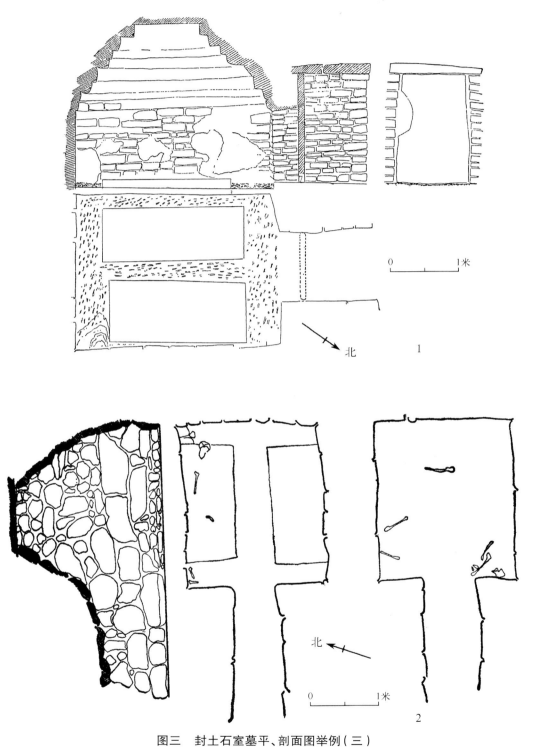

图三　封土石室墓平、剖面图举例（三）

1. 铲形叠涩顶单室（集安东大坡M217）
2. 铲形叠涩顶双室（集安麻线M1440）

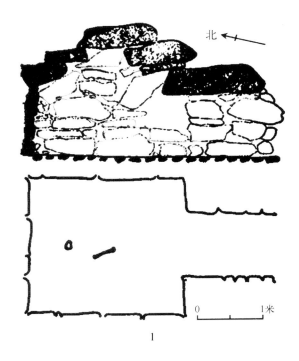

1

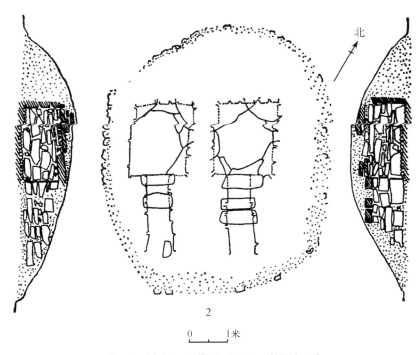

2

图四　封土石室墓平、剖面图举例（三）

1. 铲形抹角顶单室（集安洞沟M840）
2. 铲形抹角顶双室（集安老虎哨M1）

文物保护研究所和南京博物院《东南文化》杂志社承办，在连云港市召开了"中日韩·连云港封土石室墓学术研讨会"。与此同时，《东南文化》2015年第5期刊载了由连云港市重点文物保护研究所撰写的《江苏连云港封土石室墓调查简报》(下称《调查简报》)[1]。连云港封土石室墓主要分布在市区东部接近海边的几座小型的山中。研讨会期间，与会代表就该墓葬及有关问题进行了广泛的介绍、讨论和交流，同时考察了部分墓葬和部分出土遗物。在讨论和交流中，大家比较关注的是墓葬的年代和墓葬的主人。

关于墓葬的年代，《调查简报》将其定为唐代早期至晚期。研讨会中出示的几枚开元通宝钱币，比《调查简报》印出的拓片要清楚得多，可以明显看出早晚不同，说明这些墓葬的确在唐代持续了比较长的一段时间。

关于墓葬的主人，《调查简报》介绍该种墓葬在本地区少见，虽然与江南石室土墩墓的结构有相似之处，但是年代相隔太远，因此要考虑外来因素。《调查简报》和研讨会部分中外学者通过和百济墓葬的对比，主张是百济移民。其实，从墓葬结构形制来看，前边已经谈到，此类封土石室墓不仅在百济存在，在新罗和高句丽都存在，而且是由高句丽传播到百济和新罗去的。另外在中外古代文献中，百济、高句丽、新罗与此相关的记载都可以查到。

高句丽、百济和新罗，是7世纪之前在中国东北辽河之东和朝鲜半岛长期并存的三个政权，新罗请求唐王朝出兵先后灭亡了百济和高句丽，最后统一了朝鲜半岛大部。公元660年，唐派大将苏定方出兵联合新罗攻破百济王城，百济王投降，"定方以王及太子孝、王子泰、隆、演及大臣将士八十八人、百姓一万二千八百七人送京师。"[2]《调查简报》提出百济的王室、大臣被移送至京师，一部分平民无法送至京师，就迁徙到连云港地区并定居生活，他们去世之后则长眠于此。此推测虽然缺乏直接、明确的记载，但是从当时交通考虑，百济去唐陆路中隔高句丽，遣送人员只能走海路，于是一部分平民便中途留住在连云港地区，也是可能的。

高句丽政权是公元668年灭亡的，在此前后有数批高句丽人被迁往中原，其中比较集中的一批是发生在政权灭亡的第二年，总户数达三万，经莱州(今山东半岛掖县)、营州(今辽西朝阳)两地转发，可见分别走的陆路和海路，最后迁入江、淮之南，及山南、京西诸州空旷之地[3]。三万户，近二十万口，数量是相当不小的。

之后，唐王朝为了安抚辽东高句丽余民，677年又派遣高句丽末代王高藏回辽东，并回迁原内迁的高句丽人，结果高藏至辽东又谋叛，唐王朝则召还高藏，并散徙其余高句丽人于河南、陇右诸

---

[1] 连云港市重点文物保护研究所：《江苏连云港封土石室墓调查简报》，《东南文化》2015年第5期。
[2] 金富轼：《三国史记·百济本纪》第六，吉林文史出版社，2003年，第331页。
[3] 《旧唐书·高宗本纪》："(总章二年—669)五月庚子，移高丽户二万八千二百，车一千八十乘，牛三千三百头，马二千九百匹，驼六十头，将入内地，莱、营二州般次发遣，量配于江、淮以南及山南、并、凉以西诸州空闲处安置。"中华书局，1975年版，第92页。
《新唐书·高丽传》："总章二年(669)，徙高丽民三万于江淮、山南。"中华书局，1975年，第6197页。
《资治通鉴》："(总章二年—669)高丽之民多离叛者，敕徙高丽户三万八千二百于江、淮之南，及山南、京西诸州空旷之地，留其贫弱者，使守辽东。"中华书局，1956年，第6359页。

州[1]。而今连云港所在,正是河南道境内的海州。

新罗统一朝鲜半岛大部后,与唐王朝的友好交往更加畅通,走海路到山东半岛则是其中的主要路线之一。据公元838—847年间入唐求法的日本圆仁和尚所著《入唐求法巡礼行记》记载,当时在山东半岛及其以南黄海沿岸地区的乡间和城市,分布着多处新罗村、"新罗坊",居住着大量的新罗人。他们从事多种事业,尤其擅长于交通运输,圆仁就几次雇用新罗人的船和车。今连云港所在之海州,正是在此沿海南北节点上。圆仁和尚838年自扬子江江口到扬州,北上山东半岛,西去五台、长安、洛阳等地,845年再回到扬州,又北上山东半岛往返两次,最后从山东半岛海行回国,曾三次路经海州,与居住在此地的新罗人、新罗僧都有密切的接触。我过去对该地区的材料和研究关注很少,被邀参加会议也很急促,只是在参会之前翻阅了《入唐求法巡礼行记》,会后又看了张学锋先生发表的《江苏连云港"土墩石墓"遗存性质刍议——特别是其与新罗移民的关系》文章,该文对相关考古材料和文献记载所作的对比和分析很全面[2]。所以,将连云港封土石室墓推定为新罗移民墓葬的看法,很值得重视。

张先生在文章最后也提出了疑问,即迄今不仅在新罗移民聚居的扬州、楚州、涟水之水网地区没有发现类似墓葬,而且在自然环境与连云港地区非常相似的山东半岛威海市文登、荣城、乳山一带,也没有看到类似的报道。这样,我们是否要考虑到另一种可能,即唐代在连云港地区有一个相对稳定的集团在此长期聚居,如果是这样的话,那么如上所引文献,将该集团推定为被"散徙"到河南道的高句丽移民,也是说得通的。

附记:

本文在《东南文化》2016年第4期发表后,又看到同期发表的韩国学者朴淳发教授的文章"入唐百济遗民流向与连云港封土石室墓",再查对相关文献,将百济移民内迁变化略作梳理。1月10号高伟所长来电话说,准备把本文收入研究报告中,现将原梳理时的简单记录顺便附于此,也好与正文对照。

公元660年百济灭亡,其内迁人口,记载最详细的是《三国史记·百济本纪》,其曰:"定方以王及太子孝、王子泰、隆、演及大臣将士八十八人,百姓一万二千八百七人送京师。国本有五部、三十七郡、二百城、七十六万户,至是,析置熊津、马韩、东明、金涟、德安五都督府,各统州县。"

---

[1]《旧唐书·高丽传》:"仪凤中(676—678)高宗授高藏开府仪同三司、辽东都督,封朝鲜王,居辽东,镇本蕃为主。高藏至辽东,潜与靺鞨相通谋叛。事觉,召还,配流邛州,并分徙其人,散向河南、陇右诸州,其贫弱者留在安东城傍。"中华书局,1975年,第5328页。

《新唐书·高丽传》:"仪凤二年(677),授藏辽东都督,封朝鲜郡王,还辽东以安余民,先编侨内州者皆原遣,徙安东都护府于新城。藏与靺鞨谋反,未及发,召还放邛州,廪其人于河南、陇右,贫窭者留安东。"中华书局,1975年,第6198页。

《资治通鉴》:"(仪凤二年—677)二月,丁巳,以工部尚书高为辽东州都督,封朝鲜王,遣归辽东,安辑高丽余众;高丽先在诸州者,皆遣与藏俱归。又以司农卿扶馀隆为熊津都督,封带方王,亦遣归安辑百济余众,仍移安东都护府于新城以统之。时百济荒残,命隆寓寄高丽之境。藏至辽东,谋叛,潜与靺鞨通;召还,徙邛州而死,散徙其人于河南、陇右诸州,贫者留安东城傍。高丽旧城没于新罗,余众散入靺鞨及突厥,隆亦竟不敢还故地,高氏、扶馀氏遂亡。"中华书局,1956年,第6382—6383页。

[2]张学锋:《江苏连云港"土墩石墓"遗存性质刍议——特别是其与新罗移民的关系》,《东南文化》2011年第4期。

另，《三国史记·金庾信》记为唐"虏百济王及臣寮九十三人，卒二万人，以九月三日自泗沘泛船而归"，内迁人数多于《三国史记·百济本纪》。八年后，668年高句丽灭亡，唐于平壤置安东都护府。676年"二月，甲戌，徙安东都护府于辽东故城；先是有华人任东官者，悉罢之。徙熊津都督府于建安故城；其百济户口先徙于徐、兖等州者，皆置于建安。"（《资治通鉴》6378—6379页）建安故城，即今辽宁盖州青石岭山城。由此得知，十几年前百济内迁人口中有的是居于"徐、兖等州"的。徐州、兖州虽然与连云港所在海州不相邻，但同属河南道，相距也不算远，而且"徐、兖等州"也可能包括海州在内，这也是现知推定连云港封土石室墓与百济移民有关的唯一文献。但是，这些百济移民在676年是否真的"皆置于建安"，"徐、兖等州"能否还有留者，不知道。紧接着第二年（677），此事发生改变，见前文注释所引两唐书和《资治通鉴》所记。从此记载知道，高句丽末代王高藏至辽东"谋叛"不成被"召还"，唐"散徙其人于河南、陇右诸州，贫者留安东城傍"，而对于刚刚"皆置于建安"的百济人如何处置，此没有记载，是否有的又回到"徐、兖等州"，也不得而知。以上所附，并不是完全肯定或否定连云港封土石室墓与百济移民的关系，而是说有这种可能，要予以考虑和重视。

另，本文原发表题目是"我国东北地区的高句丽封土石室墓"，这次收入研究报告，为了与全文内容切合，改为"我国东北地区的高句丽封土石室墓及连云港封土石室墓墓主人之考察"。

2017年1月12日

第九章 入唐百济遗民流向与
连云港封土石室墓

朴淳发（韩国忠南大学）

从整个形制和结构上看，连云港地区分布的封土石室墓颇与韩半岛古代百济的石室墓相类。对于这一点笔者已经提出过意见[1]。百济和中国历代南朝政权交流频繁，必须从海路来往，连云港就是当时航路上必经的一个港口。以为百济使节船提供补给需要物品为业的人们中，可能有百济系人众。其后，随着公元660年百济为唐、新罗联合军所灭亡，一万二千到二万百济人被押送迁徙到唐内地，除了王族和高级官僚之外的一般人，肯定是被安置到了空旷落后的地方。有些百济人选好已有缘的连云港，便定居于此。如这种推测不妄，连云港封土石室墓和百济末期石室墓之间的巨大相似性就是很自然的。本文基于拙文针对百济遗民和连云港封土石室墓所发现的问题，在中韩学界同仁对于百济遗民已有的研究的基础上，加以笔者的意见，以求搞清楚连云港封土石室墓出现的历史背景。

一 百济遗民相关研究现状与问题

迄今，关于入唐百济遗民研究不少，但大多数研究集中于出土墓志等金石文。自20世纪初叶罗振玉把扶余隆墓志收录于自撰的《芒洛冢墓遗文·第四编》以来到今，百济遗民相关的金石文资料数量已达12件[2]。现存12件金石文资料的出土分布主要集中于以洛阳（5件）、西安（4件）为中心的京畿（1件）和都畿道（1件），以及太原（1件）等地。显然，唐朝将百济王族和权贵安置

---

[1] 朴淳发：《连云港封土石室墓的历史性格》，《百济研究》第57辑，2013（韩文）。
[2] 截至2015年已被发现的百济遗民墓志如次：扶余隆墓志（1919年洛阳出土）、黑齿常之墓志（1929年洛阳出土）、黑齿俊墓志（1929年洛阳出土）、难元庆墓志（1960年河南鲁山县出土）、祢寔进墓志（2000年西安出土）、祢军墓志（2011年发表，西安出土）、祢素士墓志（2010年西安出土）、祢仁秀墓志（2010年西安出土）、陈法子墓志（2012年发表，洛阳出土）、太妃扶余氏墓志（2004年陕西富平县出土）。此外，有龙门石窟877号窟扶余氏造像记、天龙寺石窟第15窟的《大唐勿部将军功德记》等碑刻。（参看拜根兴：《唐代高丽百济移民研究：以西安洛阳出土墓志为中心》，中国社会科学出版社，2012；尹龙九：《中国出土高句丽百济遗民墓志铭研究动向》，《韩国古代史研究》第75号，2014［韩文］等。）

于两京及靠近地方,是为了监视的方便。另外,从这些墓志的内容显示出,上层的百济遗民大概经过三代已开始和唐人通婚,融入唐文化。而且,突出显眼的是在军事力量方面百济遗民表现赫赫[1]。

以文献史料和墓志为中心的研究已取得了不少成就,比如百济显贵家族在唐地融入主流社会的具体过程和其贡献等。然而,已往研究中存在明显的不足。文献史料中关于被押送迁移到唐内地的百济一般老百姓记载很少。因此已往百济遗民研究本身带有不可避免的缺点。为了突破这种限制,并进一步深入研究整个百济遗民的问题,需要新的方法。笔者觉得解决之道就是探索关于百济遗民的考古资料。

那么到底什么是百济遗民考古资料呢?如前文所说,百济灭亡之后,入唐遗民的规模约一两万数。这样大规模的人群安置于某处之后,必然带来各种百济旧土的生活习俗,从而产生相关的生活文化文物。百济灭亡之后,并不只向中国遗民。虽然人口规模上较少在日本也有。据文献记载,当时日方政权将至少400人、最大3 000人的百济遗民安置于都城周边以及未开发地域。为了百济人顺利定居,推行积极保护政策,如免税、新设只有百济遗民组成的行政单位等。因此,入日本列岛的百济遗民留下了不少遗迹,如百济特色的付火坑房屋、以横穴式石室墓为主的墓葬、佛教寺院等[2]。虽然在对百济遗民的政策上唐朝跟日本政权谈不上同一,但一般人众安置方式不会有那么大的差异。出于充实国力和预防反叛的考虑,应该将他们安置于比较容易监制的空旷之地。这些事情的片鳞,可以从文献记载看到,具体内容可见下文。

尽管安置地点不同,从遗民安置方式上看,颇有可能让一般老百姓集住。这种推测的真实性可以由考古所得的遗迹来证实。以日本为参照,在住房、墓葬等方面应会找到类似的百济旧土文物。笔者以为立足于考古看百济遗民问题,才是突破现阶段以文献和墓志为主的限制,从而打开新局面的根本方法。基于这一点,连云港封土石室墓的意义非常重要,值得高度重视。

二 入唐百济遗民流向与连云港地区

据《三国史记》、《旧唐书》、《三国遗事》、《日本书纪》等文献记载[3],660年7月百济为

---

[1] 参看拜根兴:《入乡随俗:墓志所载入唐百济遗民的生活轨迹——兼论百济遗民遗迹》,《陕西师范大学学报(哲学社会科学版)》第38卷第4期,2009;郑炳俊:《在唐百济遗民》,《百济遗民们的活动》,百济文化史大系研究丛书第7册,忠清南道历史文化研究院,2007(韩文)。

[2] 参看菱田哲郎:《百济遗民对于白村江以后日本佛教寺院的影响》,《东洋美术史学》第2卷,2013(韩文)。

[3]《三国史记》卷第二十八《百济本纪》第六义慈王二十年(公元660年):"(前略)定方以王及太子孝、王子泰、隆、演及大臣将士八十八人,百姓一万二千八百人送京师。"

《三国史记》卷第五《新罗本纪》武烈王7年(公元660年):"定方以百济王及王族臣寮九十三人、百姓一万二千人,自泗沘乘船回唐。"

《三国史记》卷第四十二列传二金庾信中:"(唐人)虏百济王及臣寮九十三人、卒二万人,以九月三日自泗沘泛船而归,留郎将刘仁愿等镇守之。定方既献俘,天子慰藉之。"

《三国遗事》卷第一《纪异篇》太宗春秋公条:"定方以王义慈及太子隆、王子泰、王子演及大臣将士八十八人,百姓一万二千八百七人,送京师。"

(转下页)

新罗、唐联合军所灭亡后不到两个月，一万二千到二万左右百济人被押送到唐内地。虽然各文献所载具体数字有所出入，但韩中学界都认为当时被迁移入唐的百济遗民肯定超过一万，估计一万二千到一万三千人。其中，包括百济王等王族和一些大臣们去往东都洛阳，在朝堂拜谒皇帝，便安置在都畿地区。那些事情前文已说，不必再论。然而，对于大多数一般人的流向，文献记载太疏略，深入研究并不容易。

除了以上所说的百济遗民以外，还有一批规模比较大的入唐遗民，那就是随着侨置熊津都督府于辽东建安的事。因为671年新罗在百济故都城设置所夫里州，扶余隆所治熊津都督府实际上告终。据《旧唐书》和《新唐书》中《百济传》等文献记载，那时扶余隆跟刘仁愿等还唐，可能带来不少百济余众。676年2月唐朝廷把百济故土所在的熊津都督府侨置于辽东建安故城，同时任命扶余隆为熊津都督、带方郡王，让他安抚百济遗民。不过，扶余隆仅仅依托高句丽安东府治民，不久682年隆逝去，终于辽东百济也消灭了。

值得关注的是，组成辽东熊津都督府的百济遗民就是在公元660年被迁入唐的百济百姓。据《资治通鉴》卷202，唐高宗仪凤元年二月记载，最初入唐的百济遗民被安置于河南道徐州以及兖州一带。在辽东建安故城（即现今辽宁省盖州东北高丽城山）侨置熊津都督府之后，以他们为主形成当地居民群体[1]。众所周知，唐代徐州和兖州是当今靠近连云港的苏北山南内地。笔者在前文推测，在660年押送百济遗民的时候，可能前往洛阳的中途登陆地点就是连云港，除了王室属员和上层人员以外的百济遗民留在连云港这一边。但有关那种推测的直接文献记载找不到的情况下，《资治通鉴》的记载才是更重要的线索。尽管如此从前文所述的考古遗迹来看，即是连云港所在封土石室墓，百济遗民活动一定与连云港有关，这是不可否认的。

综合目前得到的文献和考古证据来看，连云港就是入唐百济遗民群众活动的唯一的地方。那么，笔者将试图进一步深入分析当时的具体情况。首先，要针对连云港封土石室墓的整个形制和结构，跟同时段的东亚地区石室墓进行比较分析，从而把握相互关系。笔者在前文中已经提出连云港石室墓的形制与百济末期的石室墓颇有类似，但在部分结构上也有高句丽墓葬因素。比如1989到1990年之间发掘的南云台乡前关村花果行2号墓具备两个耳室，且与其他石室砌筑方法不同，顶部采用藻井式架构法[2]。因为藻井式顶部架构技法是高句丽石室墓的典型特征，可以说该墓主人与高句丽密切相关。通过这一考古证据可见，连云港封土石室墓的筑造者们是以百济人为主，以高句丽人为部分组成的。

那这一情况的背景到底是什么呢？我觉得与前述《资治通鉴》的记载密切相关。具体来

（接上页）

《旧唐书》卷第一百九十九上列传《百济传》："虏义慈及太子隆、小王孝、演、伪将五十八人等，送于京师。"

《日本书纪》卷第二十六齐明天皇六年秋七月条："将军苏定方等所提百济王以下太子隆等诸王子十三人、大佐平沙宅千福、国办成以下七人并五十许人奉进朝堂。"

《日本书纪》卷第二十六齐明天皇六年同十一月条："百济王义慈、其妻恩古、其子隆等，其臣大佐平千幅、国办成、孙登等凡五十余人，于秋七月十三日为苏将军所提而送。"

[1]《资治通鉴》卷202唐纪·高宗仪凤元年二月甲戌：徙熊津都督府于建安古城，其百济户口先徙于徐兖等州者，皆置于建安。

[2] 纪达凯、陈中：《连云港地区土墩石室遗存时代性质新考》，《东南文化》1993年第1期，第147页。

说，在唐高宗仪凤元年即公元676年，已入唐被安置于徐、兖州的百济遗民再次迁徙到辽东熊津都督府的过程当中，颇有可能从连云港口经过海路到辽东。可能那时候因某种原因，部分百济遗民留下定居于连云港，或是他们前往辽东离开连云港之后，随着熊津都督府废置才回来定居于连云港。依据在连云港封土石室墓当中被发现的高句丽因素，从辽东回来的人群中肯定混有部分高句丽人。听说现今连云港当地人将北云台山的主峰称为"盖苏文峰"，我觉得这"盖苏文"好像是从高句丽末期权臣"渊盖苏文"的名字来的。这地名也显示出连云港与高句丽人的关系。

总的来说，起码从考古角度上连云港和百济遗民的关系不可否认，同时也有部分与高句丽系流民的关系。而且文献记载明确，靠近连云港的徐州以及兖州一带，就是百济灭亡之后来到唐地的百济遗民的被安置地。以此，笔者认为连云港是公元676年百济遗民往辽东建安古城所在侨熊津都督府出发或是从辽东回来的港口。众所周知，唐代连云港的地貌与现在有所不同，是由几个海岛连成的。这样的自然环境不太合适人类生活，能够推测本地定居人口不多，属于一种空旷之地，因而唐朝允许或默认百济遗民定居于海岛以及其边。

除了连云港以外，另有与百济遗民有关的地方。按《唐六典》卷三《尚书户部》，在岭南诸州也有百济遗民被安置的地方[1]。岭南就是主导百济复兴活动的百济王扶余丰的流配地。在公元663年8月为了复建百济，百济和日本大化政权派遣联合军与唐军于百济故土进行了最后一战。百济日本联合军战败，扶余丰逃往高句丽，但668年高句丽也为唐军所灭亡，扶余丰被押送入唐，受罚流配于岭南。可是只有简单的记载，所以无法确定其具体位置。韩国有学者关注广西壮族自治区南宁市邕宁县"百济乡"这一地名，但此外再无相关材料。还有中国学者根据清代方志的记载中"百济堡"地名(今湖北十堰市房县)，提出这地可能与百济遗民流向有关[2]。不过，除地名以外没有更多支持这种推定的材料。

三　通过连云港封土石室墓看百济遗民社会

据有些统计，在连云港地区分布的封土石室墓数量已超过700多座，且可能有更多发现。其整个墓葬的规模不亚于百济本土的任何地方墓群。这一点尤其值得关注。换言之，在连云港一带居住的百济遗民人口规模比百济本土的任何一个地方都不逊色。比如说，全面发掘调查的忠清南道舒川郡楸洞里所在百济墓群的整个数量只达100座左右。目前为止，在分布密度上最大的百济墓群之一，即百济都城里居住民专用的盐仓里墓群，其墓葬数量不到300座。与百济本土个别墓群相比，可以说连云港地区墓葬的规模非常庞大。

---

[1]《唐六典》卷三《尚书户部》："凡岭南诸州税米者，上户一石二斗，次户八斗，下号六斗。若夷獠之户，皆从半输，轻税诸州高丽、百济应差征镇者，并令免课役。"
[2] 拜根兴：《入乡随俗：墓志所载入唐百济遗民的生活轨迹——兼论百济遗民遗迹》，《陕西师范大学学报(哲学社会科学版)》第38卷第4期，2009年，第74页。

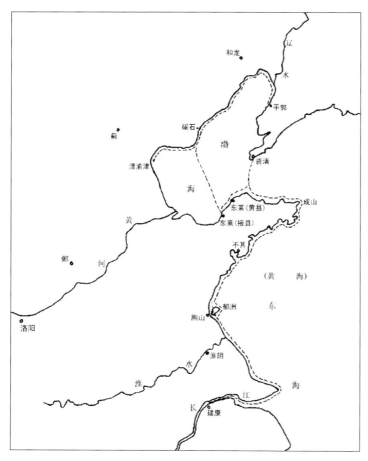

图一　中国沿岸航路和寄航地（张兴兆，2008）

除了墓葬规模以外，连云港封土石室墓群还有一个特征，就是造墓时间非常长。一般来说，造成墓葬的时间跨度与造墓集团的连续性程度有关。据有些研究者的看法，连云港封土石室墓自初唐一直继续至晚唐，或可以溯及隋代[1]。无论如何，那个时间长度绝不一般。那么，可以推测建造石室墓的人们，即百济遗民，那一段时间里很可能一直保持着互相认同性。这一点与通过墓志内容所获知的百济遗民上层的情况迥然不同，他们不到三代已开始和唐人通婚，融入当地文化[2]。

这种情况到底是什么原因导致的？笔者以为第一，是在连云港地区定住的人群组成比较单纯，换言之，以百济遗民为中心组成。这可以使他们保持与百济本土同样的墓葬习俗。如果百济遗民入住于以唐人为主的地方，与百济遗民上层们一样，与当地人通婚等，决不容易坚持百济固有习俗。从这个角度看，连云港地区颇有可能在百济遗民入住的时期是一种空旷之地。众所周知，现今连云港云台山等地就是唐代的几个海岛，因此不合适于以农业生产为主的定居生活，肯定除了从事航海活动以外的定居人口不多。百济遗民定居在这种空旷海角，便于开发、提高生产力，唐朝廷也可以从中获益。笔者以为这是让百济遗民集住于连云港，而保持认同性，坚持墓葬等固有习俗的第二原因。

现今连云港市西南地区和云台山都是历代海路交通的关节点，在南北朝时期自被称为"胸山"和"郁州"。因为这里是海路和陆上交通变换地点，南、北双方政权都高度重视[3]。郁州由位于胸山东的相连海岛组成，对于要进出北方和防卫领土的历代南朝政权有着重要战略价值。由海路与历代南朝政权交流的百济也经过郁州寄航，或在这儿登陆走往建康。考虑到这一点，在郁州那一边颇有可能有些百济人从事服务海上交通需要的工作。连云港出土百济系陶器可以证明

[1] 纪达凯、陈中：《连云港地区土墩石室遗存时代性质新考》，《东南文化》1993年第1期，第150页。
[2] 拜根兴：《入乡随俗：墓志所载入唐百济遗民的生活轨迹——兼论百济遗民遗迹》，《陕西师范大学学报（哲学社会科学版）》第38卷第4期，2009年，第80页。
[3] 张兴兆：《魏晋南北朝时期的北方近海水运》，《青岛大学师范学院学报》第25卷第2期，2008年，第32页。

（参看图二）这种推测。从这两个陶片的制作技法和戳印纹样等来看，笔者认为是在百济本土制作的。据连云港重点文物保护研究所的高伟所长所说，这两个陶片是从一个灰坑同隋代青瓷豆一块儿采集的。以此，我们可以推定，当时连云港一带用这种陶器的百济人定居，并服务经过郁州等地海路上寄航的或登陆的百济使臣们。

虽然定居人口不详，起码在隋代以前在连云港一带已有百济人，他们肯定从事于海事需要的各种活动以生存。百济遗民要在这种条件

图二　连云港出土百济系陶器

下的连云港一带定居，也自然从事与海事有关的服务。这是一代代人发展出来，在连云港定居的百济遗民的生存方法。百济灭亡之后经过几个世代，可能对他们的定位由百济人改变为朝鲜半岛代表的新罗人。当时新罗人集住地被称为新罗坊，于是在连云港地区留下来与新罗坊有关的地名。

四　余　言

目前为止，在全中国范围内，连云港封土石室墓实为独一无二的墓葬方式。对于年代、谱系、历史性格等，已有不少学者提出了意见。随着普查、发掘调查的进行，其年代的问题越来越清楚，大概当为南北朝末期或隋代到中晚唐。可是，对于造墓集团的历史性格还有分歧，有学者主张唐代新罗移民[1]。对于这种看法笔者已经加以探讨，并提出百济人建造说。尽管如此，把连云港石室墓建造人群定位于中国内地以外出身的看法，确是颇有突破性。坚持这种实事求是的思路，不久将把握真貌。综上所述，对于连云港封土石室墓和百济遗民的关系，笔者认为如此。

墓葬是在文化领域当中保守性最强的习俗，强烈反映民族的特性。所以，在该文化领域以外的地方保持原状，一定需要集团迁移等客观条件。而且为了长期坚持移民们固有的墓葬习俗，在定居地周边应该没有容易混入的外部文化因素，也即新的定住地越孤立越好。笔者以为连云港封土石室墓即是这种设想的良好条件的结果。

---

[1] 张学锋：《江苏连云港"土墩石室"遗存性质刍议》，《东南文化》2011年第4期。

　　其理想的条件的具体形式，就是百济灭亡之后被迁徙的百济遗民的生存状态。大多数百济遗民在660年被唐军安置于徐州和兖州，然后676年为了充实辽东熊津都督府再次被迁徙于高句丽故土建安古城时，他们可能经过连云港口从海路到辽东。不久随着侨熊津都督府消失，在他们随之离散的过程当中，不少百济遗民在从事服务海事的百济人所在的连云港一带定居，以同一职业来维持生存。

　　因为他们定居在不易同外地人接触的海岛上，因而能够保持自己固有的墓葬习俗。这种背景下长期绵延传承下来的百济遗民的墓葬，就是连云港封土石室墓。

第十章　略论百济墓葬的演变

赵胤宰（高丽大学考古美术史学系）

一　百济的历史背景

　　百济，系北方扶余族分支独立后，以朝鲜半岛中部的汉江流域为主要根据地而建立的国家。从北方南下的扶余族，起初居于马韩北部的汉城一带。之后，与马韩部落杂处，从约公元3世纪末开始，逐渐成为马韩部落联盟中最强部落。马韩所处地域气候温和，土地肥沃，有利于农业生产。其每年五月和十月都要举行祭鬼神仪式，以庆祝播种的完成和收获的结果。农业的发展促进养蚕织帛和园艺栽培的出现，同时，亦带动了商品经济的活跃。在如上条件的基础上，百济部落在马韩部落联盟中，最先进入了阶级社会。至近肖古王（公元346—375年）时，通过对马韩、伽耶及其他部落小国的征服活动，其基本巩固了国家的领土和体制。百济以汉城（京畿道）为中心逐渐征服马韩其他部落，4世纪初又占领了带方郡，从此便同高句丽形成争霸态势。在长期的战争中，百济屡次处于劣势，因而不得不迁都于熊津（今韩国忠南公州市一带，公元474年），公元538年又将都城南移于泗沘（今忠南扶余郡一带）。

　　如此，整个百济可分为三个发展时期，其一为以汉江流域的汉城为都城的汉城时代（公元前18—公元475）；其二为以锦江流域的熊津，即今公州为都城的熊津时代（公元475—538）；其三为以扶余为都城的泗沘

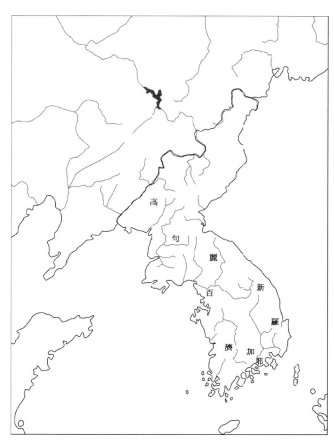

三国形势图

时代(公元538—660年)。百济王室出自扶余族,故而,其王在中国史书上或名"扶余某",或简略为"余某"。二十四史中的《宋书》、《梁书》、《魏书》、《周书》、《南史》、《北史》、《隋书》、两《唐书》,以及《通典》、《唐会要》、《太平御览》、《册府元龟》等均见有关于百济的记载。公元5、6世纪以后,百济又受到新罗的攻击,国势更加衰落。百济曾试图依靠中国南朝各代政权以及倭人来对抗高句丽和新罗,至7世纪中叶,则遭到新罗和唐的夹攻而灭亡。由此,可知百济和南朝间具有紧密的历史关系。据文献记载,百济自公元372年(近肖古王27年)开始了正式的对外交流。《晋书》卷九帝纪第九:"咸安二年春正月辛丑,百济林邑王遣使贡方物。"又"六月,遣使拜百济王余句为镇东将军,领乐浪太守。"但从目前的考古资料看,其时间还可提前至西晋时期,因3世纪百济势力范围内,发现了不少西晋遗物。

4世纪末到5世纪,百济逐渐扩展自己的势力范围,并得以在以汉江流域为政治中心的朝鲜半岛中部地区进行势力发展及巩固。随着政治和军事实力的增强,其对外的交流也愈发频繁。在汉城时期,百济主要与晋朝保持着外交关系。到了4世纪后期,百济开始遭高句丽的南征,而其地盘渐收缩至汉江以南地区。至公元475年,百济在与高句丽的长期战争中屡战不胜,终而不得以迁都熊津(今忠清南道公州市)。在熊津初期,百济力图与南朝宋和北朝北魏同时加强外交关系。可是,由于西海的海上交通路线已被高句丽所控制,最后未得以展开有效的交流活动。然而,到熊津中期,其再度恢复了与南朝诸政权的稳定外交。如此时期内,百济多次向南朝诸朝廷进贡并得到赐封,已形成了很活跃的外交关系。至公元538年,百济再将都邑迁于泗沘(今忠清南道扶余郡)。此时期,百济与南朝的梁、陈仍然有着不断的交流往来。

二　百济墓葬的分期

百济的墓葬据其都城的所在,可分为三个时期,其一为汉城期(今韩国首尔),其二为熊津期(今忠清南道公州),其三为泗比期(今忠清南道扶余)[1]。

汉城期的墓葬形制主要有,竖穴土坑墓、葺石封土墓、基坛式积石冢、围沟土坑墓以及横穴石室墓等。

一)土坑墓的基本结构为,在竖穴土坑安置木棺而地面无封土,流行于3—5世纪。百济之前土坑墓是普遍的传统墓葬形制,一直持续至三国成立之前,仍为主流墓制。土坑墓基本分布在整个韩半岛范围,青铜器时代晚期以来一直得到沿用,经原三国时代,至三国成立前期尚有被发现。百济的土坑墓最早出现于3世纪,如清州松节洞古墓群、天安清堂洞古墓群[2]等,都有发现早期土坑墓。此外,清州新凤洞古墓群[3]也发现有4—5世纪的土坑墓,亦曾引起过关注。

二)葺石封土墓,是先在地面封土而形成坟丘,在坟丘中挖开多数土坑而放置木棺或瓮棺等

[1] 朴淳发:《百济的建筑与土木》,忠清南道历史文化研究院,2007年。
[2] 韩永熙、咸舜燮:《清堂洞》,国立中央博物馆,1993年。
[3] 车勇杰、赵祥纪:《清州新凤洞古坟群》,忠北大学博物馆,1996年。

的葬具。例如，首尔可乐洞1、2号墓为典型类型，其平面呈抹角方形，边长约15—38米，高度在2米左右。除了封土的中心部位之外，以大小不同的河川石葺铺而覆盖全坟丘[1]。此类型墓葬开始出现于3世纪中后半，并分布于百济的中心地区，如此大规模的墓葬从未被发现，同时还出土了大量汉城期的早期陶器，因此被普遍认为是国家形成的有力证据[2]。

三）基坛式积石冢，以经过初步加工的石块砌成多层方形基坛，在最上部方台中心部位修筑竖穴墓圹以安置葬具，之后进行处理封土。如石村洞3、4号墓[3]，对3号墓实施调查时发现其至今仍留存3层台阶基坛，但3层以上台面的结构基本被破坏而无从查清。4号墓的结构和砌筑手法与3号墓基本相同，但各层方台，除边缘外其内部都用土填满，这一点与3号墓不尽相同。最上层的中心部位发现带墓道的横穴式方形石室墓圹，以此推定，即使早期墓室的形状不

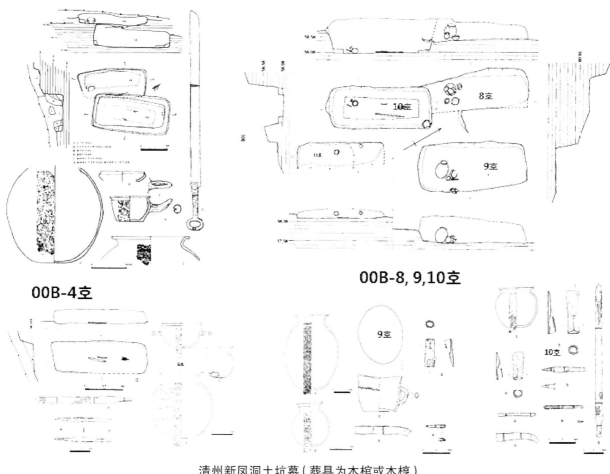

清州新凤洞土坑墓（葬具为木棺或木椁）

［1］尹世英：《可乐洞百济古坟第一、二号坟发掘调查略报》，《考古学》3，1974年。
［2］朴淳发：《通过墓制变化看韩城期百济的地方编制过程》，《韩国古代史研究》48，韩国古代史学会，2007年，第155—158页。
［3］金元龙、林永珍：《石村洞3号东古坟群整理调查报告》，首尔大学博物馆，1986年；《石村洞古坟群Ⅰ》，首尔大学博物馆丛书19，2013年。

首尔石村洞土坑墓

公州水村里土坑墓和出土陶器

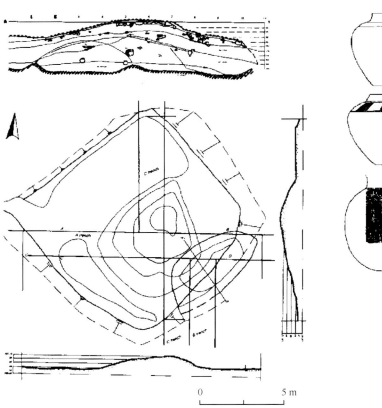

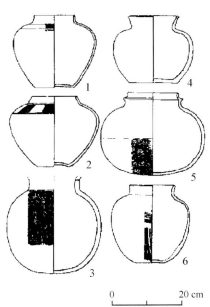

首尔可乐洞葺石封土墓及出土陶器

首尔石村洞基坛积石墓M1、M2

甚清楚，至少后期是采用了横穴式石室墓。此类型墓葬为迁都熊津前，百济统治集团的主流墓制。一般认为，此类型墓葬的出现与高句丽有关。据文献记载，百济出自于高句丽，受高句丽墓葬的影响。但因该墓葬出现的具体时间尚未明确，其与早期百济集团的南迁时间约3世纪中后半的记载尚有出入，有待进一步的研究。

首尔石村洞基坛积石墓M3、M4

首尔石村洞M3及顶部墓圹

首尔石村洞M4顶部墓圹

（四）围沟土坑墓，汉城时期地方普遍流行围沟土坑墓，在竖穴土坑外围挖开围沟而形成方形或圆形围沟。其中心部位设置安放葬具的空间，如清堂洞型围沟墓[1]、宽仓里型围沟墓[2]。西海沿岸地区发现的围沟坟丘墓，围沟中心部位修筑覆斗形坟丘，在坟丘上再挖开墓圹而安放葬具，尤为独特，其他地区尚未发现。其在瑞山机池里[3]、瑞山富长里[4]、完州尚云里[5]等地层中均有所发现。

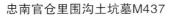

忠南官仓里围沟土坑墓M437

完州上云里围沟土坑墓群

［1］徐五善、权五荣、咸舜燮：《天安清堂洞第2次发掘调查报告书》《松菊里》Ⅳ，国立中央博物馆，1991年。
［2］韩国考古环境研究所：《官仓里周沟墓》，高丽大学埋藏文化研究所研究丛书6卷，1997年。
［3］李南硕、朴贤淑：《海美机池里遗迹》，公州大学博物馆，2009年。
［4］忠清南道历史文化研究院：《瑞山富长里遗迹》，大青社，2008年。
［5］金承玉：《完州上云里遗迹发掘调查概报》，第28回韩国考古学会全国大会，2004年。

瑞山机池里坟丘墓群

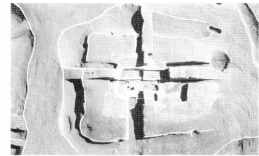

瑞山富长里坟丘墓M5

五）竖穴石椁墓，部分地区还发现竖穴石椁墓，如华城马霞里[1]、天安龙院里[2]、公州水村里[3]等地都有发现，其很可能是地方上层阶级的主流墓制。

华城马霞里石椁墓群

[1] 湖岩美术馆：《华城马霞里古坟群》，湖岩美术馆遗迹发掘调查报告5册，1998年。
[2] 李南硕：《天安龙院里古坟群》，公州大学博物馆，2000年。
[3] 忠清南道历史文化研究院：《公州水村里古坟群Ⅰ》，遗迹调查报告99册，2013年。

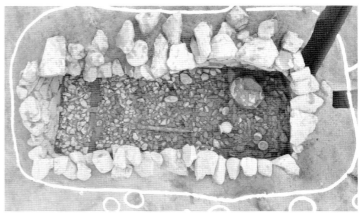

华城马霞里石椁墓M4、公州水村里石椁墓M7

六）横穴石室墓，最近在汉城期的墓葬群中多处被发现，如首尔牛眠山、河南市广岩洞、城南板桥洞[1]、原州法泉里[2]等地的京畿道地区。中西部地区的燕岐松院里[3]、公州水村里[4]、清原主城里[5]等地也有发现。

熊津期的墓葬形制呈现统一性，基本以横穴石室墓为主流墓葬。但部分地区也发现有石椁墓、瓦棺墓、壶棺墓、砖椁墓、火葬墓等类型。公州宋山里作为百济王陵区，其地位非常突出。在宋山里最早修筑的横穴石室墓，一般其结构由墓道、方形墓室构成，顶部为穹隆状，称为宋山里型石室墓[6]。这很好地反映了类型不尽相同的汉城期石室墓演变为宋山里型石室墓的过程。公州

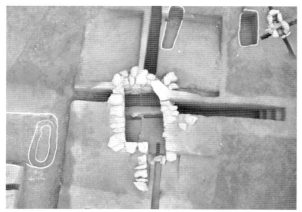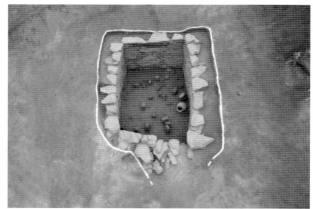

城南板桥洞横穴石室墓M2、16区M1

---

［1］韩国文化财保护财团：《城南板桥地区文化遗迹2次发掘调查》，《第5次指导委员会议材料》，2007年。
［2］国立中央博物馆：《原州法泉里古坟群——第2次学术发掘调查》（现场说明会资料），2000年。
［3］赵东植：《燕岐松院里百济汉城期古坟群》，《第32回全国考古学大会》，韩国考古学会，2008年。
［4］忠清南道历史文化研究院：《公州水村里古坟群Ⅰ》，遗迹调查报告99册，2013年。
［5］韩国文化财产保护财团：《清源主城里遗迹》，学术调查报告第78册，2000年。
［6］野守建等：《公州宋山里古坟调查报告》，《昭和12年度古迹调查报告》，朝鲜古迹研究会，1935年。

公州水村里横穴石室墓M10

原州法泉里横穴石室墓M1、M4

原州法泉里横穴石室墓出土随葬器物

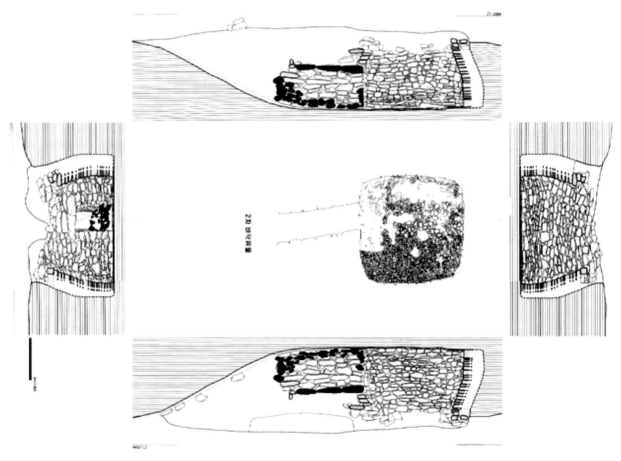

燕岐松院里横穴石室墓M16

外围地区也曾发现同类型的墓葬,如金鹤洞[1]、表井里[2]等地。但宋山里型石室墓的分布范围并不算广,仅公州一带、锦江下游地区及湖南的部分地区有所发现。熊津期的墓葬中,以武宁王

[1] 安承周等:《公州金鹤洞、新基洞古坟调查发掘报告书》,公州大学博物馆,1992年。
[2] 安承周等:《论山表井里百济古坟发掘调查报告书》,百济文化开发研究院,1988年。

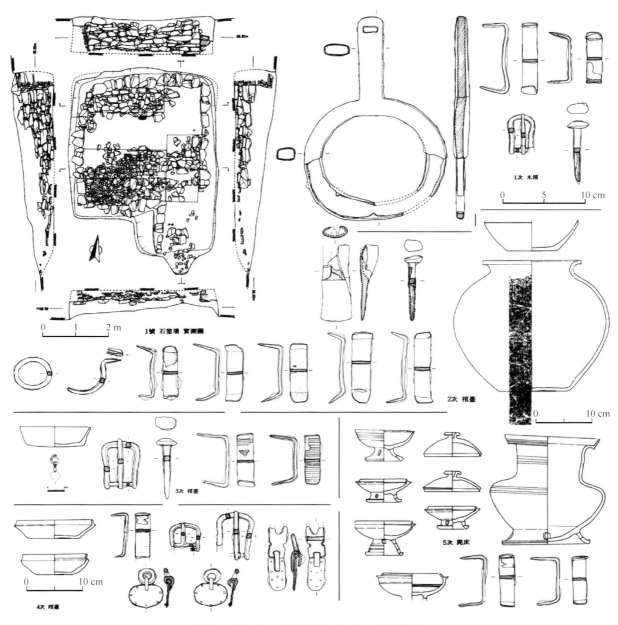

清源主城里横穴石室墓M1及出土随葬器物

陵[1]和宋山里六号墓最为突出,两座墓葬均为砖室墓,由券顶甬道和长方形墓室组成,深受中国南朝影响。部分地区也有发现竖穴石椁墓。其结构比较特殊,即没带墓道而墓门却豁开于墓室前壁,称之为横口式石椁墓。横口式石椁墓受横穴石椁墓的影响,逐渐由竖穴石椁变为横口石椁

[1] 文化财管理局:《武宁王陵》,1973年。

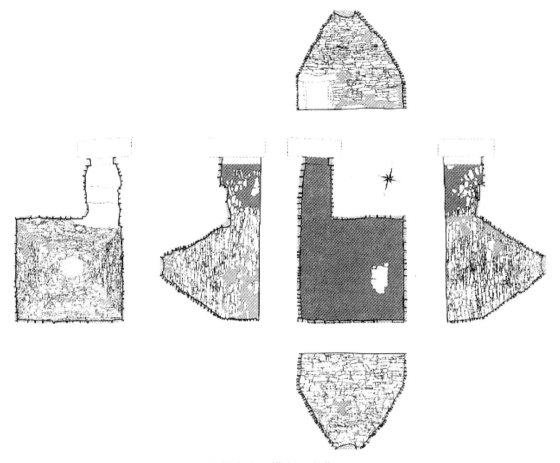

公州宋山里横穴石室墓M5

公州金鹤洞横穴石室墓M15

公州新基洞横穴石室墓M4

公州横穴砖室墓（武宁王陵）

的特殊结构，如华城马霞里古坟群[1]、公州山仪里古坟群[2]都有发现此类墓葬。

泗比期的墓葬大多为石室墓。以武宁王陵为代表的砖室墓影响了泗比期的墓葬形制。此时期石室墓的结构基本沿袭了熊津期砖室墓的墓室空间布局和结构，以经过精心加工的数枚板石砌成整个墓室，但墓室的顶部与砖室墓有所不同，主要砌成歇山型和平顶型两种结构。主

---

[1] 湖岩美术馆：《华城马霞里古坟群》，湖岩美术馆遗迹发掘调查报告5册，1998年。
[2] 李南硕：《山仪里遗迹》，公州大学博物馆，1999年。

公州横穴砖室墓（武宁王陵）出土随葬器物

扶余陵山里石室墓群

扶余陵山里横穴石室墓M1

要王陵区是扶余陵山里墓葬群[1]和陵山里东墓葬群[2],百济晚期的大型墓葬都集中于此,称为陵山里型石室墓。有关墓葬主要分布于锦江流域的全部地区,南抵荣山江流域,基本覆盖了百济的全部疆域。值得一提的是,此时期百济的丧葬规制基本成熟,通过墓葬的规格和随葬器物来看,能够体现出中央与地方之间所存在的等级制度。因此学术界提示,其与律令制的实现有关[3]。

三 结 语

综上所述,百济墓葬的演变过程大体如下:汉城期的墓葬演变由土坑墓逐渐变为竖穴石椁墓,经过一段时间被横穴石室墓所代替。锦江以南及西海岸地区,原三国以来围沟墓或坟丘墓的传统一直保存。至汉城期末或熊津期初,逐渐被竖穴石椁墓以及横穴石室墓所代替。

汉城期的墓葬形制除了主流墓制为规模较大的基坛式积石墓之外,显示出多种形制在一定时期同时流行的状态,如竖穴土坑木棺墓、竖穴石椁墓、横穴石室墓坟丘墓等,其分布范围较广。这显然能够反映出该时期墓葬形制尚未定型,汉城外围地区之外基本保存着前代的墓制。至汉城时期末横穴石室墓的数量逐渐增加,并影响着其他墓葬形制的转变。据最新考古材料反映[4],

[1] 关野贞:《扶馀陵山里古坟》,《昭和12年度古迹调查报告》,朝鲜古迹研究会,1938年。
[2] 梅原末治:《扶馀陵山里东古坟群的调查》,《昭和12年度古迹调查报告》,朝鲜古迹研究会,1938年。
[3] 山本孝文:《三国时代律令的考古学研究》,西景出版社(韩国),2006年。
[4] 韩国文化财保护财团:《城南板桥地区文化遗迹2次发掘调查》,《第5次指导委员会议材料》,2007年。

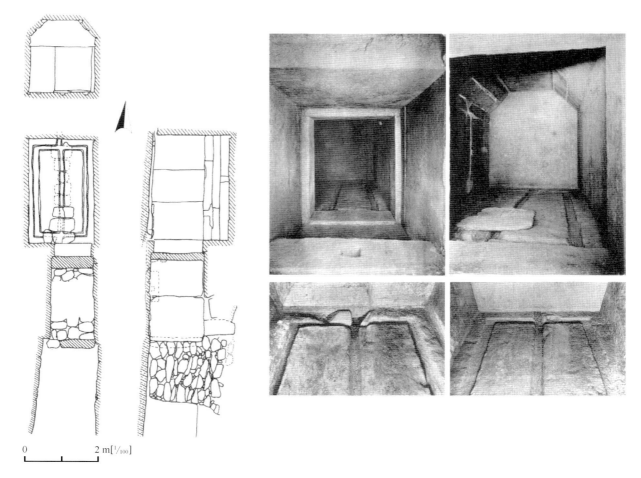

0　　　　　2 m[¹⁄₁₀₀]

扶余陵山里东横穴石室墓M4

汉城外围的城南板桥,发现了时代偏早的横穴石室墓,墓葬年代约为4世纪后期。

百济迁都于熊津之后,包括王室成员和贵族阶层的主流墓制发生了较大的变化,横穴石室墓基本成为百济上层阶级的墓葬形制。但熊津外围地区及其他疆域在墓葬形制及葬具上仍普遍保存着地方的传统,如土坑墓、瓮棺墓等类的墓葬形制有持续现象。5世纪中期以后,横穴石室墓基本彻底代替了地方社会的传统墓制,由中央至地方迅速普及横穴石室墓这一新出丧葬形式。

至6世纪中期,百济第二次迁都于扶余,熊津时期的横穴石室墓得到了广泛普及,形成了完整的主流墓葬形制。与此同时,原有地方墓葬形制,逐渐被淘汰或替换。

第十一章　日本列岛封土石室墓的
展开与连云港石室墓

山本孝文（日本大学）

一　日本列岛横穴式石室墓的出现与九州的石室

日本列岛的封土石室墓又叫做横穴式石室坟。3世纪中叶,已定型的前方后圆坟的出现标志着古坟时代的开始。最初,古坟的埋葬设施一直持续着在长且大的竖穴式石椁中放置割竹形木棺为主、并同时随葬数枚中国系青铜镜的独特葬法。这种将收纳遗体的棺从上到下纵向埋葬于古坟中的传统,通过黏土椁这一竖穴式石椁的省略形态或者以棺直葬等各种形式一直延续至5世纪的古坟时代中期。

与此同时中国、朝鲜半岛等东亚各地,从汉代以来,墓制已从传统的竖穴系向横穴系发生了变化,这种趋势在4世纪后半传到了日本列岛。至今为止的研究表明,日本的横穴式石室是受到了与古坟时代的日本关系最紧密的朝鲜半岛的影响,普遍以进入九州地区(以现在的九州岛为主的区域)的古坟为最早。当时,处于朝鲜半岛三国时代的百济国与处于古坟时代的日本列岛在政治上拥有十分良好的关系,因此各种各样的文化、文物都从百济传至日本列岛。横穴式石室也是其中之一,因此从百济寻找其源流是日本学界的一般认知[1]。当然也有学者认为,通过研究个别的遗迹来对其源流进行探究是没有意义的[2],但是不讨论个别资料而研究系谱论也是不可能的。

现在虽然很难将九州的传统的横穴石室与百济的某一特定遗迹进行联系,但通过百济范围内的发掘调查的进行和资料的积蓄,随着竖穴到横穴埋葬设施变化的渐渐明了,与日本古坟拥有相近年代和构造的古坟也得到了确认[3]。但是由于从百济引入的是不同集团不同类型的横穴式

---

[1] 至今为止,新罗和伽耶地区并没有发现比日本初期横穴式石室古坟年代更早的古坟,因此不能确认二者之间有直接的关联性。所以在考虑日本的横穴式石室的源头时,百济、高句丽、乐浪郡等地区都可列为候补。
〔日〕白石太一郎:《日本的横穴式石室的系谱》,《先史学研究》5,1965年。
〔日〕永岛晖臣慎:《探索横穴式石室的源流》,《日本和朝鲜的古代史》,三省堂,1979年。
〔日〕小田富士雄:《横穴式石室的导入和其源流》,《在东亚范围内的日本古代史讲座》4,学生社,1980年。
〔韩〕山本孝文:《传至日本列岛的百济古坟》,《百济泗沘时期的陵园和古坟》,扶余郡,2007年。
[2] 〔日〕白石太一郎:《横穴式石室的诞生》,《横穴式石室的诞生》,大阪府立近津飞鸟博物馆,2007年。
[3] 〔日〕李勲、山本孝文:《从公州水村里古坟群看百济墓制的变迁与展开》,《古文化谈丛》56,九州古文化研究会,2007年。

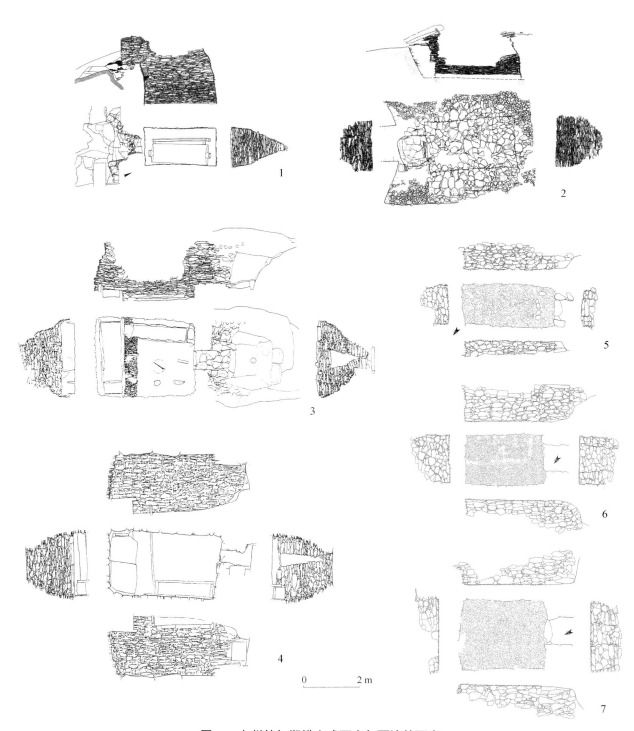

图一　九州的初期横穴式石室与百济的石室

1. 佐贺县谷口古坟　2. 福冈县老司古坟　3. 福冈县锄崎古坟　4. 佐贺县横田下古坟
5. 韩国公州水村里3号坟　6. 韩国公州水村里4号坟　7. 韩国公州水村里5号坟

石室,所以今后从加强地域性的地区间交流这一角度来进行探讨也是十分必要的。

4世纪中叶,日本列岛出现了与一直以来的竖穴式埋葬设施不同,开始带有迈入横向墓室倾向的古坟。佐贺县的谷口古坟被认为是日本至今为止最早的横穴系埋葬设施。在全长大约80米的前方后圆坟的后圆部中央,南北方向东西并排着建造了两个石室,东边的石室的两侧壁延伸至顶部相连,形成合掌形顶部(合掌顶)。石室内部有一副长持形石棺(图一:1),随葬品中有石制腕饰类和三角缘神兽镜,基本仍保留着浓厚的古坟时代前期的传统。整个壁面几乎都有涂朱,唯有一面短壁的上部没有涂朱痕迹,这一部分应是作为与外部连通的横口,起到了开关墓室的作用。石室内部只埋葬了一具遗体,这表明该墓室并不是以追葬为前提而建造的。该石室仍保有很强烈的竖穴式石椁的特征。

福冈县老司古坟的石室是由谷口古坟石室稍加发展演变而来的(图一:2)。老司古坟是全长75米的前方后圆坟,在后圆部的中央建造的3号石室中出土了以三角缘神兽镜为首的各种文物。年代应在4世纪后半。这个石室虽在南侧短壁上设置了横口,但并不是像谷口古坟那样的在壁面上全部开闭的构造,而是在中间建造台阶状的部分并将其作为垫脚石,形成可从石室的斜上方进行出入的构造。由于这样的结构上的改良,石室得以变得更宽,可以将多数的被葬者在同一石室中追葬,这跟之前相比有了非常大的变化。

像谷口古坟石室和老司古坟石室这样的没有明确的羡道在斜上方的建造出入口的类型被叫做竖穴系横口式石室,与一般的横穴式石室进行区别。这应该是竖穴式石椁向横穴式石室变化的过渡期形态。不带有明确羡道的竖穴系横口石室虽然在之后以九州北部为中心,在本州和四国都有发现,但他是否与初期的竖穴式石椁的过渡物同属于一个系统还有待进一步探讨。同时,同样的遗迹在朝鲜半岛南部的伽耶等地区也有发现,但在年代上并不比九州地区的初期石室更早,所以显示的是伽耶地区内的独立发展的结果的可能性比较高。

福冈县锄崎古坟和佐贺县的横田下古坟的石室是初期竖穴系横口式石室进一步发展的产物(图一:3、4)。这些古坟为宽阔的玄室设置了明确的羡道并有意识的保持羡道与石室呈水平方向的出入方式。但是玄室门与羡道非常的狭窄,而建成与竖穴式石椁相同的合掌式,则应是继承了前阶段的技术特征。羡道比玄室略高或是羡道外部的墓道向上倾斜则与成熟的横穴式石室不同。拥有这样构造的古坟,在被认为是日本横穴式石室的起源地的百济地区也有发现。特别是在公州水村里古坟群,在3—5号坟也发现了同样的构造。按照3号、4号、5号的顺序,可以观察到玄室渐渐变宽阔,羡道也渐渐发达的情况(图一:5—7)。从公州水村古坟群与北部九州的初期石室年代相近这一角度进行比较讨论也是十分必要的。

5世纪时,经过上述横穴式石室的初期变化,被称为北部九州型的石室类型在九州地区固定了下来。北部九州型石室的主要特征有如下几点:以平面为长方形的玄室为主;用比较扁平的加工过的碎石构建石室;左右两面的侧壁强烈的向内倾斜;玄室与羡道之间隔着楣石,两边顶部的高度几乎一致;多数玄室门用树立平坦的板状石材来进行构造等(图二:1)。北部九州型石室,在日本的中国地区(指鸟取县、岛根县、冈山县、广岛县、山口县)、近畿地区(大阪附近地区)、北陆地区(指新潟县、富山县、石川县、福井县)等一部分九州以外的地方也偶有建造,但并未在这

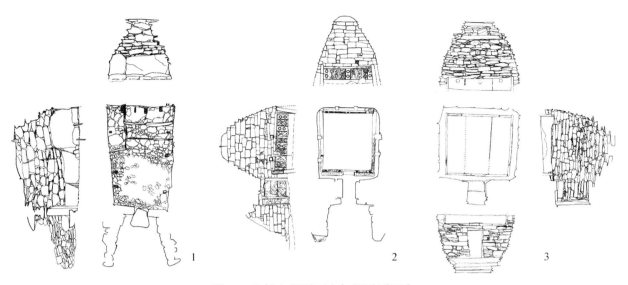

图二　北部九州型石室与肥后型石室
1. 佐贺县关行丸古坟　　2. 熊本县井寺古坟　　3. 熊本县大鼠藏尾张宫古坟

些地区扎根发展。对于导致这种现象出现的背景,我们应当从被葬者的出身、系谱,石室的建造工人的活动范围两方面来进行探讨。

　　在九州还有一种被叫做肥后型石室的不同类型的横穴式石室,多建造在以熊本县为中心的地区。肥后型石室的玄室平面呈方形,穹隆顶,设有明确的羡道(图二:2、3)。同时在玄室墙壁的下部围有石障或者划分地面空间的隔石,还大量建造了一些在壁面上用彩绘,浮雕,刻线等技法进行装饰的装饰古坟。关于肥后型石室的各种要素的系谱有还有许多未解之谜。对于朝鲜半岛和中国与北部九州型石室的关联性等还需要更加综合的观察与考证。虽然在九州岛之外也发现了肥后型石室,比如冈山县的千足古坟等,但是这在九州之外的地区并没有固定下来。

二　近畿地区横穴式石室的出现与畿内型石室的展开

　　在九州建造初期的横穴式石室的时期,日本列岛的其他地区则仍建造着延续着前一阶段传统的古坟。而改变这一状况的契机是新的横穴式石室向近畿地区的传播。传至近畿地方的横穴式石室与在九州发展的横穴式石室不属于同一系统,对于他的起源一般认为也应追溯至朝鲜半岛的百济地区。在韩国忠清南道公州市周边,分布着许多百济熊津时代(5世纪后半至6世纪前半)的横穴式石室。其中在金鹤洞古坟群中发现的拥有长方形玄室的片袖式(刀形)的横穴式石室与日本近畿地区出现的横穴式石室十分类似(图三:1)。特别是大阪府高井田山古坟的横穴式石室不仅在形态、构造上,在建造技法上也与百济的石室有类似之处,同时,出土文物中也含有外来系的文物,我们可以推断高井田山古坟是从百济而来的渡来人的坟墓(图三:2)。同样在构造和建筑

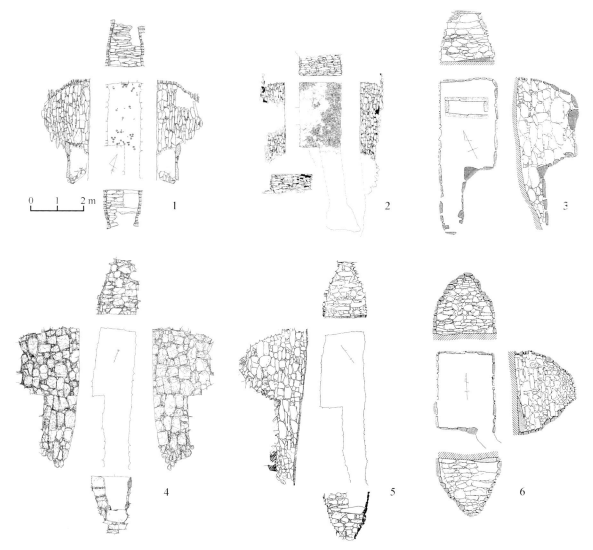

图三　近畿地区的初期横穴式石室与百济的石室

1. 韩国公州金鹤洞 8 号坟　2. 大阪府高井田山古坟　3. 奈良县柿冢古坟
4. 奈良县寺口忍海 E2 号坟　5. 奈良县势野茶臼山古坟　6. 奈良县椿井宫山冢古坟

技术上有共通之处的古坟还有奈良县寺口忍海古坟、樱井公园古坟、椿井宫山塚古坟、势野茶臼山古坟等的石室。由此可见这个时期似乎有一个比较大的传播的潮流（图三：3—6）。

　　从 5 世纪后半叶开始传入近畿地区的石室类型，后来作为畿内型石室在此固定并被普及开来。畿内型石室的玄室是宽约为长的二分之一的长方形，羡道宽阔。羡道的顶比玄室的顶要高，石壁接近垂直。畿内型石室在 6 世纪时广泛建造于日本列岛各地，也有观点认为这种情况与畿内势力（大和王权）的支配权扩大是相互连结的[1]。

[1]〔日〕太田宏明：《畿内政权与横穴式石室》，学生社，2011 年。

特别是在当时的政治中心的近畿地区，横穴式石室的规模也渐渐地向大型化发展，将石室内空间尽量往宽阔建造的倾向也十分明显。石室自身的大型化和使用石材的大型化几乎是同时发展的，因此可以推断为了建造巨大的石室，动用了庞大的劳动力和技术力。而到了6世纪，则不再像过去那样建造许多拥有大型坟丘的古坟。或许这正是因为建造坟丘的劳动力分流至石室和石材的建设，促使其变得巨大化。这种放弃向周边显示自己权力强大的巨大坟丘，转而建造埋葬在土中的不为人所见的厚重石室的行为，则似乎反映了由重视表现现世的权力向重视来世生活的习惯和思想与死后的世界观的转换。这个时期石室内普遍放置的屋形石棺，以及在此之前从没出现过的土器的随葬，也显示了将横穴式石室作为死后的家的认识已经得到了广泛认同。

一般，奈良县高市郡高取町的市尾墓山古坟被认为是向定型化发展的畿内型石室的起源。石室全长9.3米，玄室长5.8米，宽2.6米。同前一阶段的石室相比明显的变得大型化了。除了前壁之外的三面壁都几乎是垂直建造的，顶为平顶。市尾墓山古坟的石室虽为片袖式（刀形），但由于一般畿内型石室的羡道宽度变宽到与玄室宽度几乎相同，因此在平面形态上羡道与玄室之间的袖（门框）并不明显是畿内型石室的特征。袖石并不再从玄室内侧叠涩而出，与之相连的玄室的门石也不是板状石材所做的门石；而是通过在羡道堆叠加工过的碎石、自然石、河滩石等建造而成的。市尾墓山古坟的石室同后来已定型的畿内型石室的最大的不同，是市尾墓山古坟利用加工过的碎石来构筑石室。虽然墓室的平面形态是畿内型，但是通过小型化的碎石石材的使用，可以推测出他应当是还残留着前一时期风格的初源型。

市尾墓山古坟的石室虽然可以看做是在之前的高井田山古坟等的石室的基础上发展而成的形态，但顶部已从有意地穹隆状变化为完全的平顶，两种石室构造可看做两种不同的系谱。在朝鲜半岛，这个时期并没有频繁的出现平顶石室。因此，这应当是石室在畿内（近畿地区）独自发展所产生的结果。

在此之后，由于朝鲜半岛也出现了同样的石材的大型化的倾向，因此可以推测在此时期日本列岛应受到了包括石材加工技术在内的某种影响。尽管如此，石室本身规模向大型化发展的现象，明显是在日本列岛内部发生的二次发展。在同时期的朝鲜半岛并没有出现在石室内纳入石棺的葬法，在石室内至少放置一个的如屋形石棺这样的大型石棺的葬法，应是与日本列岛（特别是畿内）所特有的原因相互影响而产生的现象。

对于畿内型横穴式石室的变迁，白石太一郎已有了详细的论考[1]下面将会以白石太一郎的编年为基础进行考察（图四）。

首先白石太一郎将畿内型石室从石材和构筑方法上划分成十种类型。其中初源形态的石室就是以前文中所提到的高井田山古坟为代表的"高井田山式"，时代为5世纪后半叶到五世纪末期。高井田山古坟的石室顶部虽然已被破坏，但通过加工过的碎石进行堆积的特点，玄室

---

[1]〔日〕白石太一郎：《关于畿内后期大型群集坟的试考》，《古代学研究》42·43，古代学研究会，1966年。
　　　〔日〕白石太一郎：《畿内古坟的终末》，《国立历史民俗博物馆研究报告》1，1982年。

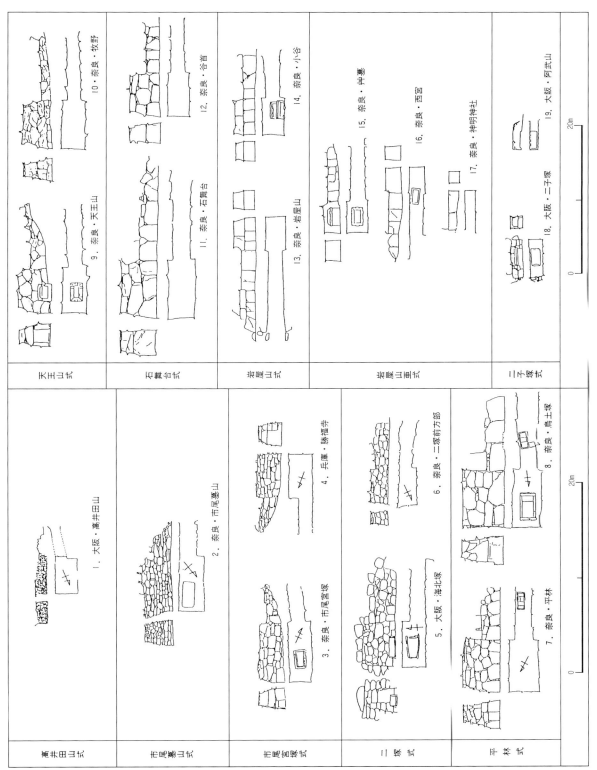

图四　畿内型横穴式石室的变迁

的长和宽的比例较小的特点,残存的后壁和左右侧壁都呈现隅撑的状态以及顶部可推测为穹隆顶等各方面来看,笔者认为高井田山古坟石室与势野茶臼古坟等的石室应为同类型的前畿内型石室。

下一阶段是以市尾墓山古坟石室为代表的"市尾墓山式"。在此之后还出现了石材相对大型化的"市尾宫塚式"。市尾宫塚古坟虽与市尾墓山古坟位置邻近,但石室为两袖(由字形)式。从后壁用巨石构筑的建造方法等可以看出,市尾宫塚古坟的石室已明显出现了定型化的特征。从出土的须惠器的编年可以推测其年代为6世纪第二个四半期。

此后的类型为"二塚式"石室。以奈良县的二塚古坟石室为代表,包括大阪府的海北塚古坟石室,京都府的物集女车塚古坟石室等。其特征为玄室的壁面用五到六层的大型石材构建。年代在6世纪的第3四半期。

之后是石材发展为大型化的"平林式"。奈良县的平林古坟石室、珠城山3号坟石室、乌土塚古坟石室等都属于这一类型。特别是袖石则用大型的石材建造,玄室壁面则是用四至五层的大型石材构建。在这种类型之后,石室的羡道开始只用一层石材来构建。这一类型的年代应为6世纪第4四半期。

在之后的"天王山式"的时期,石室的形状明显的固定下来,在玄室侧壁上部用隅撑的手法进行构建的方式也渐渐定型。玄室壁面基本由四层石头堆叠而成。奈良县的赤坂天王山古坟石室、牧野古坟石室都属于这一类型。这一类型应流行于7世纪初期到第1四半期之间。

在此之后是"石舞台式",像奈良县的石舞台古坟,谷首古坟等大型方坟的石室,玄室后壁由两层巨石构建,左右侧壁则由三层巨石堆积而成。年代推定为7世纪第1四半期到第2四半期之间,可以确认这一时期已经开始使用切石了。

之后的"岩屋山式"时期,如岩屋山古坟和小谷股古坟的石室,几乎都由切石(形状经过整备的石材)堆砌,玄室的后壁由两层切石堆砌而成,左右侧壁则是下层三石上层两石的方法分两层砌成,羡道壁也是仅由靠近玄室的巨石一层构筑而成。

最后虽然有"岩屋山亚式"和"二子塚式"相继出现,但这一时期,石室渐渐向小型化发展,许多玄室和羡道的明确的区别渐渐消失。同时这一时期还是横口式石椁的导入时期,对从此之后畿内首长阶层的墓制产生了巨大的影响。可以推测这一时期为薄葬思想的传播时期。

在畿内型石室的变迁过程中,切石技术的导入是石室和石材大型化之外的另一个重要的里程碑。切石是指表面进行过平滑整备的石材。在石室全体中使用切石石材的现象在岩屋山式石室以后渐渐变的明显。整备花岗岩等硬质石材的表面并不是一件容易的事,在这样的石材加工的变化中可以找到同样将切实技术应用在古坟石室建造、寺院建筑、石塔等方面的百济的影响。特别是百济的陵山里型石室,虽然石室的规模不尽相同,但在石材加工和石室构造的方面与岩屋山式的石室十分类似,因此在这两种石室是否拥有相同的设计图的可能性上仍需深刻的探讨(图五)。而与百济的石室相类似的平斜式顶石室在畿内型的天王山式、石舞台式的阶段已有出现,由此可以推断,在切石技术导入之前,畿内型石室已经断断续续的受到了百

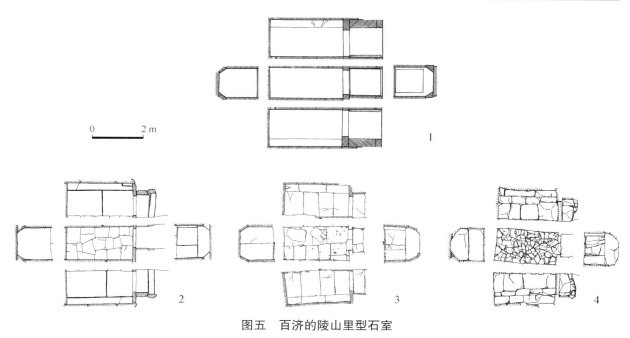

图五　百济的陵山里型石室

1. 韩国扶余陵山里西下冢　2. 韩国扶余陵山里陵内谷 36 号坟　3. 韩国扶余盐仓里Ⅲ 87 号坟　4. 韩国盐仓里Ⅳ 66 号坟

济石室影响。

如前文所述，畿内型石室在日本列岛各地渐渐得到了推广普及。因此在这一时期内，至少可以说出现畿内型石室的范围即是大和王权的影响圈的范围。由于畿内型石室得到了普及，在前一时期存在的九州系等其他的横穴式石室渐渐不再被建造。伴随着畿内型石室的成型，横穴式石室也在全国各地被广泛地建造。通过分析这一现象，可以认识到这一现象的背景中应有吸收了从朝鲜半岛而来的渡来系技术的大和王权推行扩张势力政策的影响。

三　日本列岛社会的薄葬化和古坟

在 7 世纪前半叶的畿内地区，出现了各种形态的古坟，包括形成大型化的横穴式石室、横口式石椁和砖砌石室等。同时在地方，6 世纪开始建造的集中小型横穴墓[1]也兴盛了起来。其中的横口式石椁成为之后墓制的主流形态。从 7 世纪到 8 世纪初期，横口式石椁代替横穴式石室成为高阶层人物的主要墓葬形式。也就是说，横口式石椁是古坟的最终形态。横口式石椁这一以畿内地区为中心扩张的墓制，用精巧加工的石材组成小型的石椁，石椁内部放置木棺或者漆棺，最后用板石封口而成。因为放入棺后，椁与棺之间的空间几乎为零，所以这也被认为是不考虑追葬，仅以单葬

---

[1] 横穴墓是由丘陵的斜面沿水平方向掘穴，利用其内部空间进行埋葬的墓制，古坟时代后期在全国盛行。内部构造与横穴式石室相类似，但规模比较小，一般数座集中在一起。一般被认为是建造不了大型古坟的下层阶层的墓葬。

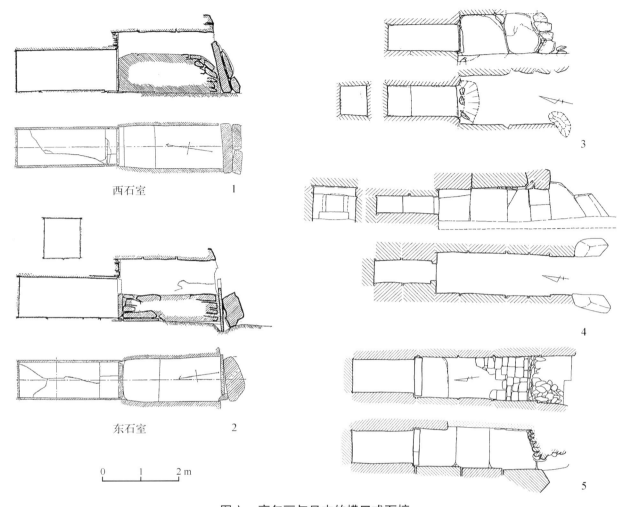

西石室　　　　1

东石室　　　　2

0　　1　　2 m

图六　高句丽与日本的横口式石椁

1. 2. 土浦里1号坟　3. 奈良县的巨势山323号坟　4. 大阪府Ouko8号坟　5. 大阪府塚廻古坟

为主要目的的埋葬设施。虽然有铺设羡道,但是比起椁,羡道更加宽阔(图六)。

　　横口式石椁的形态和构造在朝鲜半岛同时代的墓制中也有类似的例子,有必要寻找其中的关联性。首先在高句丽,由一般的横穴式石室坟演变而来的土浦里古坟群中的1号坟就是横口式石椁,在边长约22米的方坟内部,有两座平行构筑的石椁(图六:1、2)。这两座石椁的玄室后壁、两侧壁、顶部都是各由一块石板构建而成,长度约2.5米、高度约1米、宽度也约为1米,玄室比起羡道部分要狭小一些。毫无疑问,这应当是用作单葬的埋葬设施,因不能追葬所以在同一个坟丘中建造了两个石椁。这个古坟编年被定为7世纪时期。同样,在湖南里古坟群中也有一座古坟,湖南里3号坟。这一古坟也是运用了横口式石椁,玄室长约2.5米、高宽均约1.3米,石椁的构造与土浦里1号坟相类似。与土浦里1号坟一样,笔者认为这应该是日本列岛横口式石椁的直接祖型。

　　这些高句丽的横口式石椁,无论是形态还是规模都与日本列岛的横口式石椁相类似,从系谱上来说，应该有直接的联系。奈良县的巨势山323号坟和大阪府的Ouko8号坟，以及石宝殿古坟，钵伏南峰古坟等都有着与高句丽的土浦里1号坟非常类似的构造（图六：3—5），因此今后需要更多从构建技术方面进行讨论的考察。而论及在高句丽出现横口式石椁的缘由，也许是受到了中国辽东地区起源的石棺墓的影响。

还有奈良县的文殊院西古坟和束明神古坟，石川县的河田山古坟群以及在群马县分布的一些石室，这些用砖状切石构建的石室和石椁，与以陵山里东下塚等为代表的百济后期横穴式石室有一定的关联性（图七：1—4）。所以在考察7世纪时出现并扎根在日本的横穴式石椁的系谱时，与百济和高句丽这两个地区的关联也是需要考虑在内的。因此今后在这一方面，从石材的加工技术进行研讨也是十分必要的。

日本的横口式石椁中最引人注意的是奈良县的高松塚古坟和龟虎古坟。在这两座古坟中都绘有大陆系的壁画[1]。壁画的题材为以四神图为中心，并绘有天文图，人物图，十二干支图等。与当时的东亚墓内装饰应属于同一系谱（图七：5、6）。特别是高松塚古坟的人物图，男性画像穿着中国唐代的官服，但女性却穿着朝鲜半岛的服饰，这样的表现方式则说明其受到了各个地区的各种影响。石椁中放置木棺，海兽葡萄镜随葬等行为，可以看出受到了唐墓的深刻影响。

这些7世纪的古坟，被称为"终末期古坟"，被看作是古坟时代的最终阶段的古坟。但是，7世纪在日本史的时期划分中被认为属于飞鸟时代，是在律令的基础上规整正式古代国家体制的时期，这一时期，小型的横口式石椁的普及在表面看虽是由日本列岛全体薄葬化现象促成的，但在形成这一结果的背景中有依据律法制度而形成的官僚制的身份制的施行、佛教的渗透、地方势力的瓦解等各种各样的因素，也是因为这些因素的相互作用促成了横口式石椁的普及。特别是在646年颁布的大化改新的诏书中，出现了根据被葬者的身份规定坟墓的大小的内容。虽然与此大化薄葬令的内容数值相吻合的古坟虽数量并不多，但是从这一时期开始，古坟的规模也确实明显的缩小了。在某种程度上，大化薄葬令可以看作是有一定法律实效力的法令。在此之后，日本列岛的古坟文化渐渐走向了尽头。

四　连云港封土石室墓与日本列岛的古坟

在研究横穴式石室的系谱关系时，需要参考玄室与羡道的平面形态、立体面的构造、顶部的形态、石材的加工以及构造方法等因素。如果随葬品属于外来系文物，会成为推定系谱的有效线索。如上述所列举，虽然普遍认为日本的横穴式石室是由朝鲜半岛传播而来的，但其大多数都是从石室构造的类似上来将两个地区进行连接。从大阪府的高井田山古坟等来看，与百济熊津时代的石室相比不仅在平面形态、石材的种类、构筑方法等方面相类似，从随葬品中出现的火熨斗

---

[1] 除了高松塚古坟和龟虎古坟以外，虽然如前所述以九州和关东地区为中心，在横穴式石室和横穴墓内部或者入口运用彩色和线刻等方法施以纹样，但这些古坟被称为"装饰古坟"与大陆系的"壁画古坟"有一定的区别。

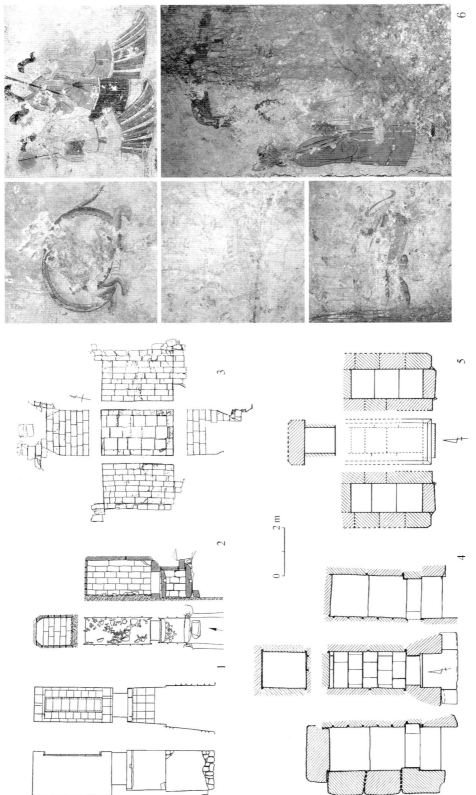

图七　百济与日本的横口式石椁

1. 韩国扶余陵山里东下冢　2. 韩国扶余陵山里东1号坟　3. 奈良县束明神古坟
4. 奈良县平野冢穴山古坟　5. 奈良县高松冢古坟　6. 高松冢古坟壁画

等文物也可以看出在出土文物上跟百济也有关联性。因此可以推断此墓为渡来人（渡来人是指迁移到古代日本的大陆或半岛移民）的坟墓。在今后的研究中，对构造技法通过何种方式实现传播这一问题有必要进行细致的考察。

在此观点的基础上，以下将对江苏省连云港的封土石室墓与日本列岛的横穴式石室进行比较，对是否有关联性进行考察。在连云港石室墓中，也能发现在构造上与日本列岛的横穴式石室有共通之处。但单从结论来说，并没有必要将连云港和日本列岛进行直接性的连结。至于这两个地区之间会建造类似结构的石室墓的原因，可提出朝鲜半岛的石室墓为两地区共同源流的可能性。也就是说，朝鲜半岛的移民以及技术等在中国东海岸的江苏省和日本列岛着陆，导致了这两个没有直接联系的地区出现了构造类似的石室墓。在这种含义下，即便只为研究传播至两地的石室墓的后续变迁，对连云港石室墓与日本列岛石室墓进行比较研究也是非常有意义的。

为使上述解释能够成立，针对连云港石室墓的研究，加深以下几方面的资料积累和分析显得十分重要。（一）由于连云港石室墓出土文物数量较少，具体年代锁定还很困难，解决这一问题是当前研究的当务之急。现在虽从少数的出土文物上可判断其为唐代的遗迹，但更详细的调查和研讨仍是非常必要的。（二）连云港石室墓最重要的特点在于其构造特征和石材构建技术是多种多样的，可以看出其中有多种类型混合存在。明确这种类型差别因何而起是十分重要的。假设如果是因为年代差而出现的，那从构造和规模差别较大这一点上可推断连云港石室墓持续建造了很长一段时间。（三）在对上述两点进行详细探讨的基础上，与朝鲜半岛和日本列岛这样拥有许多相类似的石室墓的地区进行比较研究就显得尤为重要了。在与其他地区进行比较时以下几点将有希望得到解明：形态构造多样的石室墓的变迁与石室墓群建造主体（建造者）的系谱关系以及建造背景。关于后者其他的研究者已经对其进行了研究讨论[1]，但今后我们还需要以年代、变迁以及被葬者性质的研究成果为基础展开进一步讨论。

作为对今后研究的展望，如果将连云港石室墓的特征进行列举并与其他地区的石室墓进行比较，首先应注意连云港石室墓中一部分平面呈长方形的墓葬在玄室后壁树立大型石板、在侧壁由碎石和块石进行叠涩构筑。这些墓葬如其他研究者所指出的那样，与百济后期的横穴式石室相类似，特别是从墓室门设置袖石（门框）、前壁和后壁进行垂直构建，侧壁的上部向内侧倾斜叠涩，墓室顶部由数枚石块架构而成的特点来说，构造上有着重要的共通之处。拥有同样构造的石室墓在日本列岛各地虽也有发现，但其发现例多在长野县大室古坟群等普遍被认为是来自朝鲜半岛的渡来系集团的墓葬群中（图八）。

另一方面，在连云港石室墓中，与其玄室长度的对比下玄室的宽度相对来说比较大，前壁和后壁的上部向内侧倾斜，大多数有意识地将顶部向穹隆顶堆砌。这些都是连云港石室墓重要的特征。从产生这一构造的原因上来说，恐怕曾有过作为原型的精巧的穹隆顶墓室，也就是说这些

---

[１] 张学锋《江苏连云港"土墩石室"遗存性质争议—特别是其与新罗移民的关系》，《东南文化》2011年第4期。

〔韩〕高伟：《连云港市封土石室的调查报告》，《百济研究》57，忠南大学校百济研究所，2013。

〔韩〕朴淳发：《连云港封土石室墓的历史性格》，《百济研究》57，忠南大学校百济研究所，2013年。

连云港市重点文物保护研究所：《江苏连云港封土石室墓调查简报》，《东南文化》2015年第5期。

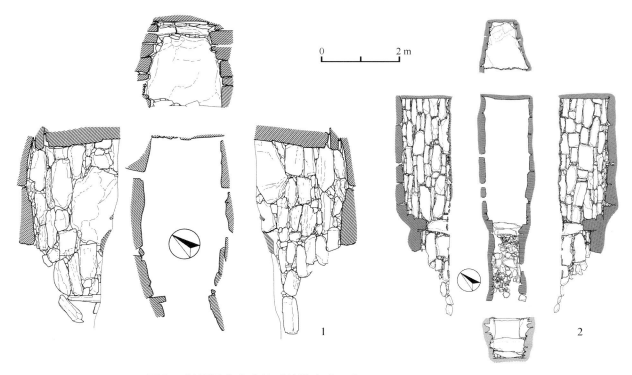

图八　长野县大室古坟群的横穴式石室　1.240号坟　2.244号坟

墓室都是模仿精巧穹隆顶建造的可能性比较大。针对这样有意识建造穹隆状顶的系谱,现阶段可以提出两种假说:其一,此石室墓是以中国砖室墓为原型进行建造的;其二,是受到了朝鲜半岛三国时代的穹隆状石室墓的影响而建造的。如果是前者,那建造技术的系谱关系可从中国内部墓葬系谱进行讨论而解决;如果是后者,那连云港与朝鲜半岛交流可追溯至更早一阶段。特别是在百济地区,作为从横穴式石室导入期开始,直至熊津时代一直被建造的具有代表性的穹隆状顶石室墓,他的构造和技术系谱对日本列岛也产生了深刻影响。在今后的研究中,有必要涉及各种各样的状况,通过对东亚全体的比较讨论,来对连云港石室做出评价。

（翻译:日本大学大学院　杨萌）

第十二章　连云港石室土墩墓出土瓷器年代的初步考察

韦　正

一

本文拟对连云港封土石室墓出土瓷器的年代进行初步考察。

所依据的材料分两部分。一部分是已经发表的材料,其中一是纪达凯、陈中合署《连云港地区土墩石室时代形制新考》[1](以下简称《连》)一文包含的发掘资料,一是连云港市重点文物保护研究所署名的《江苏连云港封土石室墓调查简报》[2](以下简称《江》)中的材料。《连》文材料来自有关单位1989年至1990年间发掘22座墓葬之中,似不完整;《江》文系连云港市重点文物保护研究所2011年至2015年间发掘的3座墓葬材料,详细完整。一部分是未正式发表的材料,其中一是两件瓷盏,系笔者承连云港重点文物保护研究所高伟所长厚意,2015年11月13日至16日参加"中日韩·连云港封土石室墓学术研讨会"时所见(以下简称会议瓷器);一是上述会议结束后,高伟所长在连云港重点文物保护研究所中向笔者惠示(以下简称研究所瓷器);一是笔者再承高伟所长厚意赴连云港观摩连云港博物馆收藏的封土石室墓出土瓷器材料(以下简称博物馆瓷器)。下面对上述瓷器年代逐一讨论,文中所附图片均经高伟所长同意使用。

先讨论正式发表的瓷器。

首先讨论《连》文中的瓷器。(图一)

《连》文中称22座墓葬中出土瓷器35件,其中碗33件、罐2件。发表线图的瓷器5件,4件碗、1件罐。90YH梧24：5、90YH梧26：1被定位Ⅰ式,他们的特点是青釉,腹部近底急收,圆饼足。根据文字叙述看,《连》文中图五：1应为90YH梧26：1,图五：2应为90YH梧24：5,也即图五的序号如果与文字对应的话,应图五的1、2号应该对调,因为90YH梧26：1在两者之中为大碗,口径13.4厘米,90YH梧24：5则为小碗,口径6.2厘米。

[1] 见《东南文化》1993年1期。

[2] 见《东南文化》2015年5期。

图一　《连》文中瓷器　梧桐沟M24：5　《连》文Ⅰ式　梧桐沟M26：1　《连》文Ⅰ式
金苏M3：1　《连》文Ⅱ式　蓑衣山M10：2　《连》文Ⅲ式　金苏M3：4

　　虽然上述两件瓷器都被划为Ⅰ式，但实际上，无论形态还是尺寸二者差别都是较大的。尺寸已入上述。形态方面，90YH梧24：5腹深而近直，90YH梧26：1腹浅而弧。两件瓷碗不宜划为同一式别。90YH梧24：5是南北朝晚隋朝北方地区多见的碗盏，90YH梧26：1这类碗在南北朝晚隋朝几乎不见，是较晚的器物形态，但属于初、盛唐时期的瓷器，与中晚唐以后流行的浅斜直腹碗不一样。90YH梧24：5则应属于盛、中唐时期。

　　《连》文中Ⅱ式碗胎体粗厚，敞口、饼形足，有的内底有三个支烧痕迹，器形比Ⅰ式瓷碗中的90YH梧24：5窑大得多。《连》文中列举的标本为90YZ金3：1，尺寸为口径15.8厘米，这个尺寸与Ⅰ式的90YH梧26：1相比没有多大差别。90YZ金3：1高8厘米，90YH梧26：1高6.4厘米。这两件标本的形态和体量实际上差不多，所以二者应划为同一式别，都是盛唐前后的瓷器。虽然两件瓷碗的具体釉色不明，但《连》文在叙述Ⅱ式瓷器时说"釉为青色和酱黄釉，以酱黄釉为主"。《连》文判断这批瓷器主要为寿州窑的产品，恰好这种同一类型瓷器中青釉和酱黄釉并存的情况在寿州窑中很常见，因此，《连》文的判断是可信的。

　　《连》文中Ⅲ式碗与前两式碗在形体的主要差别是口部呈外侈状，形体也较大，如标本90ZD—10：2的口径17厘米，高8厘米。虽然仍命名为碗，但Ⅲ式碗与前两式碗没有前后演变关系。与前两式瓷碗相比，这种类型的碗出现的时间较晚，较早的例子有巩义芝田晋唐墓中的92HGSM1：5，报告推测的年代为690—700年[1]；偃师杏园唐墓也公布了几件中唐时期的这类瓷碗，如M5109：35、M5036：25、M5109：6，其中M5109的年代为天宝十三年（754），M5036的年代为大历十三年（778）。《连》文称Ⅲ碗胎体厚度一般都在1厘米以上，釉为酱黄色，这些都是盛唐以后的特征。至于其存在的下限不清楚。

　　上述瓷碗中，Ⅰ式瓷碗9件，Ⅱ、Ⅲ式都是7件，其中Ⅰ式瓷碗中有部分为Ⅱ式瓷碗，但具体数量不明，大Ⅱ式瓷碗数量较多可以肯定，也就是说，盛唐时期的瓷碗较多。

　　《连》文将瓷罐分为两式，但只提供了Ⅰ式的线图。Ⅰ式只有一件，即90YZ金3：4，大口、广肩、平底，施酱黄釉。总体器形和釉色都是盛唐以后的特征，但因同墓出土有酱黄釉碗即90YZ金3：1，这件瓷罐即90YZ金3的年代当在盛唐以后不久。

　　以上据《连》文进行的讨论表明，出土瓷器以盛唐、中唐前后为主，北朝晚期至初唐及晚唐瓷器不多。

[1] 郑州市文物考古研究所编：《巩义芝田晋唐墓》，彩版一九：3，科学出版社，2003年。

其次讨论《江》文中的瓷器。(图二)

NYTM231青瓷碗形体较高,弧腹,饼形足,与《连》文中的9CYH梧26 ∶ 1、90YZ金3 ∶ 1相似。上文已指出这种碗既不同于南北朝晚期至唐初流行的形体较高口较直或微敛的碗,也不同于唐开元、天宝以后流行的形体较矮的大敞口碗,因此,该碗年代在盛唐前后的可能性较大。水盂的年代特征不强,但釉色黄绿,是一个较晚阶段的特征。

NYTM274(Z271)青瓷宽卷沿钵的宽卷沿是新出现的作风,与三彩带柄灯(有的叫豆)的上部接近,在唐初期不见,其年代上限不能早于高宗时期,在开元时期多见,并在以后一直存在。内底和外底各有五个支烧痕迹,也是唐代的作风。在“中日韩·连云港封土石室墓学术研讨会”过程中,南京博物院邹厚本先生指出这件钵当时宜兴涧滏窑产品,并指出早年在南通附近海岸曾发现唐代沉船中装载涧滏窑瓷器,证明涧滏窑曾经向外输出,或许输送到辽连云港。青瓷碗形体较高,内底有密集的支烧痕迹,饼形足,有同心圆式的轮旋痕迹。在上述学术讨论会过程中,对于这件瓷器的年代学者间有所分歧,有学者认为可能是东晋时期的,有学者认为属唐代。根据碗内底的密集支钉痕迹,笔者认为东晋时期的可能性较大。若如此,则这是一件早期瓷器。水盂形态方面的时代特征不强,但釉色青黄。从瓷器形态和釉色看,NYTM274(Z271)的年代似在盛唐以后。

NYTM275(Z272)的瓷器呈现较为复杂的状况。青瓷四系罐宽肩小底,属于这类器物较晚阶段的形态。类似的器物见于667年的西安唐段伯阳墓[1](图二)。也见于巩义芝田唐墓92HGZM4 ∶ 34(图二),该墓年代被推测为公元700—720年。开元以后四系罐基本消失而为双系罐所代替。碗1形态与底部特征与《连》文中Ⅱ式碗相近,时代也当在盛唐前后,与四系罐年代相当。碗2腹部斜直,内底原可能有6个支钉痕迹(可以辨别出5个),外底有线割的偏轮痕迹。这种瓷碗东晋时期常见。碗3腹部有曲折,小平底,类似瓷碗不常见。碗4—7底部较小腹部较斜直,是中唐常见的特点。饼形足的外缘经修削,邹厚本先生指出这也宜兴涧滏窑瓷器的特点。这座墓葬中出土的开元通宝是武周时期开铸的类型。该墓瓷器年代跨度大,而且瓷器质量不一,四系罐和碗3质量高,碗4—7质量低,总体上看这座墓葬的年代应在中唐。

再次讨论未正式发表的瓷器。

会议瓷器。(图三)

为两件瓷盏,本文分别称为瓷盏1、瓷盏2。瓷盏1青黄釉,瓷盏2脱釉严重。两件瓷盏的最大特点是体量小,口径不过7、8厘米(未经测量),盏腹收的较急,实圈足即饼形底,瓷盏2底部有清晰的线割偏轮痕迹。两件瓷盏的形态和体量,特别是底部偏轮线割痕迹具有南北朝晚期隋代特征。釉色具有寿州窑特点。

研究所瓷器。(图四)

据高伟所长介绍出自一建筑遗址附近,在面积不足1平方米、深不足1尺的范围内出土近一百枚陶瓷器片,大多数是瓷片,陶片约略十余枚。其中有几枚陶片经韩国忠百大学朴淳发教授

[1] 杨维娟:《唐段伯阳墓相关问题探讨》,《文博》2013年5期。

Z231 瓷器

Z271 瓷器

Z272　　　　　　　　　　　　　　　　　　　碗1

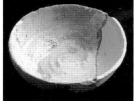
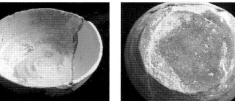

碗2　侧面、俯视、外底

碗3 侧面、俯视

碗4 侧面、俯视

碗6 侧面、俯视

碗5 侧面、俯视

碗7 侧面、俯视

图二 《江》文中瓷器

与Z272进行对比的瓷器

殁伯阳墓（667年）

巩义芝田唐墓
92HGZM4（700—720）

未正式发表的瓷器

两件瓷盏　　　　　　　　　　　　　　　瓷盏1的两张照片

  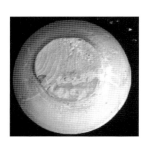

瓷盏2的三张照片

图三　会议瓷器

辨认具有百济特点。其余瓷片的情况较为复杂，不同时代、窑口的瓷片都有。唐代的遗物比较多。其中几个饼足底的残件明显是唐代遗物。几枚青黄釉、带凸棱的瓷片也应属唐代，是大型实用器皿的腹片。两件青黄釉平底小盏虽不多见，但也应是唐代之物。几件酱釉粗厚瓷片可能是瓮一类的器物，时代也属唐。以上唐代瓷片的窑口不能确定。比较特别的是几件青釉瓷片，釉层较厚处呈褐色，可辨器形有盘口壶、豆。盘口壶的颈部有明显高起的凸棱。这些器类和釉的特点具有典型的隋代特征，许多隋墓中发现过这种器物。南北朝晚期的墓葬中出土过类似器物，如蚌埠淮上区太平岗M1南朝陈太建九年（577）墓葬中出土有这个特点的盘口壶。（图四）与连云港较为接近的苏鲁豫皖地区唐初墓葬几乎没有发现，按照通常情况，这类瓷器在初唐时期也应存在。这几件青釉瓷片的窑口不容易判定，因为从河北平原经山东至江苏、安徽北部北朝晚期隋代普遍出现这种特点的瓷器，各窑址瓷器表面差别不大。与连云港邻近的窑址就有淄博寨里窑、枣庄中陈郝窑、徐州户部山窑、淮南寿州窑，因此，关于这些瓷器的窑口需要在全面获取材料的基础上进行进一步的细致研究和科学检测。

　　博物馆瓷器

　　2015年1月在大炮台（LPK）发掘的墓葬共有四件瓷器，2件碗，1件钵，1件器形不明。钵，黄釉，瓷片中有口沿部分，内敛。碗1，口径10.8厘米、高5厘米。口略外撇，弧腹，饼形底内凹。腹近底处有修削出的平台。底外缘有斜向修削痕迹。青釉，非常不均匀，厚处呈点状，薄处透胎。脱釉严重。与沂水博物馆展厅所见部分瓷器接近，疑为当地土窑所烧制。中唐或以后的器物。

瓷器全貌

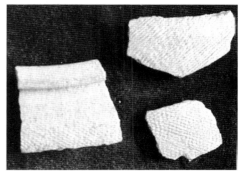

百济陶片

唐代瓷器饼形底

唐代瓷器腹片

唐代瓷器腹片

唐代瓷盏

唐代酱釉粗瓷片

隋代前后青瓷器

蚌埠淮上区太平岗M1出土瓷器

图四 研究所瓷器

碗2，口径12厘米、高5厘米。圆唇，外口沿下有凹弦纹一道，腹部接近斜直，饼底，外底有切割所留下的偏轮圆圈纹，内壁看出拉坯形成的凸棱纹。黄釉，脱釉严重。中唐及以后器物。疑为当地土窑所烧制。

60214A钵，口径13.1厘米、腹径20厘米、高14.5厘米、底径8.5厘米。敛口，平底。黄釉，半釉，釉几乎完全脱落。胎质近陶。底部有不明显的轮旋纹，流釉痕明显。时代特征不明显。疑为寿州窑产品。

60202A碗，口径11厘米、高5厘米。圆唇，口外有不明显的凹痕，腹略弧，饼形底。底部有轮旋纹。黄釉，流釉处有绿色泪痕。有脱釉现象。盛、中唐时期，疑为当地土窑烧制。

60213A碗，口径16—17厘米、高7.5厘米。口略外侈，圆唇，口外有不明显的凹痕，腹较高且略弧，内底有三支钉痕。饼形底微内凹。外腹近底处呈平台状。底外缘有修削痕。黄釉，脱釉较严重。中唐或以后，疑为当地土窑烧制。

60212A碗，口径16厘米、高7.5厘米。内底无三支钉痕。其他特征同60213A。

60108A碗，口径15.5厘米、高7.5厘米。其他特征同60213A。

60211A碗，口径15.5厘米、高7.5厘米。其他特征同60213A。

60519钵，口径8.2厘米、高4.2厘米。曲腹、平底。内、外底部均看不出明显的支烧痕迹。青釉，颜色较深，近似蟹壳青。年代在盛唐以后。产地似为越窑系统的民窑。

60514碗，口径7.4厘米、高3.5厘米。弧曲腹，饼形底。外底有偏轮痕。黄釉，胎釉结合好，有开片，但看不到支烧痕迹。盛唐之前的寿州窑产品。

60515碗，大小及特征同60514。

60516碗，高4.0厘米、口径9.1厘米、底径4.4厘米。圆唇，口沿外有一道凹痕，腹壁较为直，饼形底，外底有较浅的修削痕迹。黄釉，泛浅绿，胎釉凝结好。似为盛、中唐时期的寿州窑产品。

60527碗，口径10.5厘米、高4厘米。口沿微外撇，外侧有凹痕，腹壁略弧，饼形底，外底有修削痕迹。外底部有轮旋纹。青釉，釉中夹黑色斑点，局部有红紫色斑块。胎细腻，与釉结合紧密。似为盛、中唐南方窑口产品。

60522碗，尺寸遗漏。圆唇，腹较直。饼形底。内底有三支钉痕，外腹近底处有平台。饼形底外缘有修削痕。黄釉，偏绿，有窑变形成的斑痕。胎釉结合好。似盛、中唐民窑产品。

60523碗，口径13.5厘米、高7厘米。腹略弧，深腹，饼形底。黄釉，泛绿。开片明显。内底不施釉，外壁满釉。胎釉结合好。质量较高，中晚唐寿州窑产品。

60524碗，口径14厘米、高6.5厘米。腹略弧，饼形底，底部有切割痕迹。黄釉，开片明显。内底不施釉，外壁满釉。盛、中唐寿州窑系产品。

60493碗，口径17.8厘米、高5.5厘米。斜直壁，平底。内底有13个大椭圆形支烧痕迹。外底与腹交界处有14个大椭圆形支烧痕。青酱釉，外壁半釉。胎釉结合较好。胎较细腻，火候较高，发红色。疑为五代宋时民窑产品。

二

下面对上述瓷器的年代和相关问题略作综合讨论。

以上瓷器的主体部分的年代是盛唐、中唐时期的，这与墓葬形制研究方面得出的年代认识是相近的。[1] 不可忽略的是，《连》文中的 I 、II 式瓷器的数量不小，《江》文 NYTM274（Z271）、NYTM275（Z272）中有相似的瓷碗，会议瓷器中的两件瓷盏，研究所瓷器中的盘口壶、豆，这些瓷器的时代从南北朝晚期历隋代至唐初期，他们与盛唐、中唐瓷器构成了完整的时间链。

虽然《连》、《江》二文公布了25座封土石室墓的资料，墓葬数量与目前所知的总474座相比只占很小一部分，而且资料本身也不那么完整。封土石室墓分布在今连云港和邻近的灌云县境内。连云港境内的封土石室墓分布在锦屏山、南云台山、中云台山、北云台山上，灌云县境内的封土石室墓分布在伊芦山上。在这样一个大集中小分散的范围内，不同小区的封土石室墓的年代差别，封土石室墓的总体时代跨度，都需要进行考察。也就是说，需要对封土石室墓进行分区分期研究。具体来说，不仅需要将封土石室墓与唐朝灭亡百济、高句丽以后的入唐遗民，以及统一新罗时期的入唐新罗人纳入考察视野，还应考虑到百济与南朝长期保持良好关系，连云港地区南朝绝大多数时间内为南朝疆土，是否在唐灭百济、高句丽之前已有百济人死葬今连云港。至于NYTM274（Z271）、NYTM275（Z272）中的东晋瓷碗，由于他们与南朝晚期瓷器之间时间差距甚大，怀疑他们是历史遗留物，如何进入唐代的封土石室墓目前缺少恰当的解释。

以上瓷器让人有每况愈下之感，时代相当于南北朝晚期至唐初的盘口壶、豆质量与其他地区同类瓷器相比并不逊色。盛唐、中唐前后的瓷器就一件高档品都没有了，所出都是最简单的日用品，碗、钵、四系罐可能分别相当于食器、盛器和贮藏器。其中碗、钵在 NYTM231、NYTM274（Z271）中重复出现，当为当时的组合器皿，类似的组合也见于其他墓葬如巩义芝田唐墓88HGZM13，看来，这批来自朝鲜半岛的人们已经完全接受了唐人的饮食用具。至于钵、碗中所盛的具体食物，圆仁《入唐求法巡礼行记》卷四中说海州到登州之间的"山村县人，飧食粗硬，爱吃盐茶粟饭，涩吞不入，吃即胸疼"，或可说明食具中装盛着粟米之类。

正如《连》文所言，封土石室墓出土瓷器的主要是寿州窑产品。本文推测为南北朝晚期至唐初的盘口壶、豆的窑口不明确，也可能是寿州窑产品。北朝后期在与南朝邻近的地区兴起一批瓷窑，如淄博寨里窑、枣庄中陈赫窑、徐州户部山窑以及寿州窑，这些瓷窑的瓷器具有共同的时代特点，烧青瓷为主，青瓷的釉色偏暗，胎釉结合处有明显的釉泪。但现有考古调查资料显示，历史进入隋唐以后，除寿州窑以外的其他窑址似乎都停止了烧造活动。寿州在南北朝隋唐时期都具有很高的地位，寿州窑瓷器名列陆羽《茶经》之中，排在越、鼎、婺、岳州窑之后，洪州窑之前。胡悦

---

[1] 参见《连》文、《江》文及张学锋：《江苏连云港"土墩石室"遗存性质刍议——特别是其与新罗移民的关系》，《东南文化》2011年4期。

谦先生说:"上窑镇水路交通较方便,有木帆船经窑河可以通往淮河。该窑(即寿州窑,引者注。)的产品,就依此条水路运销沿淮各地。在治淮河工程中,上自河南的东部,东至苏北,中经皖北,长达数百里的工地上,都有唐代黄釉瓷器的出土。由此证明,唐代寿州窑的产品,曾大量供应给淮河流域的广大人民使用。"[1]以上因素都可以作为南北朝晚期寿州窑瓷器就可能进入今连云港地区的背景。至于NYTM275(Z272)中的那些瓷碗确与寿州窑产品不符,如果邹厚本先生关于宜兴涧㳇窑的判断是可靠的话,则表明晚期封土石室墓主的生活质量下降了,今连云港地区中唐时期与今江苏南部地区瓷器贸易上的联系加强了。

---

[1] 胡悦谦:《寿州瓷窑址调查记略》,《文物》1961年12期。

第十三章　阴阳互鉴

——连云港地区封土石室墓与人口分布

陈贵洲　芦文婷

　　建国以来,连云港地区的封土石室墓日益受到专家学者的重视,研究成果时有出现,其中封土石室墓的时代和性质等问题逐渐成了研究的核心和关键。20世纪80年代,考古学者邹厚本先生认为,连云港地区的土墩石室与南方土墩石室的形制、结构相一致。而苏南地区普遍存在的土墩石室经考古发掘和深入研究,认定其时代上限应不早于西周时期,下限应不晚于战国时期。[1]1989—1990年,南京博物院、连云港市博物馆对连云港封土石室墓进行了调查,共发现200座,并在云台山和伊芦山发掘24座,出土有隋唐时期的瓷器等遗物。目前,此次考古发掘资料尚未正式发表。纪达凯、陈中参加了此次考古调查,他们合著的《连云港地区土墩石室遗存时代性质新考》一文认为:广泛分布于云台山、锦屏山、伊芦山等地的土墩石室正是连云港地区的唐代墓。[2]

　　2011年3月至2015年4月,连云港市重点文物保护研究所对市境内的封土石室墓进行了考古调查,共发现474座,并对几座已遭受破坏的封土石室墓进行了清理,基本厘清了连云港封土石室墓的时代和性质问题。认为连云港封土石室墓出土器物以瓷器、陶器为主,另有少量铜钱和琉璃珠,时代均指向唐代。并认为连云港封土石室墓应不属于江南石室土墩文化范畴。[3]

一　封土石室墓的调查情况

　　调查期间,笔者以文物保护志愿者的身份,全程参与了整个工作,对连云港封土石室墓的分布、形制、时代和性质等有了较为清晰的了解,赞同广泛分布在连云港地区的封土石室墓的主体为唐代墓葬,但其中少量墓葬被后世二次利用甚至多次利用,也不排除少数墓葬为后世仿建的可能。调查还发现,这些封土石室墓与附近的居民点存在着对应关系,关系密切。分析封土石室墓

［1］ 林留根:《江南石室土墩》,邹厚本主编:《江苏考古五十年》,南京出版社2000年版,第183—188页。
［2］ 纪达凯、陈中:《连云港地区土墩石室遗存时代性质新考》,《东南文化》1993年第1期。
［3］ 连云港市重点文物保护研究所:《江苏连云港封土石室墓调查简报》,《东南文化》2015年第5期,第53页。

的分布情况,对研究隋唐时期海州地区人口分布、密度及经济文化发展状况等有重要参考价值。需要强调的是,由于文献资料的匮乏,加之散布在云台山区的封土石室墓长期遭受自然、人为的双重破坏,以及由于山高林密,尚有一些封土石室墓未能被发现等因素,这种分析只能是粗率的、相对的,并不具有绝对性。

此次考古调查,共发现封土石室墓474座。主要分布在市境西部的锦屏山、中部的南云台山、中云台山、北云台山和南部的灌云县伊芦山一带。一般选择在山脊浑圆、山坡平缓、周围视野开阔的山坡、山顶及山麓附近,以阳坡居多,阴坡较少。其中,海州区西南部的锦屏山发现封土石室墓93处,主要是分布在锦屏山东部、东南部、东北部平缓舒展的山坡上;海州区东北、连云区西南部的南云台山发现封土石室墓325处,主要分布在南云台山四周边缘的较为平缓的山坡之上,其中西部、西南部、西北部封土石室墓分布最为密集;连云区中部的中云台山发现封土石室墓22处,1处位于蝙蝠山山顶,其他位于溪云山、推磨顶北部和南部平缓的山坡上;连云区东北部的北云台山发现封土石室墓10处,主要分布在北固山南部平缓的山坡上;灌云县北部的伊芦山发现封土石室墓24处,主要分布在伊芦山西南和东南部平缓的山坡之上。通过数据分析可以看出,锦屏山、南云台山周边为封土石室墓的密集区,对应的正是隋唐时期海州地区政治、经济、文化的核心区,中云台山、北云台山西北部及灌云县伊芦山一带也是人口相对密集的地区。

二　历史时期的人口概况

魏晋南北朝时期,天下丧乱,战火不熄。连云港地区虽僻在海隅,却成了南北政权相互攻伐的前沿阵地,也是战事短暂平息期间的避难所。南朝宋明帝失淮北,在郁州山侨立青、冀二州,治在郁州,齐因之。郁州,也称郁洲、都州,即今云台山一带。梁时,置南北二青州。梁天监以来,朐山及郁州一带因梁、魏交争,时陷时辖,大量人口因战乱或亡或逃,而迁来郁州的豪强及部曲也有所增加。《嘉庆海州直隶州志》引《南齐书·州郡志》说“郁洲山流荒之民,郡县虚置,至于分居土著,盖无几焉。”又说“青、冀二州共一刺史,郡县十无八九,但有名存……”。[1]直至东魏武定七年(549),始置海州,辖六郡十九县,此后社会相对稳定,人口有所增加。北齐、北周因之,辖五郡七县。《魏书·地形志》记载有北魏人口全盛时期的正光年间的人口数,其中海州地区的郡县分布及人口状况记载较为详细:海州“领郡六、县十九,户四千八百七十八口二万二千二百一十。……东彭城郡(萧衍置,魏因之。)领县三,户八百,口三千四百六十九。龙沮(萧衍置,魏因之。有即丘城、房山。)、安乐(萧衍置彭城县,武定七年改。有伊莱山神、圣母祠。)、渤海(萧衍置清河县,武定七年改。有东海明王神。);东海郡(萧衍改置北海郡,武定七年复),领县四,户一千二百四十二,口五千九百四。赣榆(前汉属琅邪,后汉、晋属东海郡。)、安流(萧衍置都昌县,武定七年改。)、广饶(萧赜置,魏因之。)、下密(萧衍置,魏因之。有尧

---

[1](清)唐仲冕:《嘉庆海州直隶州志》,卷十《舆地二》疆域。

庙。）。……琅邪郡，领县三，户三百五十六，口一千三百七十一。海安（萧衍置，魏因之。有坠屋山、芦石山。）、胸（汉属东海，萧衍改为招远，武定七年复。有胸城，胸山郡治。）……"[1]《魏书》的记载是目前较早反映北魏时期海州各个地区人口状况的第一手资料，也是分析隋唐时期海州地区人口的基础。

隋文帝开皇三年（583）废东海郡，隋炀帝大业三年（607），海州改为东海郡。《隋书·地理志》记载东海郡"统县五，户二万七千八百五十八。"[2]和北魏时期相比，隋代的户数有了较大增长。总体而言，隋朝的户口数准确性较高，这是因为为了扩大赋税征收，隋初进行了纳税户口清查工作，令各州县"大索貌阅"，即按户籍上登记的年龄和本人体貌进行核对，如有不实，保长等要坐罪。通过检查，大量隐漏户口被查出，增加了政府控制的人口和赋税收入。又行"输籍之法"，由中央确定划分户等的标准，写成定簿，并根据户等高低征派赋役。许多原来依附豪强地主的农民纷纷向官府申报户口，纳税服役，成为国家的编户，增加了国家的财政收入。

唐朝是中国历史上继汉朝之后的第二个发展高峰，社会稳定，经济繁荣，人口增加。《旧唐书·地理志》记载唐太宗贞观年间海州的户口数为"户八千九百九十九，口四万三千六百九十三。"唐玄宗天宝年间，"户二万八千五百四十九，口十八万四千九。"[3]《新唐书·地理志》所记天宝中的户口数与《旧唐书·地理志》完全一致。[4]另外，根据《元和郡县图志》的记载，唐玄宗开元年间海州"户二万三千七百二十八。乡四十。"[5]安史之乱之后，唐王朝元气大伤，加之藩镇割据，战乱不息，给人民造成了深重灾难，全国包括海州地区的户数及人口数锐减，再也未能恢复到天宝年间的人口高峰值。

从上述记载可以看出，隋唐时期海州地区人口在开皇、贞观、开元、天宝年间分别表现出高—低—中—高的趋势，安史之乱之后再次锐减。人口数字的变化，提供了隋唐时期海州人口方面的增长速度、时空差异等重要信息。如此规模的人口，在相对长的一段时间里，必定会留下相当数量的墓葬遗迹，封土石室墓就是唐人去世后的归宿地。

三　隋唐时期的人口中心及海堤修筑

以上文献记载提供了古海州地区人口总数的大致情况，但尚不能据此判断人口的具体分布状况。由于年代久远，文献散佚，遗迹湮灭，要比较详明可靠地解决这一问题似乎并不现实，但是深入厘缕现存文献资料的蛛丝马迹，也能发现不少有价值的信息片段，通过连缀，可部分还原历史现实。其中，关于古海州地区海堤的修筑及走向情况便是重要的旁证资料。

---

[1]（北齐）魏收：《魏书》，卷一百六中《志第六》地形二中。
[2]（唐）魏徵等：《隋书》，卷三十一《志第二十六》地理下。
[3]（后晋）刘昫等：《旧唐书》，卷三十八《志第十八》地理二。
[4]（北宋）欧阳修、宋祁等：《新唐书》，卷三十八《志第二十八》地理二。
[5]（唐）李吉甫：《元和郡县图志》，卷第十一《河南道七》。

海州是连云港市的摇篮,秦汉时期称朐县,南朝梁武帝天监十一年(512)筑海州古城,东魏武定七年(549)始称海州,治在龙沮城,即今天海州西南方的灌云县龙苴镇。自秦汉以来,海州一直是历朝府、州、郡、县之治所,人口聚集之地,为海、赣、沭、灌地区乃至周边更广阔区域的政治、经济、文化中心。

隋唐时期,海州地区的经济日益繁盛,因地处海滨,修筑的海堤日渐增多。海堰海塘的修筑是古人抵御海潮侵袭,保护生产生活安全的必要手段。古海州经济开发历史悠久,江苏较早期的海塘亦起始于这一地区。据《北齐书》记载:天保间(550—559),"杜弼行海州事,于州东带海而起长堰,外遏咸潮,内引淡水。"[1]这是江苏地区海堰建设的早期记载。当时云台山尚是大陆外的岛屿,海州城在今灌云县龙苴镇,濒临大海。杜弼所筑捍海长堰,当在今龙苴镇以东锦屏山以北,即今海州城以东一带。海堤的修筑,既可防潮御卤,又便于内引淡水灌溉,极大便利了人们的生产和生活。隋代,海州一带的海堤规模较大,有东、西二大捍海堰,皆在州东北,主要围绕古东海县城(今南城办事处),沿南云台山向两侧延伸。据《嘉庆海州直隶州志》:"西捍海堰。《太平寰宇记》:'在东海县北三里,南接谢禄山,北至石城山,南北长六十三里,高五尺。隋开皇九年(589)县令张孝征造。'"其中提及的谢禄山即今南城西山,石城山位置不详,但根据63里长度推测至少当在今朝阳办事处以东地区,距今中云台山不远。其时云台山皆居海中,西海堰大致反映出郁州岛西侧古海岸的大致位置。另一道海堤位置偏东,由苍梧山一带向东北延伸。《嘉庆海州直隶州志》又云:"东捍海堰。《太平寰宇记》:'在东海县东北三里,西南接苍梧山,东北至巨平山,长三十九里。开皇十五年(595)县令元暖造。外捍海潮,内贮山水,大获灌溉。'"[2]东海二堤的修筑不但抵御了海潮,还兼有蓄水灌溉之利。苍梧山即今南城办事处北侧的九岭山,巨平山不详,该条海堤保护的范围大致包括了今天的丹霞、虎窝、凌州等自然村落。

在此之前,位于五羊湖一带、隋朝始建的万金坝,"去东海城东北七十里,南北长四里,东西阔三丈,隋开皇五年筑。以其利民者多,故名。后废。"该坝至明洪武、弘治、万历年间都经过修筑,耗费达数千金,故称"万金坝"。[3]该坝走向南达中云台山西侧,北抵北云台西南侧的平山,至今堤坝遗迹尚可辨认,还有五羊路等地名的存在。

唐代,海州境内所筑海堤较著名的是"永安堤"。《嘉庆海州直隶州志》:"《唐书·地理志》:'北接山,环城长七里,以捍海潮。开元十四年刺史杜令昭筑。'《太平寰宇记》:'在朐山县东二十里,唐开元十四年七月三日,海潮暴涨,百姓漂溺,刺史杜令昭课筑此堤,北接山,南环廓,绵亘六七里。'《方舆纪要》:'州治东二十里。'"[4]唐代朐山城在锦屏山北,永安堤距城东二十里,当约在孔望山、朐山头以东一带沿海地区。

政治、经济和文化中心地带,必定是人口车马辐辏之地。而海堤的修筑,目的在保护海堤内的田地和人口,因此海堤所经地区,也必为人口相对密集之处。此次在海州区西南部的锦屏山发现

[1](唐)李百药:《北齐书》,卷二四《杜弼传》。
[2](清)唐仲冕:《嘉庆海州直隶州志》,卷十二《山川二》水利。
[3](清)唐仲冕:《嘉庆海州直隶州志》,卷十二《山川二》水利。
[4](清)唐仲冕:《嘉庆海州直隶州志》,卷十二《山川二》水利。

封土石室墓93处，占调查总数的20%，南云台山发现封土石室墓325处，占调查总数的约70%，其他中云台山、北云台山之北固山等处也有数量不等的发现，这些封土石室墓的分布情况，与隋唐时期政治、经济的中心区域及海堤的走向高度一致，说明这些地带是当年人口相对集中的区域。

四　关于村落、寺观的考察

这个基本判断还可以从中外文献记载的村落、寺观分布情况及有关石刻记载加以验证。据清《嘉庆海州直隶州志》及《云台山志》等地方文献记载，海州附近有建于北齐武平二年的龙兴寺，位于孔望山东南麓；大云禅寺，在海州，旧称确师禅房，唐初建，武后称帝后改名大云禅寺，开元二十六年更名开元寺；圆林寺，在州城南二里，唐贞观间建；元妙观，海州西南，唐开化三年建。南城街道办事处附近有玉皇宫，隋开皇五年建。南云台山大村附近有海清寺、禅兴寺、心净寺；禅兴寺遗址旁的"万岁通天元年"题刻记载的东□寺等大小佛寺，皆建于唐代以前；郁林观，在飞泉村崖下，建于隋开皇年间。南云台北侧有崇善寺，在隔峰山下，唐开元六年建。朝阳街道办事处附近有兴国寺，唐元和二十年建。中云台山四周有云门寺，在诸曹村栖云山后，北齐武平六年建；吉祥寺，在诸曹村黄泥岭西山麓下，唐开元二年建。北云台山北固山下院前村有安和寺，建于隋仁寿四年之前；法起寺，在宿城山中，相传鹫峰石塔建自汉时。等等。这些寺庙道观反映了隋唐时期佛道二教在海州地区的蓬勃发展，也明白无误地成了所在地区人口分布情况的标志之一。

唐代时的日本著名求法僧圆仁和尚曾3次经过海州、两次穿越连云港云台山，并著有《入唐求法巡礼行记》一书，详细记载了海州地区的情况，其中唐开成三年（838）三月二十九日开始的记载颇值得关注："水手稻益驾便船向海州去，望见东、南两方，大海玄远，始自西北，山岛相连，即是海州管内东极矣。申时，到海州管内东海县东海山东边，入澳停住，从澳近东有胡洪岛。其东海山纯是高石重岩，临海险峻，松树丽美，甚可爱怜。自此，山头有陆路到东海县，百里之程。……从此南行，逾一重山，廿余里，方到村里。"从描述情况来看，圆仁登陆停住的地点在现今的黄窝村、高公岛乡一带，"近东"的胡洪岛疑为如今的高公岛。而其泊船附近没有村庄，人烟稀少。路上"石岩险峻，下溪登岭。……申时，到宿城村新罗人宅……从山里行，越两重天，涉取盐处，泥深路远……"。这里的宿城村就是今天的宿城乡，是圆仁入山以来遇到的第一个村子。取盐处在今北云台山南侧的白果树村，是另一处人口相对集中的地点。在本次调查中，这些地方未能发现较为完整的封土石室墓，与这一带人口稀少有一定关系。20世纪90年代在宿城乡和白果树村之间的虎口岭南坡曾发现一处石室墓葬，因为保护不善，损失严重，本次调查时未列入目录。在随后渡过北云台山和中云台山之间的湿地后，圆仁记载的村落、寺庙、居民则明显增多："未时到兴国寺。……行廿十里到心净寺，是即尼寺。……从尼寺到县二十里。"这里的兴国寺在今南云台北侧的朝阳办事处，心净寺在今花果山下大村，"县"即东海县驻地，即如今的南城街道办事处。"晚头，到县……押衙道：'此县是东岸，州在西岸。……从此小海，西岸有海龙王庙。未时，到海龙王庙，相看良岑判官、粟录官、记通事、神参军等。具陈留住之由，兼话辛苦之事。……从神庙西行三许里到州门前。……从东海山宿城村至东海县一百余里,总是山路,或驾或步,一日得到。"[1]圆仁和尚行程中提到的兴国寺、心净寺、东海县、海龙王庙和州治海州等,自古以来均为人口汇集之所,与此次调查的结果高度吻合。

五 关于伊芦山的相关情况

关于灌云县伊芦山,文献保留下的资料较为稀少,也很笼统。《嘉庆海州直隶州志》卷十一《山川》引宋代乐史所撰《太平寰宇记》:"伊卢山,在朐山县南七十五里。"又引《续郡国志》:"东海朐县有伊卢乡。……中卢,卢石在东,句卢在西,故云中卢。又名伊莱者,'卢'、'莱'二字相近,流俗音讹尔,实伊卢也。"[2]可知秦汉以来,这里就有伊卢山、伊卢乡。伊卢山又名伊芦山、伊莱山。前引《魏书·地形志》记载海州辖郡之一的东彭城郡有口三千四百六十九,郡内有安乐县,县内有伊莱山神,当指此山之神。1994年江苏东海尹湾汉墓出土一批简牍,曾引起国内外学术界的高度关注,是研究西汉中晚期东海郡情况的第一手资料。其中6号墓出土的《东海郡吏员簿》木牍,完整记载了东海郡所辖十八个县、十八个侯国和两个邑的政区划分、官吏定员和秩俸情况。其中东海郡设置有三盐官,伊卢盐官吏员三十人,北蒲盐官吏员二十六人,郁州盐官吏员二十六人。[3]伊卢即伊芦,特别引人注意的是三处盐官只有伊卢设置长一人、丞一人,北蒲、郁州命卿只有丞一人,不设长,因而伊卢为盐官设置之地,北蒲、郁州则为盐官别治,即分支机构。西汉自武帝时即分置盐官于二十八郡,分置铁官于四十郡,实行盐铁专卖。东海郡滨海,自古有海盐之饶,能作为东海郡盐官驻署之地,反映出伊卢地区早在西汉时期就有着重要地位。自秦汉至唐宋时期,古海州一带的海岸线大致在九里七—青口—墩尚—锦屏山—板浦—伊卢山—阜宁一线,这一带有着"煮海熬波"的天然资源,历来是全国著名的产盐区。

史籍虽无唐代伊芦山的详细资料,但是江苏省第四批文物保护单位——伊芦山六神台佛教造像却可以部分还原出历史真相。伊芦山六神台佛教造像位于伊芦山西峰北侧,俗称落神台、六神台。整个造像刻在六神台西南高约5米,宽约10米的峭壁上,共42尊,分两组,大多遭到破坏。1994年勘查清理造像群周边环境,在造像石壁底部清理发现宋代砖砌供台和唐宋时期风格的瓦当、陶瓷器残片,证明此处为唐宋时期的一座石窟寺遗址,六神台佛教造像被认定为唐代佛教石刻造像群,与南京栖霞山、徐州云龙山佛教造像并列为盛唐时期的佛教艺术遗迹。这样一座较大规模石窟寺的存在,证明伊芦山一带必定拥有相当规模的人口和较为发达的经济、文化。遍布伊芦山中峰、西峰的明清时期的摩崖石刻以及山下建于明嘉靖年间的伊芦书院,乃至滨海一带古老的盐场,都彰显着伊芦山在古海州漫长历史上的重要地位。在这样的背景之下,伊芦山存在一定规模的封土石室墓就是自然而然的了。

[1]〔日〕圆仁撰,顾承甫、何泉达点校:《入唐求法巡礼行记》,上海古籍出版社1986年版,第41页。
[2](清)唐仲冕:《嘉庆海州直隶州志》,卷十一《山川一》山。
[3]连云港市博物馆、中国社会科学院简帛研究中心等:《尹湾汉墓简牍》,中华书局1997年9月第1版,第84页。

　　生老病死，是人生的自然规律。死后，必择居住地不远处安葬，而墓园附近，也必定是生产、生活之所。也就说是，墓地与城邑村镇之间必定存在着对应关系。广泛分布在连云港市云台山区的封土石室墓，正是繁衍生息在这片土地上的人们逝后的安息之所。通过文献检索、田野考察及调查数据分析可以发现，虽然封土石室墓散布在云台山各处，但锦屏山四周、南云台山西侧、北侧及南侧的封土石室墓最为密集，所对应的正是隋唐时期海州地区人口的聚居区和政治、经济、文化的核心区。中云台山、北云台山西北部及灌云县伊芦山一带也是人口相对密集的区域。进一步分析还可以发现，这些地区自古以来便是开发较早、发展相对进步的地区。研究隋唐时期海州地区人口分布、密度及经济、社会、文化发展状况等，封土石室墓无疑是重要的切入点之一，其重要价值尚需做多角度的考量。同时，这一研究对现代连云港市的城市规划、产业布局、经济社会发展也有一定的参考价值。

第十四章 "封土石室墓"是墓的高级形式

苍山梧桐

云台山地区有很多的"古墓子",从山脚至山顶都有分布,可以说是到处都有。这种"古墓子"外形是用碎石和土堆起来的圆锥体,看上去就像现在的土堆坟墓一样。其内结构为不规整的长方体,形状如棺材,一般情况是上面窄约七八十厘米,下面宽一米五左右,中间高一米五左右,两端一米左右,实用面积八平方米左右。内部以自然石块砌成,墙面整齐,巨石居多,顶部多为巨形平板石叠放,一般五块左右,这些石头都是山上自然形成的片状巨石,有的平板石重一吨多。纵向开门,门的方向以向南为主,门宽八十公分左右,高一米左右,门边一般有门节,有的门道向前延伸一段,有堵门石。这类"古墓子",从外形体量上看,也有大小差别,内腔也大小不等,但总体形状上区别不大。由于年代久远,有的古墓子上面的堆土没有了,门开了,远远看上去,就是一个人工洞穴。调查中发现"古墓子"里有唐、明、清等不同时期的遗物,唐朝最多。除做坟墓外,有的还被当过储藏室放东西,当猪圈、牛圈、羊圈、鸡圈;有的住过人,有锅灶。花果山六亩地那个,生产队社员还在那里开过会;平山黄墓庄那个,抗日战争时国民党军队曾在那里设过电台。听老人们讲,解放前本地区这样的东西到处都有,俗称"古墓子"。

我上中学时就对"古墓子"好奇,后来还写过一些文章,因为这些古墓子看上去很古拙,向阳干燥,所以推想他是古人类穴居的房子。这几年收集了很多相关材料,参加了调研活动,先后调研的"古墓子"近四百多个,还听了中外专家有关这类"古墓子"的报告会,收获很大,才知道他被学术界称为"封土石室",大量的考古证明,云台山地区的"封土石室"是唐朝流传下来的坟墓,也称"封土石室墓"。

云台山"封土石室墓"大量使用的年代是唐朝,这个问题算是解决了,但是又产生了另外一个问题,为什么那个时期会修这样的坟墓?关于这个问题,不同的学者给出了不同的答案,有的学者认为是本地原有的,只是到了唐代大量修建使用,形成风俗。有的学者认为是受历史上朝鲜半岛外来文化影响形成的,但不管是哪种说法,云台山亿万年风化形成的丰富的巨形片状石板和大量块石,是他产生的首要的物质条件,是建造"封土石室墓"的特有材料。

纵观历史,墓葬风俗很多,帝王贵族墓的墓制最为讲究,从埃及法老的金字塔到秦始皇陵,从陕西汉陵、唐陵到北京明十三陵和清三陵,个个奢华,座座坚固。江西南昌西汉海昏侯墓开启,马蹄金、麟趾金、玉璧等大量精美文物现身;徐州龟山汉墓为楚王刘注的夫妻合葬墓,几乎将整个山体掏空,总面积达700余平方米,共有15间大小配套,被称为"东方金字塔"。他们个个生前享尽荣华,身后还尽力打造奢侈牢固的阴间生活。对于广大的平民百姓来说,他们虽然也向往那样的生活,但由于受到各方面的限制,只能在条件允许的范围内尽量讲究,不同时期表现也各不相同。墓葬总是与政治地位、经济发展水平、文化发展水平相关联的,政治、经济、文化水平高低,墓葬也相应地从繁到简,但追求上都有一个共同点,就是力求坚固长久。

建国后云台山地区考古发掘了很多古墓,有数量较多的汉朝古墓,墓主人都是些小有身份的有一定经济条件的人,发现唐朝的"封土石室墓"较多,他是当时盛行的一种平民墓葬。这些发现与历史发展的规律是相吻合的,汉唐是发达时期,墓葬讲究,留下的当然就多些,唐朝是鼎盛时期,平民墓都很讲究,所以也能留下。云台山地区历史悠久,人口众多,应该留下大量的古墓葬,但不同历史时期的平民堆土墓,都消失在历史的长河里了,只有较多的唐朝的"封土石室墓"能保存到现在。

新中国建立到今天已六十多年,社会经济发展也经历了一个从低到高的发展阶段,特别是改革开放三十多年来,经济飞速发展,人民生活水平迅速提高,同时人们的生死观、墓葬风俗,也发生了变化,云台山农村地区的情况,大家都比较熟悉。

建国初期经济水平低下、文化落后,为了充分利用土地,发展生产,加上"破四旧、立四新"等文化运动,平掉了很多明清堆土坟墓,推倒了墓碑、石坊,砸碎了墓前的石器,各家族把部分祖先的坟墓,集中迁至指定山上。迁坟时,棺材保存完整的,就整体搬迁,否则就用芦席裹着骨骼,或泥土包着遗骸,草草堆土安葬,这样的迁坟,四十多年前我就参加过。当时,人去世实行的是薄棺堆土浅葬法,这样的坟要年年堆土维修,不然年久就消失了。

到了20世纪80年代,经济发展了,出现了用水泥砌石围边的坟墓,目的是为了防止堆土流失,同时立墓碑形成风俗,也形成了一个小高潮。到20世纪末,出现了用水泥钢网全封堆土的坟墓,这样的坟墓维修次数少,少了年年清明为坟墓添土的麻烦,保存时间更长。

农村殡葬改革实行火化后,人去世后的葬法也相应变化了。由原来的木棺变为骨灰盒,由原来的堆土法,改成了砖石墓,本地俗称"小亭子",样式多样,用砖或经过加工的石构件砌成,全地上建造,常见高在二米左右,有门,有封门石,中空。将骨灰盒安放室内,封好门,等配偶去世后,再开启墓门放入骨灰合葬。

现在还出现了活人石墓,数量日渐增多,一些身体有病的人、家庭人丁不旺的,或担心死后没有墓地的,或有过早考虑后事的人,他们自己,或是家人替他们修好的石墓,还有出现由个人或单位批量建造石墓销售。如果你到过本地区的猴嘴公墓、朝阳西山、中云龙山等墓区,你会看到山坡上到处都是"小亭子"式的石墓,密密麻麻,私建一座这样的石墓成本在五千元左右,如需要购茔地就更贵了,并且价格上涨很快,不同地区价格不一,公墓内的高达一万至几万不等,是一笔不小的开支。

经济水平高了,坟墓越来越讲究、越来越坚固,已由堆土坟墓变化为石墓了。如果不是实行火化的干涉,继续沿用古木棺葬法,那可能就会出现适合木棺大小的石墓了,设想一下那是什么样的石墓呢?

　　首先得防水，要用土石堆成圆锥体，要建在上坡地上，向阳干燥。要放得下棺材和陪葬品，普通棺材底宽在八十公分左右，长二米二左右，如果是人生前修建的，为了适合安葬或二次安葬，要留门，要容得下棺材进入，室内空间也要利于土工操作。如果愿意花更多的钱，就可以修建更高更大的。试想，这样的石墓与"封土石室墓"极为相似，如果长期无人祭扫维修，历经千百年后，与眼下的"封土石室墓"就不无相同了！

　　从本地区墓葬发展来看，社会经济达到一定的水平，当人们解决生存问题后，才能有更多的时间和财力考虑墓葬，才有条件放弃简单的木棺堆土，追求高级的坚固长久的墓。在本地区那就是利用独特的自然资源，花更多的钱，把墓建造成石墓。唐朝的"封土石室墓"、眼下的"小亭子"石墓，还有本区发掘的秦汉、明清时期各类石墓，以及宗教色彩浓重的僧侣灵骨塔都能证明这一点。有钱有地位的人会建造石墓，如果是整个社会繁荣，那建石墓就形成了时代风俗，由此可见，石墓是墓葬的高级形式。唐朝是个经济繁荣时期，所以流行了石墓，当今社会经济发展到了历史新高，所以石墓在本地区又再现了。本地区在建国后短短的六十多年的时间内，平民墓葬从低级的木棺堆土演变到了高级的石墓，葬俗发生了很大的变化，可以说成移风易俗了，这都是经济发展的推动的结果，这个过程如同把本地区墓葬历史从低级到高级又高速地演示了一次。根据这个原理也不难解开一个谜：为什么不同国家、地区，不同历史时期会产生形式相近的石墓？那就是石墓是墓的高级形式，人活着希望有高大宽敞、坚固耐久的房子，死了也追求高级墓葬，是人类的共同心理，在特定地区，当社会发展到一定水平，坚固耐久的石墓也就应运而生了。

2016 年 9 月 28 日

后　记

连云港市封土石室墓主要分布在市区的锦屏山、南云台山、中云台山、北云台山和灌云县的伊芦山，是连云港地区重要的文化遗产资源，但近年来由于自然侵蚀及人为破坏，封土石室墓的保护正面临着严峻的考验。

为了全面了解连云港市封土石室墓的分布情况、保存现状，搞清封土石室墓的确切年代、使用性质，2012年3月至2015年4月连云港市重点文物保护研究所对市境内的封土石室墓进行了考古调查，并对几座遭受破坏的封土石室墓进行了清理。

怀着保护这种不可再生资源的历史使命感，调查队员进行了深入细致、艰苦卓绝的调查工作。无论酷暑还是严寒，都阻挡不住调查队员对一处处封土石室墓进行测绘、记录、拍摄的工作步伐。工作中，调查队员经常背负着调查工具跋山涉水、翻山越岭。有些封土石室墓地处荆棘遍野的偏僻山间或险峻之地，没有山路可走，调查队员就一边开路，一边负重登山，有时甚至需要匍匐前进才能穿越丛林到达调查地点。为了尽早完成调查工作，有时一天之内会连续翻越两座以上山头。功夫不负有心人，在全体调查队员的共同努力下，历时四年，终于完成了连云港市封土石室墓的调查工作。

这次共调查发现封土石室墓四百七十四座，拍照六千余张，并对每座封土石室墓都作了详细的资料信息记录。

本次封土石室墓调查工作，在江苏省文物局的关心指导下，在连云港市文广新局的正确领导下，在连云港市财政局的大力支持下，在各县区文博单位的共同协助下，最终得以顺利开展、实施，并圆满结束。在此表示衷心感谢。另外，此项石刻调查工作还离不开一支可敬的队伍——连云港市文物保护志愿者。他们不仅经常协助调查队员开展封土石室墓调查工作，有时还独立深入山间、田野，寻找新发现的封土石室墓。正是有了他们的鼎力支持，此项封土石室墓调查工作才得以保质保量，如期完成。在此对以下文物保护志愿者表示衷心感谢，他们是：刘洪雨、陈贵洲、张义成、张彦江、封昌秀、韩继云、朱孔英、芦文婷、王红川、李军、丁建江、王宽林、李杰、张爱春等。

为了让调查成果早日公布于众，连云港市重点文物保护研究所又积极筹措并安排封土石室墓调查报告的出版工作。在文物保护志愿者的协助下，调查报告编写人员对调查资料进行了认真细致的分析。他们分工明确、各司其职，将资料进行了收集、整理、校对和整合，最终完成了报告编写工作。

报告分为调查篇和研究篇。调查篇文字由连云港市重点文物保护研究所全体工作人员与部分志愿者完成，研究篇由国内外享有盛誉的著名专家学者魏存成、朴淳发、赵胤宰、山本孝文、韦正等人的研究成果及部分连云港市重点文物保护研究所工作人员与志愿者的论文组成。

需要说明的是，由于该报告定稿于2016年11月，其中涉及到的连云港市行政区划，仍采用2016年11月以前的行政区划。但附录部分为1989—1990年南京博物院、连云港市博物馆联合对连云港部分封土石室墓进行过的为期两个月的调查，其行政区划则沿用1989—1990年时的行政区划。

该调查报告从调查、整理、编写都体现了集体的力量，凝聚了集体的智慧。因时间仓促，难免会有一些错误和不足，恳请有关专家学者给予指正。

图书在版编目(CIP)数据

连云港封土石室墓调查与研究/连云港市重点文物
保护研究所编著.—上海:上海古籍出版社,2018.1
ISBN 978-7-5325-8721-6

Ⅰ.①连… Ⅱ.①连… Ⅲ.①墓葬(考古)—调查研究
—连云港 Ⅳ.①K878.84

中国版本图书馆CIP数据核字(2018)第021782号

连云港封土石室墓调查与研究

连云港市重点文物保护研究所 编著

上海古籍出版社出版、发行

(上海瑞金二路272号 邮政编码200020)

(1)网址:www.guji.com.cn

(2)E-mail:gujil@guji.com.cn

(3)易文网网址:www.ewen.co

上海丽佳制版印刷有限公司印刷

开本889×1194 1/16 印张23.25 插页8 字数528,000

2018年1月第1版 2018年1月第1次印刷

印数:1-2,300

ISBN 978-7-5325-8721-6

K·2433 定价:480.00元

如有质量问题,请与承印公司联系